Zarattini

A paixão revolucionária

© Copyright 2006.
Ícone Editora Ltda

Imagem

Capa: Zarattini ao lado de Gregório Bezerra, por ocasião do desembarque na cidade do México, em 06 de setembro de 1969, dos 15 presos políticos trocados pelo embaixador dos Estados Unidos.
Contra-Capa: Depoimento do Senador **Eduardo Matarazzo** Suplicy.
Arte da Capa e Contra-Capa: Sérgio Papi

Diagramação
Andréa Magalhães da Silva
Meliane Moraes

Revisão
Rosa Maria Cury Cardoso

Proibida a reprodução·total ou parcial desta obra,
de qualquer forma ou meio eletrônico, mecânico,
inclusive através de processos xerográficos,
sem permissão expressa do editor
(Lei nº 9.610/98)

Todos os direitos reservados pela
ÍCONE EDITORA LTDA.
Rua Anhanguera, 56 – Barra Funda
CEP 01135-000 – São Paulo – SP
Tel./Fax.: (11) 3392-7771
www.iconelivraria.com.br
e-mail: iconevendas@yahoo.com.br
editora@editoraicone.com.br

José Luiz Del Roio

Zarattini

A paixão revolucionária

Dados Internacionais de Catalogação na Publicação (CIP)
(Câmara Brasileira do Livro, SP, Brasil)

Del Roio, José Luiz, 1942- .
Zarattini : a paixão revolucionária / José Luiz
Del Roio. — São Paulo : Ícone, 2006.

ISBN 85-274-0863-5

1. Brasil - História - Revolução de 1964
2. Brasil - Política e governo 3. Ditadura -
Brasil 4. Zarattini Filho, Ricardo, 1935-
I. Título.

06-2308   CDD-320.092

Índices para catálogo sistemático:

1. Políticos brasileiros : Biografia e obra
320.092

Para os que lutaram e sofreram buscando
a liberdade e a felicidade de seu povo.
Para os que deixaram seu bem
mais precioso, a própria vida.
Para os que dia a dia continuam a
procurar a verdade daqueles anos profundos.

Sumário

Prefácio de Franklin Martins 9

Introdução de José Luiz Del Roio 17

I - Em Campinas: "O petróleo é nosso" 21

II - A Politécnica: a questão nacional 31

III - Tempos de esperança: as reformas de base 41

IV - O otimismo da vontade na resistência ao golpe militar 51

V - Nordeste: a área estratégica 65

VI - Prisão, fuga e solidariedade 73

VII - O inferno da Operação Bandeirantes (OBAN) 97

VIII - Liberdade com o seqüestro do embaixador dos EUA 107

IX - A pérola das Antilhas 119

X - Novos rumos na luta contra a ditadura 147

XI - Relâmpagos: o golpe de Pinochet 173

XII - Retorno ao país na clandestinidade 197

XIII - Nova prisão e a luta pela anistia 217

Pequeno adendo imprescindível 243

Posfácio de Zarattini 253

Anexos 271

Bibliografia 331

Agradecimentos 335

Prefácio

Certa vez, disseram-me que quem luta pelas causas de seu tempo e de seu povo é um privilegiado. Entre outras razões, porque tem a possibilidade de conhecer pessoas extraordinárias. Lembrei-me dessa observação, ao sentar-me à frente do computador para escrever este prefácio para a biografia de Ricardo Zarattini Filho, que, em boa hora, José Luiz Del Roio está entregando aos leitores. Porque Zara é uma daquelas pessoas extraordinárias que tive o privilégio de conhecer durante a luta contra a ditadura militar.

Há trinta e tantos anos que nossos caminhos se cruzam. Soube de Zarattini pela primeira vez, em setembro de 1969, quando Joaquim Câmara Ferreira, o Toledo, propôs a inclusão de seu nome na lista dos 15 presos políticos que seriam libertados em troca do embaixador americano Charles Burke Elbrick, capturado numa ação conjunta da Ação Libertadora Nacional e do Movimento Revolucionário 8 de Outubro, que se propunham a derrubar a ditadura através da luta armada. Na reunião, Toledo, um tarimbado militante comunista com quase quatro décadas de lutas nas costas, representava a ALN; eu, então com 21 anos, falava pelo MR-8.

Zarattini não podia ficar fora da lista, argumentou Toledo. Era um revolucionário provado, com larga experiência no trabalho de campo, especialmente no Nordeste, onde ajudara a organizar os trabalhadores da cana-de-açúcar. Preso, fora selvagemente torturado, mas não cedera qualquer informação ao inimigo. Quando relaxaram a guarda, fez o que poucos militantes haviam conseguido fazer até aquela época: fugiu da prisão. Meses depois, foi novamente preso, já em São Paulo, e submetido a terríveis suplícios. A polícia evidentemente queria porque queria saber quem o ajudara a escapar do quartel no Nordeste. Mais uma vez, Zarattini fechou-se em copas, segurou a barra e derrotou os torturadores. E assim, por seus méritos, ele entrou na lista, deixou a prisão e o país. Foi para o México e, depois de algum tempo, para Cuba.

Meses mais tarde, conheci-o pessoalmente na ilha. Encontrei-o numa ampla e ensolarada casa em Marianao, bairro de Havana onde antes da Revolução moravam muitos dos endinheirados do país. Abandonada pelos antigos proprietários, que haviam fugido para Miami, a mansão servia então de morada e base para cerca de duas dúzias de militantes da ALN que aguardavam o início do treinamento de guerrilha. Ficamos amigos, mas logo nos separamos. Fomos enviados para acampamentos diferentes e, concluído o treinamento, tomamos rumos diferentes.

Voltaríamos a nos encontrar – em termos políticos, não físicos – cerca de dois anos mais tarde, em 1972. Junto com outros companheiros da ALN, Zarattini chegou à conclusão de que a luta armada estava derrotada. Era necessário recuar e organizar a resistência nos sindicatos, nos bairros, nas escolas, nas entidades, nos clubes etc, acumulando forças para um novo momento. Na mesma época, desenvolvia-se no MR-8 um processo semelhante de reflexão, autocrítica e correção de rumos. Embora hoje salte aos olhos que, naquelas condições, a insistência na luta armada era um desatino, o óbvio ainda não estava claro para muitos companheiros. O clima ficou pesado e choveram as acusações de derrotistas, covardes ou, para usar a expressão que marcou uma época, "desbundados". Na ALN, a proposta de correção de rumos não foi aceita, o que levou Zarattini e outros companheiros a deixarem a organização revolucionária fundada por Carlos Marighella. No MR-8, por estreita margem, ela obteve o apoio da maioria.

Assim, no início de 1973, retornei clandestinamente ao Brasil para ajudar a reorganizar a resistência à ditadura sob uma nova perspectiva, apoiada no trabalho de massas e voltada para a reconquista das liberdades democráticas. Foi um tempo de absoluto sufoco, de terror generalizado e de aparente congelamento da atividade política. Mas, aos poucos, o país voltou a se mexer. Nas fábricas e nos sindicatos, grupos de trabalhadores se reorganizavam e buscavam apresentar suas reivindicações. Nas escolas, os estudantes, ignorando os dedos-duros e arriscando-se às freqüentes redadas policiais, faziam shows, promoviam atividades culturais, editavam jornaizinhos. Nos bairros, muitas vezes apoiando-se em estruturas da Igreja, grupos se reuniam para discutir os problemas do povo e a situação do país. Na imprensa, especialmente na imprensa alternativa, profissionais sérios tratavam de driblar a censura e, de alguma forma, fazer circular informações sobre a tragédia em que vivia o país.

Muito já se falou sobre o heroísmo dos que tentaram assaltar os céus, pegando em armas para enfrentar a ditadura. As homenagens são merecidas, especialmente porque muitos, generosamente, deram suas vidas ou enfrentaram provações terríveis para que o Brasil um dia fosse um país melhor. Mas pouco se falou sobre o trabalho miúdo e anônimo dos que mantiveram acesa a chama da resistência nos anos de pesadelo de 1973 e 1974, quando a ditadura se pavoneava de haver aniquilado toda e qualquer a oposição e parecia inútil enfrentar os donos do poder. Naquelas circunstâncias, os que teimavam em lutar sequer tinham o estímulo da crença numa vitória próxima. Seu objetivo, bem mais modesto, era simplesmente não deixar a peteca cair e impedir, de alguma forma, que a ditadura se consolidasse e o dia de amanhã fosse pior que o de hoje. Manter a bicicleta pedalando, ocupando os claros deixados pelos que estavam nos cemitérios, nas prisões e no exílio – isso era o essencial. Aos que pedalaram naqueles anos de terror, mesmo que por pouco tempo e por curtas distâncias, o país deve muito mais do que se imagina.

Em 1974, para surpresa geral, a ditadura sofreu uma fragorosa derrota nas eleições parlamentares. O partido do governo, a Arena, foi vencido pelo MDB. O povo deixou claro que estava calado, mas não satisfeito. A fermentação subterrânea começava a dar frutos e a ganhar a luz do dia. A partir daí, o país não pararia mais de pedalar.

Nesse mesmo ano, por pouco não fui preso. Detectada minha presença em São Paulo pela polícia, tive de deixar novamente o país. Em 1974, foi a vez de Zarattini retornar clandestinamente à capital paulista, onde começou a publicar o jornal mimeografado "O Companheiro", ponto de partida para a criação de uma rede de contatos e a estruturação de uma organização política. No início de 1977, depois de dois anos e meio de exílio em Paris, pude novamente retornar ao país. Meses depois, por insistência de militantes operários ligados a "O Companheiro" e ao MR-8 que trabalhavam juntos no movimento sindical, os dois agrupamentos chegaram à conclusão de que estava na hora de estreitar os contatos entre si.

E, assim, um belo dia, Zarattini e eu nos encontramos novamente. Desta vez, em São Paulo, ambos na clandestinidade. Foi uma emoção muito forte. Não só havíamos atravessado o deserto e sobrevivido ao período mais difícil da história de nosso país, como nossas experiências nos haviam levado a ver a situação política de uma forma muito semelhante. A partir daí, passamos a nos encontrar com regularidade, geralmente no bairro do Pari, de manhã cedo, quando era grande o movimento das pessoas chegando às fábricas, escolas e comércio da região. Trocávamos informações e apoios, acertávamos atividades conjuntas, discutíamos a situação política e as perspectivas da luta. Até que numa manhã de junho de 1978, Zarattini faltou ao encontro marcado. Tampouco apareceu no "ponto-de-segurança" previamente acertado para o caso de perda de contato. Dias depois, veio a notícia, terrível: ele havia sido preso e tudo indicava que estava na Operação Bandeirantes, na tristemente famosa Oban.

Achei que nunca mais o veria. Afinal, todos os outros banidos que, tendo retornado ao país, caíram nas mãos dos órgãos de segurança, sem exceção, foram executados, depois de comer o pão que o diabo amassou na mão dos torturadores.

Mas, felizmente, os tempos já eram outros. As divisões no interior do regime tinham se aprofundado e a luta democrática havia adquirido enorme amplitude. Alertados sobre a queda de Zarattini, os setores oposicionistas de São Paulo reagiram prontamente e, com isso, conseguiram salvar-lhe a vida. Embora mais uma vez ele tenha sido submetido à tortura, não foi assassinado, como temíamos. Ficou preso até a anistia, em 1979, e, ao ser libertado, tornou-se o primeiro banido a sair com vida das prisões da ditadura.

Com a anistia, voltamos a nos encontrar, já em condições bem mais favoráveis e, em pouco tempo, a fusão das organizações a que pertencíamos, interrompida com a queda de Zarattini, foi consumada. Nos três anos seguintes, trabalhamos estreitamente juntos. E pude comprovar as enormes qualidades de Zara, como militante e como pessoa. Tornamo-nos amigos para a vida toda. Quando em 1983, depois de um longo e penoso processo de luta interna, cerca de mil militantes decidiram se afastar do MR-8, por considerar que aquela organização havia se convertido numa espécie de linha auxiliar de dirigentes políticos do PMDB, participamos juntos desse movimento.

De lá para cá, nossas vidas tomaram rumos diferentes. Com a redemocratização do país, voltei às redações dos jornais, nas quais entrei pela primeira vez aos 15 anos de idade. Zara seguiu sua militância, como ativista político, agitador social e assessor parlamentar, vindo a aportar, depois de muitas idas e vindas, no PT. Suplente de deputado federal, exerceu o mandato em 2004 e 2005 com competência e talento, sempre passando ao largo das firulas parlamentares e concentrando suas energias no estudo e no debate de questões relevantes, como por exemplo ter sido o relator da importante Lei de Inovação Tecnológica. Talvez por isso tenha sido menos notado do que deveria.

Durante todo esse tempo, mantivemos intacta nossa amizade, apesar de nem sempre pensarmos da mesma forma. Quando arrumamos tempo para botar a conversa em dia – em torno de uma garrafa de vinho, é claro, porque por algo ele é neto de italianos e eu, de portugueses –, costumamos concordar e divergir quase com igual freqüência e intensidade. Mas confesso que aprendi a levar a sério até suas observações mais surpreendentes. Zara, por vezes, bota o chumbo onde pouca gente achou que sequer valia a pena botar o olho. Recordo-me de uma conversa nos idos de 81 ou 82, creio, quando, numa roda de companheiros, perguntei-lhe sobre suas impressões sobre a União Soviética, que visitara anos antes.

– Aquilo lá tem problemas muito maiores do que se pensa 1515.

E contou que, na sua visita a Moscou, precisou tirar fotocópias de um documento qualquer. Foi uma África. Só conseguiu copiar o papelório depois de várias tentativas, graças a uma autorização especial de um funcionário graduado do Partido Comunista da União Soviética. E arrematou, para a surpresa de todos os presentes, que julgavam a URSS eterna:

– Um regime que não pode conviver com uma máquina de xerox não tem muito futuro.

O que parecia uma piada ou uma esquisitice, mais tarde mostrou-se profecia. Zara é assim: está sempre de olhos bem abertos para o que acontece à sua volta, captando sinais que, muitas vezes, passam despercebidos aos outros. Essa inquietude de pensamento é sua marca registrada. Tudo bem, são as multidões que transformam o mundo e os partidos são instrumentos indispensáveis nas mudanças, mas não é por isso que ele vai deixar de pensar pela própria cabeça.

Brasília, fevereiro de 2006
Franklin Martins

Introdução

No filme do diretor italiano Ettore Scola, *"Nós que Nos Amávamos Tanto"*, três amigos que haviam participado da resistência armada antifascista se encontram anos depois, e recordam os tempos passados, as ilusões destruídas, ideais traídos, a revolução que faltou. E um deles diz uma frase triste e cheia de frustração: *"Queríamos modificar o mundo, mas foi o mundo que nos transformou"*.

É claro que as sociedades estão em constante movimento e as situações políticas sofrem modificações; o que era uma correta postura ontem pode ser inadequada amanhã, sendo que o ser humano interage a cada instante com o meio que o circunda. Todavia existem os princípios que guiam, ou deveriam guiar, a existência e estes são permanentes.

As mulheres e os homens, a imensa maioria jovem, que decidiram encetar a luta armada contra a ditadura militar, se orientavam por princípios, que eram a liberdade e independência para sua pátria e que a igualdade, não apenas teórica, fosse uma realidade na sociedade brasileira. Ainda muito mais, queriam uma profunda transformação em todo mundo, no qual fosse vigente a maior porção de felicidade possível. Almejavam a utopia, queriam viver por ela e tantos tiveram que morrer. Os que objetam ou riem da utopia, propõem o dia a dia, o que não se pode mudar jamais, o imobilismo, enfim, a tristeza.

Bela palavra, que advém do grego *"ou tòpos"*, e significa uma contradição: o não lugar. Usada a primeira vez por Tomás Morus em 1516, descrevia uma sociedade igualitária existente numa ilha atlântica, localizada no atual espaço brasileiro. Não a colocou nessa posição por um acaso, pois mapas medievais ali desenhavam esta ilha que intitulavam de *"Brasail"*, o paraíso terrestre, no idioma gaélico. A idéia do paraíso possível marcou profundamente as raízes do povo brasileiro que tantas vezes expressou sua angústia e revolta através do messianismo.

A utopia não é o objetivo dos fracos de mente ou dos iludidos, como acusam de tantas partes, mas um instrumento afiado de crítica social e uma força propulsora da história.

Cometeram muitos erros de análise, se isolaram e foram massacrados. Não eram perfeitos, carregavam em si as marcas de uma sociedade e de um momento cruel. Também aquele pequeno grupo de inconfidentes em Minas Gerais, que tinha nas suas filas um alferes alcunhado Tiradentes, agiu de forma tresloucada e o mesmo vale para os inconfidentes alfaiates baianos, heróicos negros e mulatos, que achavam que podiam vencer o poder colonial e a escravidão. E as citações poderiam ser extensas: Frei Caneca que foi executado por desejar uma pátria que fosse para todos; as rebeliões da cabanagem na Amazônia; a sublevação dos marinheiros contra a lei da chibata; a guerra camponesa do Contestado em Santa Catarina; o esforço gigantesco para implantar o movimento operário organizado, realizado por milhares de abnegados militantes anônimos. Todos sofreram derrotas, mas estes combatentes ajudaram a formar esta nação, que seria muito pior sem o sacrifício que fizeram da própria vida.

O golpe militar de 1964 e a ditadura que se implantou representou uma ignomínia, verdadeira mancha na já difícil evolução da nossa sociedade. Para os que amavam a Pátria e o seu povo nada mais havia o que fazer senão resistir e abrir caminhos para um futuro melhor. Os militantes das organizações armadas contribuíram para desmascarar o fascismo caboclo, e apresentaram ao mundo a face verdadeira e horrenda do regime.

Sabemos muito bem que não foram somente os militantes armados que se opuseram à ditadura; aliás, eles eram minoria, a queda do regime dependeu de imponentes mobilizações de massas, resultado da criação de uma frente onde estava representado um vasto espectro de posições políticas diferenciadas.

Esta biografia é sintética, limitada praticamente até 1979 – ano da conquista da anistia. Não pretende ser uma obra histórica nem mesmo de História, deseja apenas passar às novas gerações um pedaço do trágico e maravilhoso mosaico que compõe a formação do povo brasileiro.

Zarattini permaneceu fiel aos seus ideais de transformação do mundo, não permitindo por ele ser corrompido. No Posfácio de sua autoria resume a sua incessante atividade política nestas últimas décadas e, principalmente, a luta pelo seu projeto de Nação.

Arquivo Pessoal

Zarattini integrava a equipe de basquete do Colégio Culto à Ciência, em Campinas (SP) - 1952.

Capítulo I

Em Campinas: "O petróleo é nosso"

Dói, mãe, dói muito. Havia dias que o menino Ricardo, de sete anos, chorava e se lamentava de dores na parte superior da perna. Além disso, preocupavam aquela febre persistente e os vômitos constantes. Os trabalhos de costureira da mãe, dona Annita, jaziam abandonados. As entregas se atrasavam. Todos os remédios caseiros conhecidos tinham sido tentados. Os vizinhos e parentes foram consultados, e nada. Era necessário recorrer a um médico, e dos bons. O luminar, depositário dos segredos da ciência, depois de medições de temperatura, palpações várias, muxoxos e resmungos, deu seu diagnóstico. Tratava-se de osteomielite. Suspiro de alívio, pelo menos não era poliomielite, doença que devastava o interior paulista naquele ano de 1942 e que podia levar à paralisia.

Era sempre grave, porém, pois se referia a uma infecção no fêmur da perna esquerda. Não havia ainda antibiótico específico, o tratamento se apresentava cruel: durante três anos, o jovem Ricardo teve que se submeter à raspagem do osso. A doença foi enfim vencida e Ricardo se recuperou bem, a custa de muitos exercícios e natação. Chegou mesmo, anos depois, a integrar as equipes de basquete e volei do colégio onde fez o curso secundário. Mas algumas sequelas ficaram: não mancava de forma acentuada, mas dava para se notar. Décadas depois, este fato se transformou em um problema realmente sério para a sua segurança, pois poderia ser facilmente identificado pelas forças repressivas.

Campinas em 1935, quando nasceu Ricardo Filho, era ainda uma modesta cidade do interior paulista, distante um pouco menos de 100 quilômetros da capital do Estado. Ruas estreitas, quase desertas de automóveis, pequenas praças e muitas várzeas. Era ainda, um centro que recolhia as riquezas dos plantadores de café. Este produto, ouro negro da classe dominante paulista na passagem do século XIX ao XX, apresentou-se como um pólo de atração para imigrados, sobretudo da região do Vêneto, na Itália, pela cuidadosa escolha que os fazendeiros faziam da mão-de-obra européia. A cultura do café era delicada e possibilitava a participação dos homens, mulheres e crianças no seu trabalho, e os vênetos eram conhecidos por migrarem sempre em grupos familiares. Muito apreciados porque, em razão de fatores históricos da península itálica, não tinham contato com as "doutrinas exóticas" como o anarquismo, sindicalismo, socialismo, além de serem extremamente católicos. Por último – o que agradava à visão racista da oligarquia – eram loiros e casais prolíferos, constituindo-se, assim, agentes que poderiam "embranquecer" uma população considerada com uma alta densidade de negros e mulatos.

Floresceram canções populares, na Itália, no final do século XIX, que se referiam ao fenômeno migratório e algumas delas eram especificamente sobre o Brasil e suas plantações de café:

"Itália bella mostrati gentile
i figli tuoi non li abbandonare,
se no se ne van tutti li in Brasile,
non si ricordan più di ritornare.

La fame ci han dipinta sulla faccia
e per guarir non c'è la medicina.
Ogni po' si sente dir io vo'
Là dov'è la raccolta del caffé".

Sendo um produto de exportação, foi essencial construir estradas de ferro para levá-lo até as costas e depois ampliar os acanhados portos, como o de Santos. O fluxo constante de divisas enriqueceu a oligarquia que abandonava suas fazendas, indo morar na capital. Impôs-se a necessidade de criar redes de esgotos, linhas elétricas, rasgar avenidas, construir casas e palacetes. Os vênetos seguiam este processo, libertando-se das fadigas do campo e se transformando em ferroviários, portuários e labutadores em obras públicas e na construção civil.

Foi o que aconteceu com a família Zarattini. O velho Carlo trabalhava como carvoeiro numa fazenda de café. Seu filho Ricardo, que já morava em Campinas, era pedreiro e com o tempo especializou-se em ornamentos e filigranas para fachadas das casas. Foi um interessante personagem.

Atraído para as artes e a tecnologia, resolveu contribuir para a criação de uma produtora de cinema: a Phenix Film que realizou em 1923 *"João da Matta"*. Obra de Amilar Alves, com tema regional e linguagem caipira, elogiado pela crítica, o filme chegou às salas de São Paulo e até mesmo do Rio de

23

Janeiro, conseguindo cobrir os custos de oito contos, que fora o investimento total. No ano seguinte, Ricardo Zarattini fez o papel do herói no faroeste "*Sofrer para Gozar*", dirigido por E. C. Kerrigan, o qual se fazia passar por um diretor norte-americano de Hollywood, mas na verdade era um italiano de Gênova, chamado Eugênio Centenário, que depois realizou várias outras obras no Rio Grande do Sul.

Figurou também como senhor de escravos no filme "*A Carne*", baseada na obra do escritor Júlio Ribeiro, dirigido por Felippe Ricci em 1925. Estas películas entraram para a história do cinema, como parte do denominado "*Ciclo de Campinas*".

Na época, o cinema não rendia dinheiro, por isso Ricardo continuava no seu ofício de pedreiro artístico, mantendo sempre estreitos contatos com atores, pintores e escultores. Casou-se com Annita, também descendente de vênetos, filha do ferroviário Benjamin Torresan. Em 1930 nasceu o primeiro filho do casal, Antônio Carlos Zarattini, que ficaria famoso nacionalmente com o nome de Carlos Zara. Este, ainda estudante, se introduziu no ambiente teatral, para mais tarde se formar em engenharia civil pela Escola Politécnica. Fez carreira e tornou-se um artista respeitado e querido do Teatro Brasileiro de Comédia, representando ao lado dos maiores atores e atrizes da época. Passou à televisão, na qual dirigiu e atuou em inúmeros programas e telenovelas. Acompanhou os últimos anos de sua vida, até o final, a ótima atriz Eva Wilma. Sucumbiu à insídia do câncer em 2002. Mas Carlos Zara não foi somente um ator e diretor de qualidade, foi também um lutador sindical para a sua categoria e um apoio precioso para o seu turbulento irmão Ricardo.

A adolescência de Ricardo Filho decorreu como a de muitos outros jovens em uma cidade do interior. Tempos lentos, às vezes vazios, encontros com o grupo de amigos, idas ao cinema para seguir os seriados da época, como "*Os Perigos de Nyoka*" ou "*Flash Gordon no Planeta Mongo*". Às vezes acompanhava os pais ao Teatro Municipal de Campinas, mas não se entusiasmava como seu irmão. Embora os familiares tivessem poucos recursos, pôde freqüentar um liceu de alto nível que era público e gratuito. Tratava-se do Colégio Estadual Culto à Ciência, instituição fundada em 1874 e que disputava com o Colégio D. Pedro II do Rio de Janeiro a honra de ser a melhor escola da nação.

De política se falava pouco em casa, a não ser umas breves alusões ao amigo do avô materno, um tal de Querino Peloia, anarquista que realizava sua pregação libertária entre os ferroviários. Esse avô, ferroviário aposentado, glorificava Getúlio Vargas pelos direitos trabalhistas que usufruia, o que contribuiria também para que a atenção de Ricardo se voltasse para o mundo do trabalho. Porém havia um vizinho, Vittório Chinaglia, presidente do sindicato de enfermeiros de Campinas, que fazia parte do Partido Comunista Brasileiro. Quando da data do aniversário de Luiz Carlos Prestes, secretário de seu partido, e de José Stalin, líder da então União Soviética, Vittório costumava dar festas com muitos doces e refrigerantes. Através do contato com este vizinho, Ricardo começou a conhecer a dura realidade social brasileira, sentindo acender dentro de si a chama da rebelião. Segundo Ricardo, foi com a literatura fornecida por Vittório que aprendeu a ter ódio pelos entreguistas e pelo seu principal porta-voz, Assis Chateaubriand, dono de uma rede de jornais e emissoras de rádio a serviço do imperialismo ianque.

Não menos importante para "fazer a cabeça" de Zarattini e nela inculcar idéias nacionalistas, foi um professor de matemática – Armando Righetto – pertencente a uma família em que se destacavam "perigosos comunistas".

Quem inflamou definitivamente o ânimo de Ricardo Filho foi seu professor de inglês, José Carlos Araújo, com o qual aprendeu pouco do idioma de William Shakespeare, mas muito de nacionalismo. Eram anos em que se lutava pela criação do monopólio estatal do petróleo, e o debate entre os que queriam entregar tudo ao capital estrangeiro e os nacionalistas se desenrolava de forma áspera.

Entre os estudos e a dedicação ao basquete do qual gostava muito, encontrou tempo para fazer política interna na escola e ser eleito um dos dirigentes do grêmio do Colégio Culto à Ciência. Corria o ano de 1952, Ricardo tinha 17 anos e pela sua liderança participou de sua primeira manifestação pública, junto com o professor de inglês e o enfermeiro comunista Vittório Chinaglia. Denunciaram as cobiças das multinacionais, falaram da miséria de legiões de brasileiros e declamaram de forma enfática que *"O petróleo é nosso"*. Terminado o encontro, quando eufóricos se retiravam às suas casas, os três "subversivos" foram presos. Coube ao pai de Ricardo ir à polícia para retirar o menor de idade daquela situação. Chinaglia, por ser comunista, ficou mais algum tempo no xilindró, pagando pelo "crime" de defender o Brasil.

A questão do petróleo naqueles anos no Brasil se desenrolava da seguinte forma: desde o início do século, foram feitas várias pesquisas privadas e algumas governamentais para encontrar o precioso liquído mineral no território brasileiro, entretanto o Estado, dominado por interesses agrários, não incentivava tais esforços. A atenção aumentou depois do movimento de 1930, com a subida de Getúlio Vargas ao poder e a criação do Departamento Nacional de Produção Mineral. Mas petróleo não se encontrava. Muitos privados entraram na busca, destacando-se o escritor Monteiro Lobato. Ele havia feito uma viagem pelos Estados Unidos, impressionando-se com o desenvolvimento daquele país, tão diverso do profundo atraso tecnológico brasileiro. Lobato fundou, então, a Companhia Brasileira do Petróleo, que o levou à falência. Essa experiência serviu para a redação de um livro seu em 1936, *"O Escândalo do Petróleo e do Ferro"*, que ajudou a divulgar o problema da debilidade energética em que vivia a nação. Sua posição de denúncias sobre a inércia da classe dominante, também neste setor, acabou lhe custando o cárcere e muitas amarguras que acompanharam o genial criador do *"Sítio do Picapau Amarelo"* até o túmulo em 1948.

Graças à dedicação quase fanática de dois abnegados, Manuel Ignácio Bastos e Oscar Cordeiro, finalmente jorrou o petróleo em 1939, perto de Salvador da Bahia numa localidade hoje chamada Lobato.

Foram realizados acordos com empresas norte-americanas para conseguir assistência técnica e maquinarias, mas com a eclosão da Segunda Guerra Mundial tudo ficou paralisado, mesmo porque não era intenção dos grupos petrolíferos estadunidenses permitir a criação de um pólo concorrente.

Terminado o conflito, instalada a democracia, instituída uma nova constituição, o assunto petróleo galvanizou a opinião pública. Criaram-se dois aglomerados antagônicos. Os que acreditavam na potencialidade do país exigiam a estatização e a exploração do petróleo. Entre eles, na linha de frente encontravam-se os comunistas, mas tratava-se de um movimento amplo, que envolvia os setores populares, intelectuais e militares. Eram chamados pela imprensa reacionária de "melancias", pois seriam verdes por fora, porém vermelhos por dentro. O bloco oposto alegava que a quantidade de petróleo era insuficiente, de má qualidade, que não havia recursos técnicos ou capitais disponíveis e, sobretudo, devíamos entregar esta riqueza aos grupos dos Estados Unidos, pois estes eram aliados privilegiados na luta anticomunista mundial.

No dia 21 de abril de 1948 foi criado no Rio de Janeiro o Centro de Estudos e Defesa do Petróleo, sob a liderança do ex-presidente Arthur Bernardes, e a partir daí se lançou a mensagem: *"O petróleo é nosso".*

O movimento tornou-se impetuoso, e depois de lutas e sacrifícios, com prisões, torturas e mortos, conseguiu-se a grande vitória. O parlamento aprovou em 3 de outubro de 1953, a Lei n° 2.004, que decretava o monopólio estatal e a criação da Petróleo Brasileiro S.A., a conhecida Petrobras. Cinqüenta anos depois, em outubro de 2003, o Presidente Luís Inácio Lula da Silva foi visitar a sede da Petrobras e lá fez um discurso, no qual entre outras coisas disse:

> *"Eu fico imaginando hoje, comemorando 50 anos da Petrobras, vendo este monumento de empresa, motivo de orgulho para todos nós, em qualquer parte do planeta Terra. E fico imaginando o que foi a luta de meia dúzia de abnegados há 50 anos.*
>
> *Eu fico imaginando quantas vezes aqueles que ousaram fazer a campanha "O petróleo é nosso" foram chamados de malucos, de comunistas, de pessoas que pensavam pequeno, que não tinham dimensão. E que o Brasil não tinha petróleo... Portanto, aqueles que vieram muito antes de nós, que ousaram levantar a cabeça e acreditar neste país, que ousaram desafiar a lógica dos países ricos do mundo, que teimavam em dizer que nós não tínhamos nascido para ser pobres. E que ousaram, um dia, sair pelas ruas do Rio de Janeiro, pelas ruas de São Paulo, pelas ruas de Salvador, pelas ruas do Recife, como se fossem um bando de meninos e meninas, dizendo: "o petróleo é nosso".*

Foi no bojo daquele clima que Ricardo Zarattini Filho forjou a sua formação política e como um dos inúmeros ativistas pagou o seu preço – ainda muito pequeno – por amar o seu povo.

O carnaval de 1953 apresentou-se alegre, embora os sucessos musicais daquele ano, como *Zé Marmita*, *O Pescador* e *Cachaça*, não entrassem para a história. O Victor Chinaglia, filho do senhor Vittorio, colega e amigo de Ricardo, lhe apresentou, durante um dos bailes, uma jovem de 16 anos que vinha da capital. Chama-se Alceste Rolim de Moura. Era uma estudante da Escola Normal, que acompanhava seu pai a Campinas, coronel da Polícia Militar destacado para aquela cidade. Ricardo e Alceste namoraram à "maneira antiga", de mãos dadas, conversando pelos jardins após as aulas. Meses depois, ela volta a São Paulo, pois seu pai é chamado para servir na prefeitura com Jânio Quadros. Seu namorado a seguiria..., e a vida para Alceste não seria nada fácil.

Arquivo Pessoal

Zarattini (à esquerda) e o General Leônidas Cardoso (discursando) participam de ato promovido pela Casa do Nacionalista em defesa Petrobrás, Praça da Sé, 1958.

Capítulo II

Na Politécnica: a questão nacional

Terminado o colégio, era preciso decidir o que fazer da vida. Na concepção dos italianos vênetos da época, a perspectiva era clara. A primeira geração de imigrantes trabalhou no campo, a segunda como operários, a terceira teria que ser "doutor". Ricardo tem as idéias confusas, não sabe o que fazer, mas já que seu irmão está cursando engenharia, resolve seguir a mesma carreira. Desloca-se para São Paulo em 1954. A capital vive um momento de euforia, na comemoração de seu IV centenário. Desfilam bandas e fanfarras, é inaugurado o grande parque, no bairro do Ibirapuera, que possui o toque de gênio do arquiteto Oscar Niemeyer e do paisagista Roberto Burle Marx. Linhas de bondes interligam todos os bairros. Na elegante avenida Paulista, foco residencial da oligarquia cafeeira, os palacetes começam a ser derrubados para darem lugar aos arranha-céus. A metrópole superou os dois milhões de habitantes e cunhou o dístico de ser *"a cidade que mais cresce no mundo*". Atrás de tudo isso está o fluxo constante dos camponeses nordestinos, que chegam com seus farrapos, fugindo da seca e da exploração latifundiária.

Toda aquela festa não distrai o jovem estudante que tem problemas sérios para resolver. A família conta com poucos recursos, é preciso trabalhar e estudar muito, pois a Escola Politécnica da Universidade de São Paulo é difícil. Faz um ano de curso pré-vestibular e consegue ingressar. A Politécnica, no seu velho prédio da avenida Tiradentes, representava junto com suas irmãs, a Faculdade de Direito do Largo São Francisco e a Faculdade de Medicina da avenida Dr. Arnaldo, o cume do ensino naquela época, e era dessas faculdades que em geral saíam os principais quadros de direção. Por exemplo, eram colegas mais velhos de Zarattini pessoas como Mário Covas e Paulo Salim Maluf, que marcariam por muitos anos a política paulista. José Serra, quando "bicho", ou seja, calouro, sofreu o trote nas mãos de Ricardo.

Para sobreviver, Ricardo aprende datilografia e taquigrafia. Será sempre muito orgulhoso desta profissão, hoje pouco usada. Porém, com a leveza de uma brisa, que depois se transforma na magnitude de um vendaval, chega o amor; a paixão explode forte e se afirma em algo que se declina no feminino, que é sempre fugaz, pouco definida, inatingível, mas que atrai e absorve com sua formidável beleza. Seu nome é revolução. É a busca de uma transformação total e radical da sociedade marcada pelas pragas históricas do escravismo, colonialismo, latifúndios, exploração nas fábricas, marginalização nas favelas, imperialismo, infelicidade como compasso da vida.

Os comunistas representam um forte componente no movimento estudantil, e será sob a influência do PCB que Zarattini atuará na Faculdade. Desde aquele momento, revelou uma característica que o acompanhou por toda a vida e será fonte de muitas críticas: a indisciplina partidária ou de grupo. Aborrece-se com as reuniões, não suporta as orientações que conflitam com seu pensamento. Isso era considerado extremamente grave numa época em que a pauta do comportamento do militante era: não perguntar jamais o que o partido faz por mim, mas o que eu faço pelo partido.

Designado delegado dos estudantes da Poli para o Congresso da União Estadual de Estudantes, Ricardo foi eleito vice-presidente desta entidade em 1957. Envolveu-se totalmente no turbilhão político dos anos de governo de Juscelino Kubitschek. Suas batalhas centrais serão focalizadas no campo do nacionalismo e em primeiro lugar na defesa do monopólio estatal do petróleo e da Petrobras. Mesmo com uma boa produção e dando benefícios à nação, muitos eram os inimigos que ameaçavam a companhia nacional do petróleo. Uma boa parte dos que a dirigiam eram "entreguistas", ou seja, desejavam privatizá-la e entregá-la ao capital estrangeiro. Um caso clamoroso foi a contratação, em 1955, de Walter Link para dirigir o departamento de pesquisas da Petrobras. Ele era o geólogo-chefe da Standart Oil de New Jersey, uma das grandes companhias petroleiras norte-americana interessadas no naufrágio do Brasil. Era como colocar um lobo para defender os cordeiros.

Depois de cinco anos de "pesquisas", o senhor Link, num detalhado relatório, declarava que no Brasil só havia petróleo no fundo do mar, mas a uma profundidade tal, que não era possível extraí-lo. Os grandes jornais encheram suas páginas de artigos exultantes. Para eles a palavra de um técnico dos Estados Unidos era mais sagrada que a Bíblia. O General Tarso de Freitas respondeu a estas teses falsas com um livro "*Petróleo, Apesar de Mister Link*", desmascarando o empregado da Standart Oil e seus protetores brasileiros.

Uma das características da luta nacionalista era a presença de inúmeros militares de várias graduações e mesmo de setores minoritários, mas consistentes, de políticos inscritos em partidos considerados "entreguistas" e "golpistas", como União Democrática Nacional e o Partido Social Democrático. O confronto não se faz apenas na defesa da Petrobras, mas se ampliou na resistência em conceder bases militares aos Estados Unidos, que desejavam implantar-se no arquipélago de Fernando de Noronha; na questão da concessão de jazidas de areias monazitas, que continham minerais atômicos; nos acordos com o Fundo Monetário Internacional e tantos outros. Zarattini participava de todos estes embates e, embora tivesse uma posição extremamente radicalizada, no comportamento do dia-a-dia é aberto, compreensivo, simpático, sempre conversando com todos e conseguindo, assim, criar uma ampla rede de contatos e amizades. Isso o ajudaria a sobreviver nos anos difíceis da ditadura.

O amanhecer do primeiro dia do ano de 1959 trouxe notícias importantes que teriam um peso duradouro e influenciariam a vida de muitas pessoas: o ditador de Cuba, Fulgencio Batista, depois de quase sete anos de brutal governo, fugira para a República Dominicana. Os guerrilheiros que o haviam combatido começaram a entrar em Havana, sob um delírio popular. Nomes até então desconhecidos no Brasil, como o de Fidel Castro, Ernesto "Che" Guevara e Camilo Cienfuegos começaram a circular e ocuparam as manchetes dos jornais e revistas. Logo, o novo governo cubano decretou a reforma agrária, medidas contra a discriminação racial, nacionalização de infra-estruturas, política de redistribuição de rendas, além de adotar uma forte linguagem nacionalista. Para a esquerda e os nacionalistas brasileiros parecia um sonho. Nas medidas do novo governo cubano havia muitos pontos em comum com o programa que propugnavam para o Brasil.

Em abril daquele ano, Fidel Castro veio ao Brasil e foi recebido com festas. Existia na Praça da Sé, e que depois se mudou para o parque D. Pedro II, na cidade de São Paulo, uma construção de madeira, muito simples, chamada de *"Casa do Nacionalista"*. Fora erguida por inspiração de Zarattini e de dissidentes do PCB, entre eles Agildo Barata, Carleto Favalle, Juvenal Carvalho e outros. Por ali passaram personagens ilustres como o general Leônidas Cardoso, pai do futuro Presidente Fernando Henrique Cardoso. Fidel, convidado, foi visitá-la e Ricardo teve oportunidade de conhecê-lo. Iria rever Fidel somente dez anos depois daquele primeiro encontro e numa situação dramática.

Junto com o natural entusiasmo pela revolução cubana vinha uma tendência política perigosa. A falta do conhecimento da história daquela ilha, do tecido social, da correlação de forças e da estruturação dos grupos e partidos que possibilitaram a vitória levava a simplificar a análise. Tudo parecia ter se realizado em pouco tempo, com um relativo sacrifício e baseado apenas na decisão e heroísmo de um pequeno grupo de homens e mulheres.

Essa errada análise fez com que setores da esquerda brasileira começassem a pensar e a discutir a idéia da luta armada revolucionária, baseada no voluntarismo. Zarattini deixou-se contaminar por estas idéias que o levaram a distanciar-se do PCB, o qual, pelo contrário, assumia cada vez mais uma posição ligada à concepção pacífica do processo de transformações.

Em 1958 aconteceu um fato importante para Ricardo. Casou-se com Alceste, sua namorada de sempre, com quem teve um filho, Carlos Alberto, e posteriormente, em 1962, uma filha, Mônica.

O tempo passou rápido. A bossa nova, forma diversa de fazer música, empolgava a classe média paulistana e carioca. O Brasil ganhou uma capital chamada Brasília, nascida do nada em pleno planalto central, e chegou a época de uma outra campanha presidencial, que se polarizou em torno de duas figuras. Apoiado pelas esquerdas e pelo presidente Juscelino Kubitschek: o marechal Henrique Teixeira Lott. Homem íntegro, legalista, nacionalista, porém péssimo como candidato. Figura austera, mau orador, era chamado pela língua afiada e golpista do jornalista Carlos Lacerda de "*piano de cauda alemão*".

A ele se contrapunha o político mais exótico que a nossa história conheceu: Jânio Quadros, candidato dos entreguistas da União Democrática Nacional e de uma série de outros pequenos partidos. Era um verdadeiro artista. Caminhava pelas ruas comendo pedaços de pão seco, ombro sempre coberto de caspa (diziam que era polvilho cuidadosamente colocado). Quando falava nos comícios arrancava os cabelos, amarrotava suas roupas, gritava, ameaçava, suava... E conseguia um grande efeito. Dominava de forma perfeita o idioma português, que usava com floreadas e complicadas construções. Seu símbolo era a vassoura, que devia varrer a corrupção do país. Com tudo isso acabou ganhando o pleito do dia 3 de outubro de 1960.

Foi uma derrota dura para o movimento nacionalista, as esquerdas em geral e também para Zarattini, que havia se empenhado muito na campanha do marechal Lott. Porém, sempre há um porém, e a história brasileira é fértil nesse sentido, aconteceram fatos importantes. Na época, a candidatura do vice-presidente era separada da do presidente, e ganhou a eleição João Goulart, conhecido como Jango, que formava a chapa com Teixeira Lott. Representava a herança social de Getúlio Vargas, e era muito ligado aos sindicatos. A esquerda conseguira eleger ao menos o vice-presidente.

Sucessivamente, o governo Jânio Quadros surpreendeu, principalmente a seus aliados. O ministério era quase todo de direita e entreguista, mas Jânio fez uma política exterior independente, ensaiando um reatamento das relações com os países socialistas, opondo-se às agressões dos Estados

Unidos contra Cuba e chegando, inclusive, a dar medalhas ao astronauta russo Yuri Gagarin. O mais incrível foi a concessão da Ordem do Cruzeiro do Sul, maior condecoração brasileira, ao comandante Ernesto "Che" Guevara. Tudo isso deixou desesperados seus aliados e perplexos seus adversários.

Zarattini participou de um episódio que fez muita sensação na época. O jornalista Carlos Lacerda, janista de primeira hora, passou à oposição e começou uma campanha para derrubar o presidente. Foi a São Paulo, dois dias antes da renúncia de Janio, participou de um programa de televisão no Canal 9 - TV Excelsior. O público presente, assim que ele iniciou a discursar, vaiou e continuou a vaiar. Os minutos se passavam, e os apupos cresciam. Lacerda com sua potente voz desafiou o auditório a escolher alguém para subir ao palco para debater com ele. Fez-se um silêncio meio embaraçoso. Alguém notou que Zarattini encontrava-se presente e propôs seu nome. Em pouco tempo, todos gritavam Zara! Zara! Quando ele, aclamado, dirigia-se à mesa, Lacerda pediu para esperar um pouco, dizendo que pretendia fazer uma introdução ao debate e começou a falar. O tempo corria e Lacerda continuava sua oração. Os presentes perderam a paciência e recomeçaram a gritar. Zarattini pula sobre o palco e tenta chegar até a mesa. Vários seguranças o agarram, começa o empurra-empurra e é derrubado do palco. Os que assistiram a tal espetáculo ficam indignados, instaurando-se um grande tumulto, que obrigou Lacerda a ser retirado do local. Interveio a polícia, e Ricardo com mais alguns companheiros foram presos e levados ao Departamento de Ordem Política e Social – Deops.

Será sua primeira "visita" à famigerada masmorra, colocada entre as altivas arquiteturas das estações ferroviárias Luz e Sorocabana. Durante décadas, patriotas e democratas sofreram humilhações e torturas nos seus porões. Atualmente se transformou em espaço de exposições de arte moderna, com restaurante e loja. Sendo que apenas algumas celas foram estruturadas para a visita pública. O melhor destino para a velha sede do Deops seria abrigar um museu da memória recordando para sempre os horrores a que foram submetidos os que por ali passaram. A detenção de Ricardo durou pouco, mas os fatos sucedidos no auditório da televisão encheram páginas de jornal.

Jânio, depois de menos de oito meses de governo, em 25 de agosto de 1961, enviou um bilhetinho ao Congresso, comunicando a sua renúncia ao cargo e se retirou de Brasília. Quando atônitos os amigos e correligionários perguntavam o porquê de tal gesto, Jânio costumava responder *"Fi-lo porque qui-lo"*. Era de amargar! Seja como for, manteve uma forte base eleitoral e mesmo tendo sido isolado pela ditadura, anos mais tarde na democratização conseguiu eleger-se prefeito de São Paulo.

Com a renúncia de Jânio, deveria assumir o vice-presidente João Goulart. Instalou-se a confusão. Ele encontrava-se no exterior, na República Popular da China. Justamente lá, onde estava cercado de comunistas amarelos por todas as partes! Além do mais, como se sabia, era amigo de sindicalistas, um verdadeiro horror. A direita se agitou, e os três ministros militares, general Odílio Denys, almirante Sílvio Heck e brigadeiro Gabriel Grun Moss, lançaram um documento interditando a sua posse. Ameaçaram abater seu avião se entrasse no espaço brasileiro e ordenaram prender alguns patriotas, entre eles o marechal Lott.

A voz popular imediatamente alcunhou os ministros militares golpistas de "três Marias", e os protestos se espalham por todo o território nacional. O governador do Rio Grande do Sul, Leonel Brizola, canalizou a resistência e a defesa da legalidade. No parlamento, chegou-se a uma conciliação, Goulart assumiu, mas implantou-se o regime parlamentarista.

Entre os muitos que se mobilizaram para deter o golpe encontrava-se Zarattini. Tanto fez, que mereceu a honra de aparecer numa foto na famosa revista norte-americana "Times" quando em cima de um caixote colocado na praça do Patriarca, em São Paulo, clamava pela mobilização popular.

Mesmo nesta agitação, a vida ia adiante, e Zarattini acabou se formando engenheiro civil. Para grande orgulho seu, será escolhido pelo grupo de formandos como representante para fazer o discurso na cerimônia de diplomação. A citação inicial de sua oração é curiosa e codifica o seu comportamento durante toda a sua vida. Ali escreveu: *"E eu digo que, se alguém não fizer todo o tempo tudo o que pode e até mais do que pode, é exatamente como se não fizesse absolutamente nada".*

Na verdade, a frase era de Fidel Castro, mas ele não citou o autor, seria escândalo demais para aquela impoluta instituição, que era e é a Escola Politécnica. Não contente em roubar as palavras de Fidel, lá pela metade do discurso Zarattini cita Karl Marx, dizendo: *"Porém, os indivíduos não são iguais. Desigual é o Homem no que precisa para si mesmo e naquilo que pode dar de si. Por isso um só princípio, a uma só meta nos orienta o projeto: de cada um, segundo a sua capacidade, a cada um, segundo suas necessidades".*

Depois de traçar uma crítica implacável da realidade política de então, abre-se num parágrafo, quase poético, de admiração e amor aos trabalhadores: *"Estamos com as forças vivas da nacionalidade. Com os que plantam fábricas, alimentadas no rubro dos lingotes, com os que rasgam na abertura dos espaços vazios os caminhos da imensidão territorial, com os que domam a natureza, transformando a beleza dos potenciais em energia; estamos com os artistas e cientistas, criadores de nossa cultura, com os trabalhadores das cidades e dos campos, enfim com o Povo. Com esta realidade estamos em sintonia e nela e com ela executamos o nosso projeto".*

Discursos e poesias à parte, Zarattini tem uma família em que pensar. Encontrou emprego facilmente, pois ser formado pela Politécnica era uma garantia. Depois de passar por alguns escritórios, colaborar num conceito avançado de planificação da metrópole paulistana, acaba indo trabalhar na Companhia Siderúrgica Paulista (Cosipa), na cidade portuária de Santos. Esta grande empresa, privatizada no governo do presidente Fernando Henrique Cardoso, representava o orgulho da indústria pesada em São Paulo. Ali ele se inscreveu no Sindicato dos Metalúrgicos, o que constituiu uma novidade. Formado pela Poli, deveria fazer parte do Instituto de Engenharia e se fosse realmente muito rebelde acabar por fazer parte do Sindicato dos Engenheiros, mas nunca se confundir com os metalúrgicos, fato este considerado um rebaixamento social.

Suas muitas leituras políticas foram feitas sem ordem ou método. Absorveu aquilo que era editado pelo PCB, percorreu livrarias consideradas de esquerda e por ser conhecido como ativista ganhou muitos livros. Freqüentou assiduamente a biblioteca municipal Mário de Andrade. Naquele período, leu e se impressionou particularmente com as obras *"Imperialismo, fase superior do capitalismo"* e *"O Estado e a Revolução"* de V. I. Lênin.

Estes livros eram consumidos com sofreguidão, entre inúmeros afazeres, no bojo de uma cidade que parecia crescer rumo ao céu mas no qual as estrelas noturnas começavam a desaparecer borradas pela fumaça expelida pelas chaminés das fábricas e escapamentos dos veículos. Somente uma garoa persistente conseguia com sua delicadeza e frescor acalmar e domar o monstro da punição metropolitana que se levantava do sono torturado pelo asfalto. Voltaria, com calma, a folhear muitos destes volumes, na brisa doce e pachorrenta do Caribe. Mas como se sabe, aquela brisa esconde no seu íntimo terríveis furacões.

Capítulo III

Tempos de esperança: as reformas de base

Zarattini acabou sendo despedido da Cosipa, pois ajudou a organizar uma difícil greve dos metalúrgicos pela conquista do 13° salário. O maior agravante foi o fato de ele ter desmascarado obscuras manobras nas contas da empresa. Outro emprego, desta vez no grupo privado "Máquinas Moreira", produtora de utensílios agrícolas, e um novo mundo se abriu aos seus olhos. Até então, a sua experiência era toda urbana, com o movimento estudantil e sindicatos operários. Sua empresa o enviou a construir silos, secadoras e controlar obras no interior do Maranhão, Ceará e Pernambuco. O choque com o Brasil profundo foi terrível, a realidade superava a literatura social e de denúncias.

Segundo o censo de 1960, a população do Nordeste superava os 22 milhões, dos quais quase 15 milhões viviam no campo. Uma parte vegetava em grotões inatingíveis, tendo como residência mocambos imundos, em geral com pouca água, sem acesso à eletricidade, escola, remédios. Ali e acolá, uma pequena igreja católica, feita de taipa e barro, com algumas pobres imagens descascadas de santos. De vez em quando passava um sacerdote. Nas proximidades se localizava sempre um cemitério, este sim grande. Uma selva de cruzes mal feitas, tortas, carcomidas pelo vento e poeira. Para os que viviam nos latifúndios, a situação não era muito melhor, além de sofrerem o aviltamento da violência do patrão.

Era vigente uma série de obrigações feudais que se escondiam atrás dos contratos como meeiros ou parceiros. Dominava o sistema do cambão, regime de trabalhos forçados e do barracão. Quando o colono devia receber sua miserável paga, não via o dinheiro, mas sim um pedaço de papel – o "vale do barracão" – válido apenas para comprar no armazém do próprio dono do latifúndio, que estipulava o valor das mercadorias, sempre mais caro do que o camponês podia pagar. Assim, este contraía uma dívida crescente com o seu senhor. Se fugia, desesperado pela sua situação, era caçado como um animal pelos capitães do mato. Dentro do latifúndio o "coronel" era a lei: batizava, realizava os casamentos, os funerais e controlava rigorosamente os votos, na época de eleições.

Na Zona da Mata, onde se concentravam os engenhos de açúcar, havia o trabalho assalariado. A fadiga de cortar a cana é tremenda. Para poder talhar as canas na altura justa é preciso ficar de cócoras ou curvado, numa jornada de trabalho de dez, doze, quatorze horas ao dia. A cana é resistente, mas não é possível passar o facão em cada cana individualmente, pois a produção seria baixa demais, assim precisa juntar com o braço um chumaço de canas e dar com muita força um golpe com o facão. As folhas são afiadas e recobertas de minúsculas pontas que espetam e cortam a pele. A folhagem superior absorve oxigênio em grande quantidade, criando uma espécie de semivácuo perto do rés da terra, o que dificulta a respiração. Todo este esforço é realizado num constante calor úmido que suga as forças e enfraquece o organismo. Em seguida ao corte, é preciso enfeixar os talos de cana que foram cortados e no lombo dos jegues levá-los até as carroças ou caminhões para serem transportados às usinas.

A paga não bastava para sustentar nem o próprio assalariado, quanto mais famílias numerosas; assim, trabalham todos, homens, mulheres e crianças, tantas crianças. Também lá, quando se protestava ou exigia-se um mínimo de direitos, desencadeava-se a fúria dos usineiros através dos jagunços, que amedrontavam, batiam, torturavam e às vezes matavam os que mais reivindicavam seus direitos.

Em toda a população pobre nordestina permeava a fome crônica e a verminose, além de tracoma e doenças da pele. Em Pernambuco, principal estado da região, a esperança de vida não chegava aos 40 anos, e a mortalidade infantil ceifava 170 crianças em cada 1.000 nascidas.

Havia resistências contra essa exploração. Na metade dos anos 50, o advogado e escritor pernambucano Francisco Julião construiu uma organização de defesa dos lavradores que passou a ser conhecida como Ligas Camponesas. De caráter estadual, estendeu-se sucessivamente a outros dez Estados. Julião, ótimo orador, falava lentamente, em modo didático e conseguia ser extremamente comovente quando contava a vida do povo do campo e denunciava os abusos a que era submetido. Seu aspecto delgado, suas feições encavadas e gestos hieráticos o faziam um perfeito personagem messiânico. Julião aproximou-se da revolução cubana e várias vezes visitou aquela ilha, tanto que o sistema de propaganda do governo dos Estados Unidos concentrou sobre ele a acusação de ser o Fidel Castro brasileiro. Julião e seu mais próximo colaborador, Clodomir de Moraes, facilitavam estas provocações, pregando a formação de frentes guerrilheiras e combatendo o governo Goulart. As Ligas começaram a decair desde que o Ministro do Trabalho, André Franco Montoro – governador de São Paulo 20 anos depois – passou a aplicar o Estatuto do Trabalhador Rural, lei aprovada pelo Congresso Nacional estendendo a CLT (Consolidação das Leis do Trabalho) para os trabalhadores do campo. Isso possibilitou a criação de sindicatos rurais, sendo que o Partido Comunista Brasileiro e setores da Igreja Católica se empenharam nesta tarefa com muito êxito. Quando se desencadeou em Pernambuco uma imponente greve de trabalhadores rurais, os sindicatos contavam com mais de duzentos mil inscritos.

O personagem mais representativo deste movimento sindical rural era Gregório Bezerra. Ele começou a trabalhar na lavoura com quatro anos de idade; quando jovem, não suportando mais a condição em que vivia, resolveu sentar praça no exército, depois de ter pensado em escolher o cangaço. Como sargento em 1930, aderiu ao Partido Comunista e participou da fracassada insurreição da Aliança Nacional Libertadora em 1935. Depois de longos anos de prisão, libertado em 1945, foi eleito deputado constituinte e cassado em 1947. Voltou ao trabalho de campo, sofrendo sucessivas prisões. Figura impressionante, modelo de honradez, incapaz de dizer uma mentira, corajoso até a inconsciência contra os poderosos, inquebrantável nos seus princípios, generoso com os companheiros, amigos e com os mais fracos, foi um dos melhores filhos deste país. Forte, atlético, pois havia sido professor de educação física no exército, já quando velho superando os 80 anos, continuava a realizar sua hora diária de exercícios.

Durante o golpe militar em abril de 1964, foi aprisionado em uma usina onde tentava organizar a resistência. Levado para Recife caiu nas mãos do tenente-coronel Darcy Villocq Viana, *"um cão hidrófobo"*, como diria o próprio Gregório. Barbaramente espancado, foi amarrado e arrastado pelas ruas da cidade, sempre apanhando, enquanto Villocq gritava à população estarrecida: *venham linchá-lo, pois é comunista.* Na Praça da Casa do Forte, o "corajoso" tenente-coronel anunciou sua intenção de enforcar Bezerra, que foi salvo pela interferência do bispo D. Lamartine, o qual implorou ao general comandante Justino Alves Bastos para terminar com aquela infâmia.

As fotos desta tentativa de linchamento correram o mundo e revelou o vulto da "Revolução Redentora" do 1º de abril. Quando Gregório voltou do exílio em 1979, foi até o Cardeal Arcebispo de São Paulo, D. Evaristo Arns, levar um maço de flores da caatinga, para agradecer o que ele e demais membros da igreja haviam feito pelos perseguidos da ditadura. Por um certo período, também Zarattini cruzaria sua vida com a de Gregório Bezerra.

Quando foi a trabalho pela "Máquinas Moreira" ao Recife, Ricardo encontrou vários conhecidos da época da política estudantil, como Maria do Socorro Ferraz Barbosa, Fernando Barbosa (o Balaião), Paulo Pacheco e outros. Socorro e Fernando eram ativos militantes do PCB. Fernando, articulador político nato, formou-se médico, colocando a medicina a serviço de sua militância. Socorro, perspicaz analista política, é hoje uma das mais renomadas historiadoras do Nordeste e do país; Paulo Pacheco, expressiva liderança estudantil, se encaminhou para a engenharia e junto com Ana, sua mulher, teve papel de destaque na construção da hidroelétrica de Sobradinho. Antes disso, em 1963, Paulo Pacheco trabalhou com um pedagogo, ainda não muito conhecido, que parecia um louco, pois dizia que os mestres tinham que apreender com os analfabetos. Era Paulo Freire, que estava realizando uma experiência de alfabetização com um novo método de sua criação, em Angicos. Tal metodologia seria proibida pelo golpe de Estado, mas ganharia o mundo.

Ricardo acompanhou o processo de alfabetização de Paulo Freire e ficou profundamente impressionado: as pessoas aprendiam a ler e escrever em pouco tempo. Voltando a Angicos meses depois, teve uma decepção, constatou que os camponeses estavam esquecendo o que haviam aprendido, pois o tipo de vida que levavam era tão rude que não havia necessidade de escrever nem existia nada para ler. Este caso o convenceu ainda mais de que não bastava auxiliar aqueles lavradores, mas se impunha a necessidade de uma transformação profunda das estruturas.

Através de seus amigos do Recife, obteve contatos com tantos ativistas, mas um em particular, apresentado por Paulo Pacheco, o marcou muito: Amaro Luís de Carvalho. Amaro nasceu em Joaquim Nabuco, filho de camponeses, e como acontecia normalmente, trabalhou desde criança na lavoura da cana-de-açúcar, na função de "cambiteiro", ou seja, carregando os lombos dos burros de pedaços de cana, para serem levados aos engenhos e usinas. Depois foi para Recife, onde labutou como operário têxtil e se ligou ao PCB. Tendo participado de greves em 1953, foi preso e tornou-se conhecido pela repressão política. O partido decidiu então levá-lo para São Paulo, onde foi cobrador de bonde da CMTC. Quando a situação "esfriou" para ele, voltou a Recife e acabou se envolvendo com as Ligas Camponesas de Francisco Julião, afastando-se do PCB. Enviado a Cuba, foi um dos primeiros brasileiros a receber noções de guerrilha naquele país. Influenciado por Clodomir Moraes, buscou montar um foco guerrilheiro na região de Divinópolis, no Estado de Goiás. A tentativa fracassou, e mais uma vez Amaro retornou a Pernambuco.

A desilusão com a experiência frustrada de Divinópolis, da qual foi muito crítico, levou-o a entrar na militância com o recém-formado Partido Comunista do Brasil (PCdoB) e ir construir sindicatos rurais, junto com o engenheiro Zarattini.

Tinha prestígio entre os camponeses, como revela um acontecimento na cidade do Cabo. Desenvolvia-se, no final de 1963, uma greve muito dura, os ânimos estavam acirrados. O padre da cidade era contrário ao movimento e emitia anátemas todos os dias contra os grevistas. Estes, revoltados, foram em massa rumo à igreja local, para dar uma surra no sacerdote. Amaro, que se encontrava no local, colocou-se diante dos grevistas e com um discurso ardente demonstrou a tolice que estavam por fazer. Os grevistas se acalmaram, e tudo acabou bem. Nos anos seguintes, quando a discussão entre os dois era muito violenta e Amaro acusava Zarattini de ter posições conciliadoras, este sempre recordava brincando: *"Pô, é você, Amaro, que vive salvando padre reacionário por aí"*.

A esta altura, convém explicar aos não iniciados, de forma extremamente sintética, a confusão que se criava com as siglas PCB e PCdoB. O partido comunista nasceu oficialmente num congresso realizado em Niterói nos dias 25, 26 e 27 de março de 1922. Sua denominação inicial foi Seção Brasileira da Internacional Comunista, mas logo assumiu a fórmula Partido Comunista do Brasil. Isso era comum entre os partidos irmãos do mundo, eram comunistas da Argentina, da Itália, da França e assim por diante. A Internacional Comunista foi extinta em 1943, e paulatinamente os partidos que a ela tinham aderido foram mudando o nome para, por exemplo, Partido Comunista Italiano, Partido Comunista Francês, de modo a reafirmar suas raízes nacionais.

Em fevereiro de 1956, o então secretário-geral do Partido Comunista da União Soviética, Nikita Khruchov, em uma sessão fechada, lançou dura crítica a Stalin, que havia morrido em 1953, e seus crimes. Isto criou um debate doloroso em todo o movimento comunista mundial e também no Brasil. Dois anos depois, a maior parte do grupo dirigente do Partido Comunista do Brasil foi afastada de seus cargos, sob a acusação de "estalinismo". Em uma conferência, em 1961, sob a direção de Luiz Carlos Prestes, o partido passou a ser chamado oficialmente de comunista brasileiro. Ao mesmo tempo, propôs-se uma linha política de amplas alianças, incluindo a burguesia nacional e privilegiando o caminho pacífico para o socialismo. Os dissidentes – que haviam sido afastados da direção desde 1958 – liderados por João Amazonas, Pedro Pomar e Maurício Grabois não aceitaram esta orientação e decidiram manter a sigla comunista do Brasil. Assim se criaram dois partidos, que reivindicam a mesma data de fundação, 1922, o PCB, Partido Comunista Brasileiro, e o PCdoB, Partido Comunista do Brasil.

Para complicar ainda mais, em 1959 começara uma série de divergências entre o Partido Comunista da União Soviética, que pregava a coexistência pacífica entre o socialismo e o capitalismo em escala planetária e o Partido Comunista da República Popular Chinesa, que hostilizava esta posição. Assim foi que o PCB apoiou as posições soviéticas e o PCdoB as chinesas. Os dois partidos passariam ainda por muitas vicissitudes, conflitos e rompimentos. O PCdoB existe até hoje com o seu nome. O PCB se transformou no Partido Popular Socialista, mas um pequeno grupo resistiu e ainda mantém uma organização com o nome PCB.

Desde a sua fundação em 1922 até a instauração da Nova República em 1985, o Partido Comunista viveu apenas dois anos e meio na legalidade, o que quer dizer mais de 60 anos de ilegalidade. Esta simples constatação é bastante eluci-dativa sobre a falta de democracia, as restrições em que vive-ram os movimentos populares e a violência das classes domi-nantes, que fizeram com que o Brasil se transformasse no campeão mundial da desigualdade social. Muitos milhares de homens e mulheres sofreram discriminação, perseguição, cárcere, tortura e morte por serem comunistas ou apenas por serem suspeitos ou acusados de tal fato.

Em 1982, o poeta Ferreira Gullar escreveu algumas linhas recordando os 60 anos da fundação do partido comunista. Transcrevo-a pensando que possa valer para todos aqueles que viveram e lutaram por este ideal, independentemente da sigla sob a qual militaram:

Eles eram poucos
e nem puderam cantar muito alto a Internacional
naquela casa de Niterói
em 1922. Mas cantaram
e fundaram o partido.

Eles eram apenas nove.
O jornalista Astrojildo, o contador Cordeiro,
o gráfico Pimenta, o sapateiro José Elias, o vassoureiro
Luis Peres, os alfaiates Cendon e Barbosa
o ferroviário Hermogênio
e ainda o barbeiro Nequete
que citava Lênin a três por dois.
Em todo o país
eles não eram mais de setenta.
Sabiam pouco de marxismo
mas tinham sede de justiça
e estavam dispostos a lutar por ela.

Faz sessenta anos que isto aconteceu.
O PCB não se tornou o maior partido do Ocidente
nem mesmo do Brasil.
Mas quem contar a história de nosso povo e de seus heróis
tem que falar dele.
Ou estará mentindo.

Enquanto se desenrolavam estes acontecimentos em escala mundial no movimento comunista, Ricardo, entre a construção de um silo e outro, acompanhava Amaro pelos engenhos, organizando sindicatos camponeses. Amaro discutia e comentava, com insistência, os documentos que chegavam do Partido Comunista Chinês com o "guevarista" Zarattini.

No cenário nacional, a situação se precipitava. O ano de 1963 se abriu com uma vitória estrondosa do plebiscito que decretou a volta ao presidencialismo. Jango Goulart encontrava por um lado um forte movimento de massas que exigia reformas e por outro uma crescente unidade entre quase todos os setores das classes dominantes, que tendiam para uma solução autoritária, com vistas a manter seus privilégios. Como se não bastasse, o ciclo desenvolvimentista se exauriu, e a economia entrou num período de estagnação, enquanto o imperialismo norte-americano aumentava sua agressividade depois da derrota em Playa Giron, em 1961, quando houve uma tentativa de invasão fracassada de Cuba. O governo dos Estados Unidos isolou a jovem república socialista e buscou derrubar qualquer governo, na área, que desejasse ter um mínimo de convivência com ela. Sucederam-se os golpes militares na América Latina, com o pretexto da luta contra o comunismo.

Depois de várias peripécias, o governo Goulart passou à ofensiva com um programa conhecido como reformas de base que eram: reforma urbana, bancária, universitária, educacional, agrária, tributária e administrativa. Se tudo isso tivesse sido feito naquele tempo, não veríamos hoje famílias inteiras dormindo pelas calçadas, milhões de pessoas vivendo em favelas, multidões lutando por um pedaço de terra, a escola pública em grande parte degradada e o sistema financeiro enchendo suas burras. Mas não foi possível realizar o plano de reformas. A força da burguesia, aliada ao latifúndio, o apoio externo que recebiam, as divisões e erros de análise no campo progressista e revolucionário derrotaram o projeto reformista e interromperam o desenvolvimento da democracia.

Capítulo IV

O otimismo da vontade na resistência ao golpe militar

Quando se desencadeou o golpe militar, em 1º de abril de 1964, Zarattini encontrava-se no interior do Estado de São Paulo e voltou imediatamente para a capital. Depois de percorrer as ruas, ir às sedes dos sindicatos, já ocupadas pelos golpistas, falar com os companheiros que conseguiu encontrar, todos confusos e amedrontados, percebeu que não havia possibilidade de resistência imediata. Recordou o livro *"Guerra de guerrilhas"* de Ernesto Che Guevara, segundo o qual quando se fecham os caminhos legais, só resta a luta armada. Tomou então uma decisão: voltar imediatamente para o Nordeste, na Zona da Mata. Já estava amadurecendo no seu pensamento a idéia de que aquela era a região principal, a partir da qual se iniciaria a ruptura do domínio da oligarquia no Brasil.

Em casa, destruiu cuidadosamente todos os endereços e documentos políticos, escondeu os livros "subversivos". Despediu-se da família. Recolheu poucos trajes, algum dinheiro, uma pistola 45 e encheu os bolsos de balas. Estava pronto para começar a revolução. O maior marxista italiano, Antonio Gramsci, recordava que o revolucionário deve basear-se no *"otimismo da vontade e no pessimismo da razão"*. Naquele momento, Zarattini tinha em mente apenas a primeira parte da frase, mas que sem o seu complemento, que exigia uma análise lúcida da nova correlação de forças que tinha se estabelecido, poderia cair no voluntarismo puro. Mas não foi um erro exclusivamente seu. Tantos outros seguiriam este caminho.

Chegando a Recife, as ilusões começam a se desfazer. A repressão era pior que em São Paulo. Políticos do governo de Miguel Arraes, professores, jornalistas, muitos amigos seus estavam presos. No campo, foi desencadeada uma caça covarde, maligna, com todo o ódio de classe possível contra os líderes camponeses. A prioridade era ajudar os perseguidos, encontrar casas seguras, deslocar quadros para outros estados, arranjar dinheiro para as famílias pobres dos encarcerados e foragidos.

Passou alguns meses nesse processo. Conseguiu contatar Amaro, que se encontrava em graves dificuldades, perseguido, sem recursos, nem documentos, e havia perdido as ligações com o seu partido, o PCdoB. Para ajudá-lo a reatar essas relações, decidiram ir ao Sul, onde Zarattini conhecia alguns dirigentes daquele partido, como o Lincoln Cordeiro Oest e Carlos Nicolau Danielli, além de João Amazonas, que seria mais tarde secretário-geral do partido. Através de dois antigos simpatizantes do PCB, Ivete Sitta e Prudente MacKnight, localizaram esses dirigentes e com eles conversaram em Niterói.

Tanto Oest como Danielli eram dois excelentes quadros, com uma longa militância comunista. Foram presos na mesma época em dezembro de 1972, Lincoln Oest no Rio de Janeiro e Carlos Danielli em São Paulo. Torturados barbaramente nas dependências do Doi/Codi (Destacamento de

Operações de Informações/Centro de Operações de Defesa Interna) comportaram-se com dignidade exemplar. Ambos foram assassinados.

Depois que Amaro restaurou seus contatos com a "casa partidária", Zarattini pressionou com a sua obsessão: voltar ao Nordeste e fazer a luta armada. Surgiu, porém, uma oportunidade interessante: o partido propôs a Amaro ir até a República Popular da China, integrando um pequeno grupo, para freqüentar um curso militar. Amaro convenceu o companheiro a fazer duas coisas difíceis: primeiro, esperar a sua volta, argumentando que retornaria com maior experiência política e militar; segundo, entrar para o PCdoB. Este partido na época era muito pequeno e débil e provavelmente o fato de mandar quadros para a China era uma forma de demonstrar alguma força em relação aos chineses.

Assim, o engenheiro, exatamente por sua profissão, ficou ligado a uma base de intelectuais, o que para ele não interessava em absolutamente nada. Havia perdido seu emprego nas "Máquinas Moreiras" e no início de 1965 foi indiciado num Inquérito Policial Militar sobre a greve que havia ajudado a organizar na Cosipa. Impossibilitado de encontrar nova colocação, passou a trabalhar para várias empreiteiras, fazendo projetos e acompanhando obras. Realizou um notável esforço para contatar com os setores que se reorganizavam para combater a ditadura. Foi até Montevidéu discutir com o ex-governador do Rio Grande do Sul, Leonel Brizola, a quem expõe seu projeto de abrir uma frente de luta guerrilheira no Nordeste. Brizola tinha outras idéias e concentrava seus planos no Sul, pois depositava muita esperança na Brigada Militar gaúcha. Ambos concordaram que cada um seguisse seu caminho, tentando coordenar esforços mais tarde.

Conversou ainda com o vulcânico ex-chefe da Casa Civil de João Goulart, o antropólogo Darcy Ribeiro, que tam-

53

bém se encontrava no Uruguai. Darcy desaconselhou-o vivamente de tentar a luta armada no campo nordestino, alegando que a situação de extrema miséria e de secular domínio da oligarquia local tornavam impossível a realização de um conflito consistente. Propôs, ao invés disso, uma espetacular ação demonstrativa: dinamitar a usina de Paulo Afonso. Zarattini recusou, pois esta obra era considerada um orgulho para todo o Nordeste, e o ato seria condenado.

Sabendo que a resistência à ditadura seria longa e se radicalizaria, Zarattini criou uma rede de apoios entre seus colegas e amigos engenheiros. Entre eles estavam Luiz Carlos Roque e Roberto Galvão. Luiz Carlos, também poeta e estudioso do marxismo, e seu irmão Ronaldo, excelente fotógrafo, com uma visão prática da vida, auxiliaram muito Zarattini na construção dessa rede de apoios. Galvão, um fervoroso nacionalista, abrigou Amaro antes de sua partida para a China.

Voltou também sua atenção também para muitos militantes do PCB, que estavam desorganizados, como o advogado trabalhista José Carlos Aquino, que o ajudou a estruturar um círculo de ajuda financeira para iniciar e sustentar o seu trabalho na Zona da Mata. Entre os contatos de Aquino para o trabalho político e de finanças estava Thiago de Melo, autor do magnífico poema "Faz escuro mais eu canto". O poeta conseguiu uma tela do consagrado pintor Aldemir Martins que rendeu um bom dinheiro para o trabalho na zona canavieira nordestina.

Interessou-se muito pelo desenvolvimento da luta interna do PCB, em São Paulo. O golpe criou uma grande desilusão entre seus militantes, que acusavam a maioria do comitê central de ter realizado uma política conciliadora, a reboque do governo Goulart, sem manter a independência e com a conseqüência de não ter sido capaz de realizar análise correta da situação, não construindo uma resistência adequada, nem ter se preparado para uma nova clandestinidade profunda.

O primeiro núcleo de crítica organizada nasceu já nos dias que seguem ao golpe, no interior das bases dos cursos que compunham as faculdades da Universidade de São Paulo, localizada na rua Maria Antônia. Em poucos meses se alastrou para os núcleos de outras universidades e faculdades autônomas em todo o Estado. Na conferência estadual universitária, realizada no início de 1965, consolidou-se uma posição de esquerda interna no PCB, e o Comitê Universitário do Estado de São Paulo passou a ser um pólo de atração para outros setores partidários que compartilhavam o mesmo tipo de visão política.

As tarefas diárias estavam ligadas à reestruturação do movimento estudantil, a partir dos Centros Acadêmicos e da União Estadual de Estudantes, e à idéia de colaborar para reerguer a União Nacional de Estudantes. Ligava-se intimamente às denúncias contra os desmandos do governo militar, sua política repressiva, a defesa da Universidade e a solidariedade aos perseguidos. Porém, no âmago das discussões colocava-se o objetivo de derrotar a ditadura e alcançar um sistema democrático revolucionário, e não se via outra possibilidade a não ser o caminho da luta armada. Era tudo ainda muito nebuloso, com muitos militantes estudando a experiência russa, cubana, argelina, chinesa, vietnamita e pela primeira vez tentando conhecer os acontecimentos históricos brasileiros como Cabanagem, Canudos, Contestado, sublevação de 1935 e outros.

O Comitê Universitário teceu uma rede de relações com o grupo minoritário e de esquerda do Comitê Central, como Joaquim Câmara Ferreira, Carlos Marighella, Apolônio de Carvalho, Jacob Gorender, Mário Alves. Quem teve uma atuação discreta, porém de importância notável foi o arquiteto Farid Helou, do comitê dos intelectuais do PCB. Ele havia trabalhado em Cuba por vários anos e sentia-se profundamente ligado ao processo revolucionário daquele país.

Conhecia seus líderes e era muito considerado por eles. Era amigo de Carlos Marighella e Câmara Ferreira, com os quais mantinha constantes contatos. Sua influência também sobre o Comitê Universitário foi inegável. Um dado importante, pois a partir do Comitê originou-se uma consistente parte dos quadros que mais tarde formariam a Ação Libertadora Nacional – ALN – uma das organizações mais ativas durante o período de luta armada.

A corrente favorável às posições de esquerda acabou tendo a maioria também no Comitê Municipal da cidade de São Paulo e finalmente no Comitê Estadual, sendo eleito secretário político Carlos Marighella e secretário de agitação e propaganda Joaquim Câmara Ferreira, em junho de 1966.

Durante este período, Ricardo encontra-se freqüentemente com Câmara, Farid e Del Roio, autor desse livro. Tenta convencer também a eles de sua teoria sobre a Zona da Mata. Obteve apoio, compreensão, mas não concordância. O Partido Comunista em São Paulo publicou uma vasta série de materiais impressos, em que tentou basear teoricamente suas posições, além de reproduzir textos de Lênin, Ho Chi Min, Giap, Dimitrov, Guevara e outros. Foi uma boa produção, considerando-se que foi realizada com os meios da época e na clandestinidade. A gráfica ficava num apartamento do andar térreo, no bairro de Santa Cecília, praticamente no centro da cidade de São Paulo. Para a estrutura dos partidos comunistas na clandestinidade, a gráfica era o coração da organização. Existia uma relação quase mágica com os papéis impressos nestas condições, pois sem eles as orientações, a linha política e as idéias não chegavam a outros militantes, simpatizantes e aos grupos organizados em geral. Sua localização era um dos segredos melhor conservados pela direção e conhecido apenas por poucos e confiáveis companheiros.

A responsabilidade era de Câmara Ferreira, mas quem fazia as máquinas funcionarem e passava dias e noites trabalhando era Dario Canale. Tinha o perfil do revolucionário profissional perfeito. Nascido na Itália, em 1943, formou-se em filosofia na Universidade de Pisa. Com o diploma de filósofo nas mãos e a carteira de inscrito no Partido Comunista Italiano, considerou calmo demais o futuro que tinha pela frente, por isso aproveitou a vinda de um seu amigo ao Brasil, para acompanhá-lo, em meados de 1965 e assim ter novas perspectivas. Trazia as credenciais do PCI e foi fácil sua ligação com os comunistas brasileiros. Quando Câmara Ferreira o encontrou ficou encantado. Dario tinha uma vasta cultura, poliglota em pelo menos oito idiomas, modesto, disciplinado, ascético, alto nível político, hábil tanto nas tarefas manuais como nas intelectuais e uma capacidade de trabalho não comum.

Um belo dia aconteceu uma coincidência inacreditável. O apartamento sobre a gráfica foi alugado para um jovem. Era um líder estudantil muito relevante, pertencente ao PCB, vindo da Faculdade de Direito da Pontifícia Universidade Católica, chamado José Dirceu de Oliveira e Silva. Ora, ele era uma figura exposta, conhecida pelos agentes da repressão e portanto existia a possibilidade de que fosse seguido nos seus movimentos. Depois de muita discussão – se pedir ao Zé Dirceu para mudar-se ou transferir a gráfica, (mas como e para onde?) – nenhuma decisão foi tomada. Freqüentemente Dario com sua cara de menino ingênuo, cumprimentava o seu vizinho, quando se cruzavam. Ambos ainda não conheciam Zarattini.

Um fato que ocorreu no Pará, no final de 1967, complicou a vida de Dario. Seu amigo italiano, Urbano Stride, que com ele viera ao Brasil, foi encarcerado. Urbano mantinha ligações com grupos clandestinos daquele estado, e a polícia local, quando chegou até ele, inventou um escândalo, acusan-

57

do-o de estar ali para receber submarinos cubanos que vinham descarregar armas para os revolucionários brasileiros no Rio Amazonas! A polícia dizia que se tratava do famoso MCI (Movimento Comunista Internacional), urrado em todos os discursos dos expoentes da ditadura diariamente. Era uma grande tolice, mas custaram dias de tortura ao Urbano, através do qual chegou-se ao Dario em São Paulo, causando a sua prisão.

Levado ao Departamento de Ordem Política e Social – Deops –, Dario sofreu o tratamento habitual dispensado aos suspeitos de subversão, ou seja, a tortura. Era um quadro precioso, que sabia de muita coisa, mas resistiu valentemente e nada falou. Seus companheiros, ao saberem do fato, mobilizaram a embaixada italiana e se comunicaram com o Partido Comunista daquele país. Foi um escândalo, uma delegação de parlamentares italiana veio a São Paulo e tanto pressionaram que Dario e Urbano acabaram sendo expulsos do Brasil.

O Urbano recorda estes momentos: *"O embaixador italiano era conivente com o regime. Aprendemos a desconfiar de sua figura. Do aeroporto do Rio, aonde nos embarcaram para a Itália, o embaixador nos trouxe agasalhos, para mim e para o Dario. Era a véspera do Natal (na Europa faz frio) e a polícia tinha ficado com todos os nossos vestuários, mas Dario recusou dizendo ao embaixador que preferia morrer de frio a aceitar o capote de um fascista"*. Ao partir, Dario prometeu voltar para continuar a combater a ditadura. E cumpriria a sua promessa.

Aliás, existia já um contato indireto entre Zarattini e Dario, cuja ligação era realizada por Isis Dias de Oliveira. Participava da base do PCB na Filosofia da USP, Isis colaborava com Câmara Ferreira na rede de distribuição dos materiais que advinham da gráfica, impressos por Dario. Regularmente Isis levava estas publicações a Zarattini, que tinha nela uma preciosa fonte de informações. Bela, doce, dedicada, amiga de Carlos Marighella e de Clara Charf, era considerada uma pessoa de absoluta confiança. Participou da ALN desde a sua fundação e foi uma militante ativa. Presa no início de fevereiro de 1972, no Rio de Janeiro, foi levada ao I Exército. Houve ainda informações fragmentadas de seu deslocamento em várias prisões. Depois o silêncio. Faz parte da lista dos prisioneiros políticos desaparecidos. Sua mãe, D. Felícia Mardini de Oliveira, transformou-se em uma das grandes lutadoras contra os crimes da ditadura e pelo respeito dos direitos humanos. Assim foi que esta família forneceu duas heroínas que lutaram pela dignidade do Brasil.

No plano geral, a situação piorava ano após ano. A repressão no campo continuava, nas cidades foi imposto o arrocho salarial. Eminentes intelectuais tinham seus direitos políticos cassados e eram expulsos de seus postos de trabalho, como Paulo Freire, Josué de Castro, Celso Furtado, Luís Hidelbrando Pereira da Silva, Mário Schemberg e numerosos outros. Foi criado o famigerado Serviço Nacional de Informações – SNI – que tanto mal causou a tanta gente. A política exterior sofreu uma reviravolta completa, pois era preciso pagar o preço do apoio que os Estados Unidos havia dado ao golpe. Surgiu o conceito do alinhamento automático com aquela potência, o que acabava com a independência nacional. Uma vergonha para todos os patriotas foi o envio de tropas para colaborar, como servos, na invasão da República Dominicana em 1965.

Os arautos da direita gritavam que a "revolução redentora" viera apenas para salvar o Brasil do "comunismo e da corrupção", teria uma duração muito curta, e logo tudo voltaria ao normal. Foram convocadas eleições para governadores em 11 estados, as quais se realizaram em 15 de outubro de 1965. Apesar de todas as pressões, ameaças e controle, a oposição venceu em quatro estados: Guanabara, Minas Gerais, Santa Catarina e Mato Grosso.

O presidente-ditador Castello Branco ficou enfurecido com esses resultados eleitorais, decretando pouco tempo depois os Atos Institucionais, n°s 2 e 3, em que havia horrores de todos os tipos, sendo os principais a dissolução dos partidos políticos e a eleição dos governadores de forma indireta pelos membros da Assembléia Legislativa de cada Estado. Poderiam existir apenas dois partidos: o da situação e o da oposição domesticada. O presidente-ditador tinha o direito de cassar quantos eleitos fossem necessários do partido de oposição para manter a maioria no Congresso. Foi assim que nasceu, forçosamente, o Movimento Democrático Brasileiro, no qual se agruparam tantos homens e mulheres da oposição e que se transformaria no PMDB. Foi um motor importante para a derrocada da ditadura, anos mais tarde, enquanto o partido da ditadura, classificado como "o maior do Ocidente", chamado Aliança de Renovação Nacional – Arena – iria para a lata de lixo da história.

Tudo isso radicalizou a oposição e deu vigor aos setores que pregavam a luta longa e armada contra uma ditadura sempre mais inescrupulosa. Representava um grande papel também a guerra do Vietnã. Este pequeno país, agrário, pobre, estava sendo atacado pelas forças imensas dos Estados Unidos, mas resistia e fazia o invasor pagar caro a sua prepotência. Era um exemplo que comovia as consciências mais esclarecidas e fazia com que muitos jovens sonhassem que tudo era possível.

Algumas coisas boas aconteciam, havia resistência no meio cultural. Dois símbolos da época foram as peças teatrais *"Liberdade, Liberdade"*, de Flavio Rangel e Millôr Fernandes, com a participação central da capixaba Nara Leão e *"Opinião"* de Gianfrancesco Guarnieri e Augusto Boal. Também em *"Opinião"* a estrela era Nara, mas depois foi substituída por uma jovem baiana, ainda desconhecida, Maria Bethânia, que cantava no teatro, cercada por um público delirante, a composição do João do Vale e José Cândido onde alguns versos diziam:

"Gloria a Deus Senhor nas alturas
e viva eu de amarguras nas terras de meu senhor.

Carcará lá no sertão
é um bicho que avoa que nem avião
É um pássaro malvado tem o bico volteado que nem
gavião...

Carcará: pega, mata e come
Carcará: não vai morrer de fome
Carcará: mais coragem do que home."

Zarattini ia a estes espetáculos, que falavam bastante da miséria e espírito de luta do nordestino, balançava a cabeça com ar de desaprovação vendo o entusiasmo dos espectadores, pensando que aplaudir era fácil, mas ficar só nisso era deletério. Não gostou dos filmes de Glauber Rocha, sobre os quais fazia uma crítica política impiedosa, pois achava que o diretor no filme "Terra em Transe" concentrava a sua simpatia sobre o personagem "Antônio das Mortes", que representava a ordem e a polícia e era o que havia de pior na região.

No início de 1966, Amaro Luiz de Carvalho tinha terminado o seu curso militar na China e voltou para São Paulo. Aquela grande nação estava passando por um processo turbulento. O líder Mao Zedong, preocupado com a possibilidade de que a República Popular Chinesa seguisse o mesmo tipo de desenvolvimento da União Soviética, que ele considerava revisionista e que levaria à volta do capitalismo, desencadeou uma rija discussão no interior do Partido Comunista. Essa discussão transbordou e envolveu milhões de pessoas com choques e violências, pontilhando todo o país. Este fenômeno ficou conhecido como "revolução cultural". Seu mais tenaz incentivador foi Lin Biao, que guiava o exército popular. Ele escrevera um opúsculo, que Amaro trouxe no bolso, intitulado: *"Salve a vitória da guerra popular!"*. Ali defendia o camponês como classe revolucionária decisiva, que deveria levar a guerra ao campo e cercar as cidades, onde estavam localizados os gânglios do poder burguês. Aplicava esta análise ao mundo todo, cujas nações pobres e exploradas, que representavam o campesinato, deveriam através da guerra popular cercar as metrópoles imperialistas.

Amaro, que estivera em contato com os quadros militares chineses influenciados por Lin Biao, estava entusiasmado e pressionou a sua agrupação, o PCdoB, para apressar os tempos e começar a guerra camponesa. A direção do partido lançou um documento no qual pregava que o objetivo era conquistar uma assembléia constituinte. Amaro ficou indignado, acusou aquela direção de desvios e de recusar a luta armada e decidiu afastar-se. Iria, no seu entender, com Zarattini e poucos outros criar um partido que fosse mais determinado.

Existe uma ironia neste episódio. Um núcleo restrito da direção do PCdoB, em grande segredo, já havia decidido preparar o terreno para desencadear a guerra revolucionária, que realmente aconteceria entre 1972 e 1974 no sul do Pará e que ficou conhecida como "as guerrilhas do Araguaia". Provavelmente, sendo um quadro camponês e treinado militarmente, Amaro teria sido um dos primeiros a ser deslocado para aquela área.

Amaro e Zarattini trabalharam dia e noite, consultaram alguns amigos, e no final de maio ficou pronto o escrito intitulado *"Carta de 12 pontos aos comunistas revolucionários"*, que serviria de guia para construir o futuro novo partido. Bastava ultimar alguns detalhes, encontrar uma cobertura e mergulhar na clandestinidade, sendo essa a preocupação dos dois companheiros. Primeiramente, criaram uma nova personalidade com documentos falsos. Câmara Ferreira havia fornecido a Zarattini um "espelho" em branco de uma carteira de identidade. Cuidadosamente, depois de muitas provas, preencheu ele mesmo o documento como o nome Rivaldo Marcadante Filho. Não era necessário, mas manteve no final a designação Filho. Fenômeno interessante, pois muitos militantes que entravam na clandestinidade decidiam colocar algo no nome que mantivesse a ligação com a verdadeira personalidade civil.

Para Amaro foi um pouco mais complicado. Era um tempo de grande imigração de nordestinos para a capital paulista. Uma parte chegava sem documento nenhum, pois nem haviam sido registrados quando nasceram. Assim, bastava que um empregador os encaminhasse ao juiz para que sob juramento fosse lavrada uma certidão de nascimento. Amaro, escolheu seu novo nome, Antônio Nunes Capivara, com o qual ficaria verdadeiramente conhecido. Possuindo a certidão foi fácil obter outros documentos.

Como cobertura conseguiram ser representantes e vendedores de carrinhos de mão! Havia um engenheiro de idéias progressistas, amigo de Zarattini, que fabricava carrinhos de mão para a construção civil. "Modestamente", a razão social de sua empresa era "ETOILE – Engenharia de Transportes para a América Latina Ltda"! Tanto Capivara como Zarattini passaram a ser representantes dos carrinhos da ETOILE no Nordeste!!

Arquivo Iconographia/Cortesia Cia da Memória

Gregório Bezerra, preso e torturado no Quartel da Casa Forte, em Recife - 1964.

Capítulo V

Nordeste: a área estratégica

Sendo conhecidos em Recife, escolheram como base Maceió, em Alagoas, onde foram viver num bairro pobre, Bebedouro. Logo contataram Manoel Lisboa Moura, que foi morar com eles. Manoel era um jovem de 22 anos, alagoano, que havia sido aprovado no vestibular para a Faculdade Federal de Medicina em Recife. Preso pela sua atividade na política estudantil, disse com orgulho diante dos policiais: "... *declaro-me marxista-leninista e membro do Partido Comunista do Brasil*". Amaro o batizou com o "nome de guerra" de Miguel. As dificuldades financeiras eram grandes. Possuíam algum dinheiro, mas era muito pouco para quem pretende construir um partido revolucionário, o que comportava viagens, aparelhos, gráfica, armas e muitas coisas mais. Logo, tinha-se que economizar na comida. Alimentavam-se de sururu, um molusco de água doce que se encontra em Alagoas e que iam recolher numa lagoa próxima, e de ovos de galinha.

Mantinham a cobertura de vendedores de carrinhos, o que justificava as longas ausências. Concentraram o trabalho nos engenhos das usinas de açúcar em Pernambuco, inicialmente baseados na rede que haviam construído desde antes do golpe militar, depois esta foi lentamente se ampliando. Parte da viagem era feita de ônibus, depois se caminhava, em geral à noite. Os encontros eram realizados de madrugada, e os dois passavam o dia em taperas de camponeses amigos.

Manoel Lisboa corria pelas cidades, onde montou bons núcleos de militantes da área estudantil em Maceió e Recife com a ajuda de Valmir Costa, destacado líder da Universidade Rural e do movimento universitário de Pernambuco. Outro recrutamento importante foi o de Emmanuel Bezerra dos Santos: mesmo sendo de família pobre, que vivia da pesca, conseguira estudar. Tinha prestígio entre os jovens e elegeu-se presidente da Casa do Estudante. Começou militando no PCB e depois no PCdoB. Criou um excelente grupo, atuante no Rio Grande do Norte. No campo, o recrutamento era bem maior, destacando-se entre os camponeses Manoel Aleixo da Silva, conhecido como "Ventania". Amigo de Amaro, era um camponês forte e respeitado, possuía uma resistência descomunal e caminhava pela Zona da Mata que conhecia perfeitamente em todas as direções. Poucos assalariados urbanos eram ligados à nascente organização, embora contasse com alguns militantes entre os metalúrgicos e nos correios em Maceió e Recife. A maioria era mesmo composta por camponeses.

No final do ano decidiram que estava na hora de formalizar a existência de um novo agrupamento político e decretaram o nascimento do Partido Comunista Revolucionário – PCR. O nome era redundante, mas estava implícita a crítica ao PCB e ao PCdoB, que consideravam revisionistas e imobilistas. Elaboraram um programa político baseado no documento dos 12 pontos, um estatuto e um boletim periódico chamado "*A Luta*". Criaram até uma biblioteca, que chegou a ter duzentos volumes e que deveria servir como apoio a uma escola de quadros. Os três dirigentes máximos eram Amaro Luiz de Carvalho, o "Capivara"; Zarattini, o "Galego", e Manoel Lisboa, o "Miguel", carinhosamente chamado pelos camponeses de os "três galegos" por sua tez clara.

O próximo passo era construir um núcleo de combatentes armados. Procuravam se espelhar nas lutas dos Cabanos, uma rebelião que aconteceu entre 1832 a 1834, envolvendo a Zona da Mata de Pernambuco, com ramificações nas Alagoas. Naquele período, depois da renúncia de Pedro I, durante a Regência, as classes dominantes encontravam-se divididas. Os restauradores, que buscavam a volta do imperador, instilaram entre os camponeses o ódio à Regência, acusando o governo de ser contra a religião e a família. Estes se sublevaram e depois de alguns choques contra tropas do governo central deflagraram uma guerrilha, atacando os senhores de engenho e seus capangas, para eles o mal maior. As forças do latifúndio tiveram muitas dificuldades em reprimir o movimento, que terminou pela mediação da Igreja Católica.

Com base na rebelião dos Cabanos, a idéia era golpear os jagunços, capitães do mato e grandes usineiros, tentando ao máximo evitar choques com a polícia e as forças armadas. A intenção era fazer propaganda revolucionária, acumular forças e criar embriões do futuro exército popular. Esta era a teoria, mas na prática a questão era diferente. Estavam imbuídos da convicção de que o comunismo é uma coisa simples, fácil de ensinar e de aplicar. Para os dirigentes do PCR, talvez valesse as palavras que o dramaturgo alemão Bertolt Brecht escreveu em 1933 na *"Louvação ao comunismo"*:

É razoável, qualquer um o entende. É fácil.
Você não é um explorador, o pode entender.
É uma coisa boa para você, informa-te.
Os idiotas o chamam de idiotice, e os sujos de sujeira.

É contra a sujeira e contra a idiotice.
Os exploradores o chamam delito
mas nós sabemos
é o fim dos delitos.
Não é loucura, mas ao contrário
é o fim da loucura.
Não é o caos, mas
ao contrário, a ordem.
É a simplicidade
que é difícil de se fazer.

"É a simplicidade que é difícil de se fazer". Esta frase revelava as dificuldades vividas então pelo PCR. Os camponeses vegetavam numa profunda ignorância, esmagados pela miséria e aterrorizados pela repressão. Era árduo conseguir fazer com que se organizassem até mesmo por direitos elementares. A preparação para a guerrilha foi limitada. Apenas houve a participação de alguns camponeses em treinamento de tiro. Maiores resultados foram obtidos em 1967/1968 com greves por reivindicações salariais. Um movimento pelo pagamento de diárias teve sua origem na Usina Tiuma e se espalhou rapidamente pelo norte do estado de Pernambuco. Algum tempo depois se repetiu a façanha com muito mais força no sul do estado, onde era maior o número de assalariados. Desta feita, os objetivos foram os engenhos e as grandes usinas de Palmares, Água Preta e Barreiros. Foi uma ação de valor, pois representou as primeiras greves consistentes debaixo da ditadura e antecederam aquelas operárias de Osasco no Estado de São Paulo e Contagem em Minas Gerais.

A direita nordestina ficou enlouquecida, clamava que a subversão voltara, que o país estava em perigo. A polícia foi lançada em todos os ângulos da Zona da Mata e do Agreste.

Dezenas de camponeses foram presos, sofreram ameaças, vexames e torturas. As informações que foram arrancadas possibilitaram às forças da repressão começar a chegar perto do PCR. Os "três galegos" foram cercados duas vezes por pistoleiros e policiais, tendo que escapar disparando. O susto foi grande.

Os três dirigentes tinham mudado várias vezes de casa. Abandonaram Maceió, deslocando-se uns 40 quilômetros e foram refugiar-se num pequeno povoado, Barra de Santo Antônio, a beira de um rio. Após poucas semanas, despertaram a curiosidade dos vizinhos e se deslocaram para centros maiores como Caruaru e Garanhuns e finalmente se estabilizaram em Campina Grande, na Paraíba. Era uma boa localidade, freqüentada por estudantes, com comércio florescente, legiões de vendedores e pouca politização, sendo mais razoável passar despercebidos. Havia facilidades para chegar até os engenhos de Pernambuco, pois as estradas eram fracamente controladas. As finanças melhoraram sensivelmente, e eles conseguiram um apartamento pequeno, mas adequado para reuniões de balanço, isto é naquelas em que principalmente se discutiam e se avaliavam as tarefas realizadas e se planejavam as futuras.

A fase inicial, quando os apoios estavam restritos a Recife e eram somente de algumas pessoas – como Fernando, Socorro, Ana, Paulo Pacheco, Liu Chaves e sua irmã (amigas de Manoel), Faisca (um velho combatente do levante de Natal), Frank Svenson (arquiteto da Sudene) e o engenheiro Hamilton Claro, esses dois últimos apresentados por Fernando Barbosa, essa fase mais difícil já estava superada. Zarattini recorda com carinho dessas pessoas, e seus olhos chegam a lacrimejar quando fala do velho Faísca, de Liu Chaves e sua irmã Beatriz sempre solidárias, mesmo nos momentos mais difíceis.

É interessante observar que essas pessoas tinham restrições às propostas do PCR e eram, em sua maioria, militantes do PCB. Não obstante correram sérios riscos em dar esse apoio.

Certamente o fizeram pelo respeito que tinham pela firme decisão de Zarattini, Amaro e Manoel de combater a ditadura.

Durante todo este tempo, Zarattini voltou 2 ou 3 vezes a São Paulo, para arrecadar fundos para organização e manter-se informado do desenvolvimento das outras forças políticas, além de discutir eventuais ações coordenadas. Eventualmente encontrava Aleste e as crianças, mas não informava no que andava metido.

Nos últimos dias de 1967, o PCB realizou o seu VI congresso, que teve como desfecho a expulsão dos dirigentes mais representativos da corrente de oposição que acusavam a maioria do comitê central, liderado por Luiz Carlos Prestes, de conduzir uma linha pacifista e uma errada política de alianças. Os expulsos foram Carlos Marighella, Joaquim Câmara Ferreira, Mário Alves, Apolônio de Carvalho, Jacob Gorender, Miguel Batista dos Santos e Jover Telles. Logo, eles também tomaram caminhos divergentes.

Carlos Marighella participara de uma reunião em Havana, entre 31 de julho e 10 de agosto de 1967, a Organização Latino-americana de Solidariedade – OLAS – e depois permanecera mais algumas semanas em Cuba. Voltou com posições acentuadamente "guevaristas", que em síntese muito redutiva versavam que a guerrilha precede o partido, ou que o partido revolucionário se constrói através da guerrilha. Sua brilhante biografia cheia de sacrifícios, capacidade de argumentação e verdadeiro carisma atraiu muitos militantes, principalmente jovens. Após seu desligamento do PCB, organizou junto com Câmara Ferreira, Costa Pinto, Rafael Martinelli, Farid Helou, Rolando Fratti, Cicero Viana, Del Roio e outros, o Agrupamento Comunista de São Paulo, que iniciou em fevereiro de 1968 os primeiros assaltos a banco e carros pagadores para financiar futuras frentes guerrilheiras móveis, em diversas áreas do campo. Em meados do mesmo ano, o Agrupamento assume sua denominação definitiva como Ação Libertadora Nacional – ALN.

Mario Alves, Jacob Gorender e Apolônio de Carvalho mantiveram a ortodoxia leninista, segundo a qual é necessária a constituição de um partido revolucionário organizado antes de desencadear as ações armadas. O objetivo era trabalhar por um movimento de massas, com ações armadas para conquistar um governo popular revolucionário. No plano internacional mantinham uma posição eqüidistante entre URSS, China e Cuba. O novo grupo intitulou-se de Partido Comunista Brasileiro Revolucionário – PCBR, em abril de 1968.

Também o PCdoB passou por cisão, pois um grupo de ativistas que exigiam uma ação armada imediata acabou por ser expulso. Liderado – entre outros – por Diniz Cabral Filho, oriundo das Ligas Camponesas, deram vida no final de 1967 à Ala Vermelha. De matrizes diversas surgiam ainda outras organizações, criando um verdadeiro emaranhado difícil de desenredar para quem não estivesse profundamente dentro da situação.

O ano de 1968 viu um ascenso nas lutas da oposição com manifestações estudantis e greves operárias e uma fragmentação dramática das forças da esquerda revolucionária.

Waldemar Bósio/Ed. Paulus

Zarattini recebeu abrigo de Dom Hélder no Covento das Dorotéias, após sua fuga do Quartel Dias Cardoso da PM, em Recife (PE).

Capítulo VI

Prisão, fuga e solidariedade

Zarattini sentia-se doente e muito cansado. As longas caminhadas pelas veredas dos canaviais, o mal dormir sobre esteiras e amontoados de palha úmida, mal cheirosa, contaminada, abalaram sua saúde. A pele estava esbranquiçada pelo fungo conhecido na região como "pano branco", os intestinos desarranjados e a perna – que sofrera de osteomielite – se arrastava sempre mais. Com o aumento cada vez maior da pressão policial, viajou a Recife, para arranjar novo "aparelho" para melhorar a segurança. Ali foi visitar o seu amigo Ednaldo Miranda, engenheiro elétrico, militante do PCBR, com o qual costumava debater sempre que podia. Ednaldo ressaltava que o PCR estava errado ao teimar em ser um partido regional; tinha que ser nacional e trabalhar mais de perto com o PCBR, mas Ricardo defendia sua escolha. No dia 10 de dezembro de 1968, estava tão exausto que nem discutiu com Ednaldo; apenas pediu-lhe para dar um leito para dormir um pouco. No final da tarde, a polícia invadiu a casa e prendeu os dois.

Foram levados ao Deops local; imediatamente os policiais os deixam nus, e começam os chutes, socos, telefones, que consiste em bater com as palmas das duas mãos simultaneamente em cada ouvido, o que pode levar ao rompimento dos tímpanos, e os banhos gelados. Às vezes os encarcerados conseguiam cochilar um pouco e comiam um tipo de lavagem chamada sopa. Com Zarattini as perguntas eram sempre as mesmas, metódicas, repetitivas: onde se encontrava Amaro, onde se encontrava Manoel Lisboa, mas ele respondia não saber. Comandava a tortura o sádico investigador Luiz Miranda, que ficaria famoso como assassino de tantos patriotas nordestinos. Depois de uma semana neste sofrimento, chegaram três delegados de São Paulo, que queriam conhecer os contatos que Ricardo mantinha naquele Estado. A tortura tornou-se mais sutil. Eles se revezavam em três turmas por 8 horas, durante as 24 horas da jornada. Não batiam, apenas não deixavam dormir um instante, bombardeando-o ininterruptamente de perguntas. Isto por cinco dias. Era terrível. Os olhos queimavam e lacrimejavam constantemente, a consciência ficava enevoada, o raciocínio confuso, todo o corpo exigia repouso, a vítima tinha desejos irrefreáveis de conceder qualquer coisa para poder aprofundar no sono, na evasão, no esquecimento. Ainda mais que o organismo estava debilitado pela doença, falta de alimentação e ferido pelas pancadas que havia sofrido.

Por duas vezes foi levado ao comando do IV Exército. Durante a sua passagem pelo Deops recebeu várias visitas "ilustres": oficiais do exército, um almirante e o adido militar do consulado dos Estados Unidos em Recife, Richard Melton. Ricardo afirma que soube quem era o indivíduo porque lhe contou um dos delegados que o torturava. Anos depois, durante o governo do presidente José Sarney, Melton foi designado para ser embaixador no Brasil. Zarattini denunciou que ele havia presenciado a sua tortura. Melton reconheceu que estava em

Recife naquela época, mas negou categoricamente ter ido ao Deops. De todas as formas, em razão desta denúncia, o Senado dos Estados Unidos bloqueou a sua nomeação por seis meses.

Os dois prisioneiros nada falaram e foram retirados para o Quartel de Cavalaria Dias Cardoso, da polícia militar. O Diário de Pernambuco e o Jornal do Comércio, ambos ligados aos interesses dos usineiros abriram manchetes para expressar alívio pela prisão do famoso clandestino que incendiava canaviais e atrapalhava a produção das usinas com greves. De acordo com a informação do Ministério da Aeronáutica, segunda zona aérea, Ricardo era "*Técnico em explosivos, instrutor de guerrilhas, comunista, agitador e terrorista*".

Depois de alguns dias de prisão no Quartel Dias Cardoso, o delegado Moacir Sales, fascista e desequilibrado, elaborou uma teoria. Se Zarattini e Ednaldo eram engenheiros, deviam entender tudo de explosivos, atuavam no Nordeste, logo, eram os responsáveis pelo atentado ao aeroporto de Guararapes. Era uma mentira deslavada, mas causaria grandes transtornos a eles, que arrastaram esta acusação por muito tempo, embora nunca tenha existido o mínimo indício de que tivessem alguma ligação com aquele fato. No Nordeste, por mais de dez anos, os jornais dos usineiros continuaram publicando a infâmia que Ednaldo e Zarattini tinham colocado a bomba no aeroporto. Zarattini sequer foi processado. No governo de Medici, a linha dura militar condenou Ednaldo, sem nenhuma prova, a dois anos de prisão. No entanto, os meios de comunicação do sul do país continuavam apontando, freqüentemente, Zarattini como o autor do atentado de Guararapes.

A verdadeira história do atentado é outra. Em 1966 as tensões internas entre os militares conduziam a uma mudança de presidente-ditador. Deveria sair o marechal Castello Branco e entrar o marechal Arthur da Costa e Silva. Era trocar o ruim pelo pior. Um colégio eleitoral controlado deveria elegê-lo em 3 de outubro, como realmente aconteceu. Para manter a farsa, resolveu viajar para alguns pontos do país, fazendo "campanha eleitoral". Quando era esperado junto com a sua comitiva no dia 25 de julho no aeroporto de Guararapes, em Recife, um artefato explodiu. Morreram duas pessoas, o almirante Nelson Gomes Fernandez e o jornalista Edson Regis de Carvalho, mais outras 14 pessoas ficam feridas e algumas mutiladas. Não se soube quem foram os autores do atentado.

Somente depois da anistia em 1979 é que se esclareceu que o atentado foi realizado por um grupo local que fazia parte da Ação Popular e que foi condenado pela direção nacional. Na segunda edição de 1998 do livro de Jacob Gorender, *"Combate nas Trevas"*, o autor revelou que a responsabilidade direta era do ex-padre católico, Alípio de Freitas, ativista português que havia fugido da ditadura salazarista em seu país. Posteriormente confirmou a versão de Gorender em algumas entrevistas.

Decisivo para esclarecer a verdade sobre o atentado foi o Caderno Especial publicado pelo *Jornal do Commércio* em 23/07/1995. Elaborado sob a inspiração de um destacado jornalista e escritor nordestino, Samarone Lima, tinha como manchete *"Atentado à bomba de Guararapes tem nova versão 29 anos depois"*. Uma jovem equipe de jornalistas pernambucanos, coordenada pelo editor Gilvandro Filho – depois de trabalhar mais de um mês, colhendo informações, confrontando dados, etc – produziu uma das melhores peças do jornalismo investigativo brasileiro.

A Ação Popular era uma organização de origem católica, nascida em 1961 e que rapidamente cresceu entre os estudantes, chegando a ter um peso notável nas estruturas do movimento estudantil, como a União Nacional de Estudantes e as Uniões Estaduais de Estudantes. Já em 1965 o movimento havia decidido optar pelo caminho armado, inicialmente influenciado pelas posições cubanas. Depois, lentamente foi se envolvendo com as posições chinesas. Sofreu diversas cisões, mas seu núcleo central confluiu para o PCdoB em 1973.

Os primeiros tempos no Quartel Dias Cardoso foram difíceis. Ednaldo e Zarattini eram os únicos prisioneiros políticos, tidos ali como perigosos terroristas. O clima geral era muito pesado, pois no dia 13 de dezembro de 1968, enquanto estavam sendo torturados, havia sido decretado o Ato Institucional n.° 5, que dava um caráter fascista ao estado brasileiro e permitia qualquer tipo de arbítrio. Os dois prisioneiros ficavam trancafiados todo o tempo, em celas separadas. Depois tiveram o direito a uma hora de sol por dia, sempre sob a vigilância de dois guardas com baioneta. Ednaldo era um tipo bastante fechado, mas Zarattini de temperamento extrovertido, com toda a experiência que havia adquirido no trato com os camponeses nordestinos, puxava conversa todo o tempo que podia com os soldados e cabos, e assim o quadro geral foi melhorando. Um sargento enfermeiro chamado Carrapeta, que cuidava dos cavalos, pois o quartel era de cavalaria, curou com iodo sua pele carcomida pelo fungo. A família de Ednaldo vinha visitá-lo e deixava sempre algum dinheiro. O mesmo fizeram Alceste, mulher de Zarattini, e seu irmão Carlos Zara que chegaram de São Paulo. Com estes recursos, os dois prisioneiros conseguiam comprar garrafas de cachaça, com a cobertura do sargento Carrapeta, e distribuí-las entre os soldados e cabos. Esta gente muito humilde de certa forma se sentia gratificada de ser tratada com respeito por pessoas "estudadas" como os dois engenheiros.

Os soldados semi-analfabetos desejavam fazer curso para serem promovidos a cabo e os cabos, a sargento. Pediram então aos "doutores" se não podiam ajudá-los a se preparar para o concurso. Felizes da vida, os engenheiros abriram uma verdadeira escola de português e aritmética elementar. As coisas melhoraram mais ainda quando três tenentes quiseram prestar vestibular para faculdades científicas. Foi montada uma sala de aula com quadro negro onde os oficiais tinham aulas, provas e até broncas quando não estudavam. Os dois passaram a alimentar-se no refeitório dos oficiais, o que obviamente impressionava os soldados. Depois de dois meses, as portas das celas ficavam abertas, e os prisioneiros caminhavam pelo pátio.

Naquele período, Alceste viera a Recife. Sua vida ficara complicada depois que Ricardo mergulhara na clandestinidade. Era professora primária, com dois filhos pequenos. Soube da prisão do marido através dos jornais. Ficou extremamente preocupada, pois sabia que na época estar nas mãos da polícia política significava tortura. Imediatamente, partiu de ônibus com os filhos para o Nordeste. Através de sua família achou uma casa para ficar na capital pernambucana. Chegou logo depois também Carlos Zara, que por insistência de Ricardo trouxera para defendê-lo seu companheiro de lutas universitárias, o hoje notável advogado Tales Castelo Branco. Tales, auxiliado por outro advogado pernambucano, fez um ótimo trabalho, embora em tempos de AI-5 a atuação dos advogados fosse muito limitada.

Depois das primeiras semanas, Alceste podia ir ver Ricardo freqüentemente, mesmo porque o comandante do quartel Dias Cardoso era uma pessoa educada e humana. Assim podia mantê-lo informado do que acontecia fora e ajudar a realizar alguns contatos políticos. Recebeu várias visitas de solidariedade, o que não era fácil naqueles tempos, entre elas a dos atores Sérgio Cardoso e Aracy Balabanian.

O processo realizou-se rapidamente. As acusações eram pesadas: ser comunista, ter realizado cursos de guerrilha, greves, e o pior de tudo ter proferido ofensas às forças armadas. Alceste seguiu o processo levando as crianças, até que foi proibida sua entrada, pois aquela cena bucólica de uma família reunida no tribunal poderia influenciar os juízes. O decorrer do processo aclarou como a repressão chegara até o imputado. O PCR contava entre seus quadros com Severino Arruda, um camponês muito hábil, bom organizador e antigo conhecido de Zarattini, que, portanto sabia de seu nome verdadeiro. Eram tão amigos que Severino colocou o nome de Ricardo no seu filho.

Severino foi detido e colocado no dilema de morrer ou cooperar com a ditadura. Resolveu colaborar e informou o que sabia sobre Zarattini, corroborando todas as acusações feitas a ele. Passaram a controlar as estações rodoviárias das principais cidades do Nordeste atrás de um tipo alto, loiro e que dava na vista porque mancava. Não foi difícil localizá-lo quando desceu do ônibus em Recife e segui-lo até a casa do Ednaldo.

O processo foi instruído de forma aproximativa, com lacunas. A acusação concentrava todos os seus trunfos nas declarações de Severino. Quando ele chegou ao tribunal para depor, Ricardo abriu-lhe um sorriso, cumprimentou com calor e perguntou-lhe se o xará, o Ricardinho, estava bem. Foi o que bastou. Severino respondeu dando um outro sorriso, no qual faltavam vários dentes, e disse-lhe que o filho estava ótimo. Depois desmentiu todas as confissões que fora obrigado a fazer. Os juízes militares ficaram furiosos, mas não tinham material para manter a imputação e puderam condenar o réu apenas a um ano de cárcere.

No quartel a vida continuava calma. Freqüentemente passava o major Rebelo, que era campeão brasileiro de equitação, e realizava longas conversas com Zarattini. Chegavam até a concordar com muitas coisas, como um projeto nacionalista para o futuro da nação. Major Rebelo mais tarde foi o comandante dos Dragões da Independência e atuou na prevenção do golpe tentado em 1977 pelo general Silvio Frota que buscava deter o processo de abertura política.

No final de março de 1969, o comando da Polícia Militar decidiu acabar com as baias existentes no quartel e transformar todo o espaço em boxes para jipes. O major Rebelo e o comandante do Dias Cardoso, ambos ligados ao mundo da equitação, ficaram furiosos e resistiram. Um dos argumentos usados é que se realmente eclodisse a guerrilha generalizada na Zona da Mata, a arma mais eficaz para detê-la seria a cavalaria. Depois de discussões acaloradas chegou-se à decisão de que o espaço seria dividido entre jipes e cavalos.

O quartel precisava passar por uma reforma geral. Para que gastar recursos na contratação de engenheiro civil, se havia um disponível ali mesmo? Com régua T, compassos, papéis, Ricardo passou a controlar o quartel em todos os seus ângulos, para elaborar o projeto de reestruturação. O governador Nilo Coelho veio visitar as obras e quando soube do nome do engenheiro responsável ficou horrorizado e alertou sobre a possibilidade de fuga de tão notável hóspede. Tudo se resolveu com a promessa do prisioneiro de que não fugiria. Faltavam poucos meses para cumprir a pena, as condições eram boas, os contatos começaram a se restabelecer com a sua organização. Esperaria com calma e depois retomaria a luta. Mas esses planos se revelariam ilusórios.

Em São Paulo aconteceram fatos graves. No dia 24 de janeiro de 1969 um capitão do exército, Carlos Lamarca, junto com três companheiros, também militares, todos do quarto regimento de infantaria em Quitauna, se apropriaram de uma Kombi cheia de armas e se juntaram à luta armada. Eles faziam parte da Vanguarda Popular Revolucionária – VPR. Esta componente surgira a partir da fusão de um grupo de intelectuais e estudantes marxistas com militares nacionalistas e era muito ativa naquele momento. Dias antes, foram presos em Itapecerica da Serra quatro militantes da VPR. Um destes, Hermes Batista Camargo, que havia sido pára-quedista e usava o nome da guerra de "Xavier", passou a colaborar ativamente com a repressão e uma das coisas que contou era que conhecia bem

Zarattini, o qual quando estivera na última vez em São Paulo se reunira com Lamarca, o que era verdade.

Estas informações demoraram a chegar a Recife, mas chegaram. Numa manhã, uma equipe da Aeronáutica invadiu o Quartel Dias Cardoso e levou o prisioneiro para o comando da IV Zona Aérea. Ali se encontrava o tenente-coronel Carlos Alberto Câmara Bravo. Um dos tantos oficiais latino-americanos que fizera curso na tristemente célebre *"Escuela de las Américas"* com sede no Panamá, sob comando dos Estados Unidos. Da tal escola saíram milhares de golpistas e torturadores que espalharam o inferno pela América Latina.

Zarattini foi colocado rapidamente no "pau-de-arara", tortura típica da ditadura brasileira. A vítima tem seus pulsos e pés amarrados juntos, seus braços passados exteriormente entre as pernas, um pedaço de madeira é introduzido atrás dos joelhos e depois colocados entre dois apoios.

Suspenso de cabeça para baixo, numa posição inaturável, imediatamente começaram as dores pelos repuxos que sofriam os músculos. Mas isso era apenas o começo. Com fios, e bastões foram dados choques elétricos em todo o corpo, concentrando-se preferentemente nos ouvidos, escroto e ânus. De quando em quando se jogava um balde de água fria para despertar o supliciado que está perdendo os sentidos e ao mesmo tempo acentuar a potência das descargas elétricas. Tudo acompanhado de "telefones", socos nos rins e bastonadas na planta dos pés.

Todas as perguntas eram sobre a VPR e o capitão Lamarca e mais uma vez o torturado negou que sabia de qualquer coisa. O covarde interrogatório demorou 36 horas.

Alceste, ao saber do seqüestro do marido, falou com os advogados e com os comandos do exército, alegando que Ricardo estava preso em uma dependência deste ramo das forças armadas e portanto sob a sua proteção. A determinação da esposa funcionou, e a Aeronáutica recebeu orientações de levá-lo de volta ao quartel da polícia militar. Seus torturadores, porém, juraram que conseguiriam tê-lo de novo e que o melhor que poderia lhe acontecer seria ser jogado no mar do alto de um helicóptero.

Zarattini acreditou na ameaça e considerou que sua possibilidade de salvação estava na fuga e na volta à clandestinidade. No quartel havia uma parte não murada, onde corria uma cerca de arame farpado, que se adentrava num pântano. Não era coberto pela área de visão das guaritas. Pela manhã do dia 9 de abril de 1969, arrastou-se por debaixo do arame farpado e mergulhou no aguaceiro, vestido apenas com um calção. Levava sobre a cabeça um embrulho com camisa, calça, alpargatas e um pouco de dinheiro. Era tudo o que possuía para enfrentar a nova situação. A primeira parte da fuga correu bem. Contava ter algumas horas de vantagem antes que fosse dado o alerta do seu desaparecimento. Vestiu suas poucas roupas, conseguiu um táxi e foi até o bairro da Torre, onde pretendia ir até a casa de Ciano, sobrinho de Miguel Arraes, que havia colaborado com ele. Ao descer do táxi deparou com um tenente do quartel que arregalando os olhos exclama: *"Zara, o que você faz por aqui?"* O coração do fugitivo quase saiu pela boca. Era azar demais. Nervoso, colocou a mão debaixo da camisa, simulando possuir uma arma e respondeu: **"Não tenho nada contra o senhor, mas é melhor que desapareça rapidamente e não diga nada a ninguém"**. E assim sucedeu.

Não encontrou Ciano e foi para a casa de Frank Svensson, arquiteto pertencente às fileiras do PCB, filho de suecos e cujo pai foi um expoente da Assembléia de Deus. Professor da Universidade de Brasília, dela foi expulso em 1971. Exilado, trabalhou na Suécia, França, Angola e Argélia. Com o fim da ditadura, voltou com todas as honras que mereceu para o ensinamento na UnB, dando brilho a esta instituição. Embora assustado, Frank declarou sua imediata solidariedade. Foi levado ao escritório de outro arquiteto, cujas posições de esquerda não eram conhecidas, e ali ficou alguns dias. Enquanto isso se desencadeou a caça ao fugitivo; todas as estradas que saíam de Recife foram controladas; invadiram casas de suspeitos, interrogaram dezenas de pessoas, patrulhas giraram a cidade, atormentando todos os mancos que encontravam.

Os arquitetos que o escondiam acharam que a repressão acabaria chegando até eles e concluíram que era preciso buscar um melhor refúgio. Foram falar com o arcebispo D. Helder Câmara. Este cearense, sempre sorridente, tão franzino que parecia que se romperia de um momento para outro, na realidade era como o diamante mais duro. Coração generoso, inteligência brilhante e corajoso, designado pelo Papa Paulo VI como arcebispo de Olinda e Recife, nos trágicos dias de abril de 1964 se opôs sempre aos desmandos ditatoriais e defendeu com ardor a causa dos pobres e dos oprimidos. A ditadura proibiu a partir de 1970 que ele falasse em público e que a imprensa, tanto rádio, televisão ou jornais citassem o seu nome. Em compensação, transformou-se num personagem amado e respeitado no planeta. Em qualquer país onde proferisse palestras era um imenso sucesso. Foi importante sua contribuição no desgaste que atingiu o regime brasileiro no mundo, o que ajudou a sua queda.

Na impossibilidade de atacar D. Helder Câmara pelo seu prestígio, degenerados agentes da ditadura golpearam seu auxiliar, o Padre Henrique Pereira Neto, coordenador da Pastoral da Arquidiocese. Em 26 de maio de 1969, padre Henrique foi seqüestrado pelo Comando Caça Comunista de Recife e seu corpo foi encontrado no dia seguinte, pendurado de cabeça para baixo em uma árvore, castrado e dilacerado por torturas e dois ferimentos de armas de fogo.

O sublime poeta de cordel, Patativa do Assaré, com singelas palavras recordando o triste fato escreveu "O padre Henrique contra o dragão da maldade" onde narra:

> *O padre Antônio Henrique*
> *muito jovem e inteligente*
> *a 27 de maio*
> *foi morto barbaramente*
> *no ano 69*
> *da nossa era presente*
> *Estava o corpo do padre*
> *de faca e bala furado*
> *também mostrava ter sido*
> *pelo pescoço amarrado*
> *provando que antes da morte*
> *foi bastante judiado...*

Na comunidade de D. Hélder as portas estavam sempre abertas aos perseguidos, e Zarattini encontrou abrigo entre as freiras do Colégio das Dorotéias, onde ficou num sótão por 20 dias. Evidentemente era um refúgio temporário, e se, eventualmente a polícia chegasse até as freiras, poderia ocorrer uma grande provocação contra a Igreja que já estava sendo pressionada pela ditadura. Durante os dias em que ficou no escritório de arquitetura, conseguiu mandar um recado a Miguel (Manoel Lisboa de Moura), que veio encontrá-lo. Discutiram a situação e chegaram à conclusão de que o fugitivo tinha que se retirar de Recife, e melhor ainda do Nordeste, por algum tempo. Viram-se ainda mais uma vez no colégio, quando Miguel trouxe novos documentos para que pudesse transladar-se para o Sul do país. O problema era como sair do local, atravessar Recife e viajar com meios públicos até São Paulo.

Numa manhã, enquanto Ricardo pensava em como, quando e para onde se deslocar, eis que chega a superiora das Dorotéias madre Porto – acompanhada pela madre Maria Dinice Carvalho (Madre Carvalhinho) e madre Armia Escobar Duarte (Madre Escobar) – que com face angelical e voz doce lhe comunicou que Câmara Ferreira o estava esperando em São Paulo, que havia um carro preparado para levá-lo até Feira de Santana, onde encontraria os companheiros da ALN e que na Paulicéia ficaria na casa de Ivanildo Porto, irmão da Madre Porto. Ricardo ficou literalmente de boca aberta com a cena, era algo que nunca pudera imaginar. Se existem pessoas que recorda com gratidão até hoje, são as figuras das madres Carvalhinho e Escobar, tão próximas a Dom Helder, e também de madre Porto e seus irmãos, particularmente Ivanildo. Para Zarattini, esse episódio é um dos inúmeros exemplos que demonstram o importante papel da Igreja na luta contra a ditadura.

Deixou Recife em maio de 1969, e algumas pessoas que não veria nunca mais. Seu companheiro Amaro, o "Capivara", com quem havia se engolfado na luta nordestina, foi assassinado por envenenamento, na casa de detenção de Recife em 22 de agosto de 1971. Manoel Aleixo da Silva, "Ventania", preso no interior de Pernambuco faleceu torturado em 29 de agosto de 1973.

Trágicos foram também os destinos dos revolucionários Manoel Lisboa e Emmanuel Bezerra que foram detidos em 16 de agosto de 1973, no Recife, onde foram torturados pela equipe do delegado Luiz Miranda. Transferidos ao Doi/Codi de São Paulo, foram eliminados, sempre sofrendo sevícias inenarráveis pela equipe do delegado Luiz Paranhos Fleury, no dia 4 de setembro. Foram enterrados como indigentes no cemitério do Campo Grande em São Paulo. O trabalho sacrificado, metódico, ininterrupto da *"Comissão de Familiares dos Presos e Desaparecidos Políticos"* conseguiu recuperar seus restos mortais em maio de 2003, que depois seguiram para seus rincões natais.

Naquela ocasião, Zarattini prestou uma homenagem a Manoel Lisboa, em São Paulo, dizendo:

"É certo que, para o êxito das revoluções, é necessária uma correta linha política. Mas não resta nenhuma dúvida de que, sem revolucionários determinados a levar até o fim a luta pela conquista do poder político, a vitória jamais será alcançada.

Esse era o traço marcante da personalidade de Manoel Lisboa de Moura: militante e dirigente revolucionário, tornou-se imprescindível na luta pelo socialismo, justamente pela sua férrea determinação; é o legado que nos deixou Manoel Lisboa de Moura para continuar a luta por uma nova sociedade.

Na luta de hoje, Miguel vive!"

Arquivo Pessoal

1. Ricardo Zarattini, pai do Zarattini, foi pioneiro do cinema nacional e uma das principais figuras do Ciclo de Campinas (1924). Participou desse ciclo como o "mocinho" no *western* "Sofrer para Gozar". Foi também o astro principal da película "A Carne", produzida com base no romance de Júlio Ribeiro.

Arquivo Pessoal

2. Antes do golpe militar de 1964, Ricardo (engenheiro) e Alceste (professora), com os filhos, Carlos Alberto e Mônica, formavam um casal padrão da classe média da época.

3. Órgão do Grêmio Politécnico, edição de julho de 1957, onde Zarattini já enfrentava o tema fundamental da questão nacional.

Arquivo Pessoal

4. Comício da Casa do Nacionalista (1958) em defesa do monopólio estatal do petróleo, sob a palavra de ordem "a Petrobrás é intocável", de autoria do Gal. Lott, Ministro da Guerra do Presidente Juscelino Kubitschek.

5. Zarattini se filiou ao Sindicato dos Metalúrgicos da Baixada Santista em 1962.

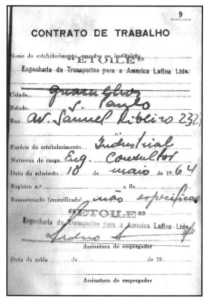

6. Na clandestinidade, Zarattini e Amaro passaram a ser representantes e vendedores de carrinhos de mão da empresa "ETOILE", cuja razão social "modestamente" era "Engenharia de Transportes para América Latina"!

Arquivo Pessoal

7. O Autor do livro, José Luiz Del Roio, em 1967, com sua mulher, a companheira Ísis de Oliveira, assassinada pela ditadura.

Arquivo Pessoal

8. Joaquim Câmara Ferreira, o "Toledo", assassinado pela ditadura em 1970. Ao lado do grande patriota Carlos Marighella, dirigia a Ação Libertadora Nacional (ALN).

Arquivo Pessoal

9. Amaro Luís de Carvalho que com Zarattini e Manoel Lisboa de Moura fundaram o PCR em 1966.

Arquivo Jornal "A Verdade"

10. Manoel Lisboa de Moura foi assassinado pela ditadura em 16 de agosto de 1971

Arquivo Pessoal

11. Ednaldo Miranda (na foto) e Zarattini foram falsamente acusados pela repressão como autores do atentado de Guararapes, em 1966.

Acervo Iconographia / Cortesia Cia da Memória

12. Militares reprimem violentamente os participantes da Missa de 7º Dia, realizada na Igreja da Candelária, pela morte do estudante secundarista Edson Luiz, em abril de 68 (RJ).

13. Nilda Bouzo, chamada por Zarattini de "China", seu amor em Cuba, em maio de 1971.

14. Mônica olhando para seus pais, Ricardo e Alceste no Parque Palermo, em Buenos Aires, em fevereiro de 1974. O encontro se deu depois do golpe militar que derrubou Salvador Allende no Chile e pouco antes de seu retorno ao Brasil para atuar na clandestinidade.

Arquivo Pessoal

15. Cândido Hilário (Bigode) organizou, em 1978 a Chapa 2 para disputar a Presidência e a Diretoria do Sindicato dos Metalúrgicos de S. Paulo. Ao lado, o panfleto do "Zé Batalhador" que simbolizava o metalúrgico que desejava renovar o Sindicato.

16. Cartaz que bem demonstra o quanto a mulher brasileira lutou pela Anistia.

Povo Brasileiro	**MOVIMENTO DOS ARTISTAS**
Homens do Governo	**PELA A N I S T I A**
Presidente desta Nação	**AMPLA, GERAL E IRRESTRITA**

Finalmente sentimos que é possível pelo menos falar.

Nós, artistas brasileiros, por tanto tempo amordaçados em nossa sensibilidade criativa pela censura e violentados pela auto-censura, sabemos ser grande nossa responsabilidade perante o povo brasileiro.

Foram longos demais esses anos de "caça às bruxas" e perseguições. Justamente quando entre os anseios do tão sofrido povo brasileiro cresce a necessidade urgente de paz, de reconstrução de uma Nação conciliada, justamente quando o Presidente "jura" fazer de nosso País uma Democracia, é concebida uma Anistia repleta de parágrafos, de itens que restringem e, portanto, reprimem novamente. Não podemos admitir, sobretudo, que quando se pretende uma conciliação Nacional sejam anistiados uns e marginalizados outros. E mais: perguntamos a todos, e a nós mesmos, o número de mortos e de desaparecidos e não se sabe ainda. No entanto este não é o momento em que se devam reascender divergências. E nem mesmo perguntar —.por mais evidente que seja a resposta — quem atirou a primeira pedra.

É o momento vital de falar, de gritar, em nome dos mais elementares princípios de respeito humano, aos sentimentos cristãos:

Chega de rancores!

Chega de ódios!

Paz!

ANISTIA AMPLA, GERAL E IRRESTRITA.

001 - Antonio Fagundes	008 - Abelardo Figueiredo
002 - Armando Bogus	009 - Aracy Cardoso
003 - Antonio Marcos	010 - Altair Lima
004 - Antunes Filho	011 - Arlete Montenegro
005 - Ary Toledo	012 - Aldo César
006 - Antonio Abujamra	013 - Amilton Monteiro
007 - Antonio Ghigonetto	014 - Adriano Reis

17. O Manifesto do "Movimento dos Artistas pela Anistia Ampla, Geral e Irrestrita", de julho de 1979, com 712 assinaturas de artistas do Teatro, Cinema e TV, atestou o grande apoio da classe aos presos políticos encarcerados pela ditadura, aos banidos e exilados.

Desenho de Manoel Cyrillo de Oliveira Netto

18. Na luta pela Anistia, em 1979, os presos políticos do Barro Branco (SP) denunciaram torturas e assassinatos. Manoel Cyrillo, um dos presos, desenhou a capa do opúsculo com essas denúncias.

Capítulo VII

O inferno da Operação Bandeirantes (OBAN)

Tudo se cumpriu como previsto. Do Colégio das Dorotéias, foi conduzido de carro até a cidade de Feira de Santana, onde a esperá-lo encontravam-se os militantes da Ação Libertadora Nacional, Maria Aparecida Costa e Ishiro Nagami. Chegando a São Paulo, foi refugiar-se na casa do irmão da madre Porto. Logo, Câmara Ferreira foi encontrá-lo e forneceu recursos econômicos e um novo jogo de documentos falsos. Deixou crescer amplos bigodes, aparou os cabelos, os quais pintava de preto a cada manhã, comprou vestes melhores, passou a usar gravatas, engordou um pouco. Parecia outra pessoa, quer dizer, isso se não fosse a perna que piorava a cada tortura e o fazia mancar sempre mais.

Cuidadosamente planejou sua nova clandestinidade e já se preparava para a eventualidade de uma nova prisão e principalmente para novos interrogatórios. Sabia por experiência que seria muito mais fácil, por assim dizer, resistir às sevícias se fosse capaz de decorar uma história inventada e repeti-la sempre, evitando cometer deslizes que pudessem fornecer indícios aos torturadores. Possuía uma memória prodigiosa e treinada, sem a necessidade de anotar endereços, números de telefone e pontos, ou seja, locais de encontros. Alugou um quarto numa boa pensão na rua Tupi, n° 450, no Pacaembu, na qual se apresentou como vendedor que viajava muito freqüentemente.

Elaborou uma história que era a seguinte: havia fugido do quartel porque o acusavam injustamente. No mesmo dia, partira de ônibus para o Rio de Janeiro, onde fora encontrar um seu conhecido de muito tempo, no movimento estudantil, que não queria mais saber de nada de política. Recorda-se apenas que seu apelido era "Carioca" e trabalhava num bar da Galeria Alaska. Pediu para ficar algum tempo no seu apartamento, enquanto procurava um consulado latino-americano ao qual iria pedir asilo. "Carioca" foi solidário e o colocou na moradia de sua mãe, mas impôs como condição que entrasse e saísse do apartamento somente acompanhado com ele e olhando para o chão para não reconhecer o endereço, que era perto da Galeria, em Copacabana. Era uma narrativa que não tinha muita consistência, mas serviria num futuro próximo. O nome verdadeiro do "Carioca" é Murillo Mello.

Câmara Ferreira estava entusiasmado com o desenvolvimento da luta. As ações armadas se sucediam num ritmo impressionante, o prestígio internacional da ALN crescia, novos jovens se aproximavam da organização. Zarattini deixou-se influenciar pelo clima. Uma análise mais profunda e desencantada apresentaria o quadro de forma diversa. O movimento de massas que atingira seu ápice em 1968, com greves camponesas, operárias e mobilização intensa da classe média, entrava num período de refluxo. O desvio "militarista", sempre criticado na teoria, impunha-se na prática, sendo quase todas as forças jogadas para a frente armada, enquanto se desfazia o trabalho de massas, o que afastava quadros antigos e experientes, dificultava o afluxo do proletariado e facilitava o ingresso de setores radicalizados da pequena burguesia. As siglas das organizações revolucionárias se multiplicavam, mas as raízes irradiadas entre a população, de onde deveria vir nova linfa, iam morrendo. A ditadura aperfeiçoava, com assessoria internacional, sua estrutura repressiva. Uma censura implacável cobria a informação, apresentando os patriotas como assassinos e terroristas, o que ajudava a criar confusão no seio do povo. Os troncos das estruturas das organizações iam perdendo a folhagem, ficando mais expostas aos golpes que inevitavelmente viriam.

O incontestável líder da ALN, Carlos Marighella, procurou Ricardo e aconselhou-o a sair do país, pois era muito procurado. Uma das suas características era preocupar-se com a segurança de todos os quadros, entretanto se irritava quando um companheiro dizia que devia estar atento à própria. Zarattini deu uma resposta categórica: não sairia jamais do Brasil, enquanto houvesse a ditadura. Sendo assim, Marighella lhe propõe entrar para a ALN e transferir-se para o norte de Goiás, onde estava sendo preparada uma frente guerrilheira no campo. Como possuía boas noções do mundo rural e tinha experiência com o trabalho camponês, poderia ser muito útil nesta tarefa, além de se afastar das regiões onde era conhecido. Depois de considerar que sua volta ao Nordeste era muito longínqua, decidiu aceitar.

Câmara o colocou em contato com Jeová de Assis Gomes, um dos responsáveis pela articulação da frente guerrilheira em Goiás. Mineiro, era um dos estudantes da Universidade de São Paulo que havia pertencido ao Partido Comunista Brasileiro. Tipo forte, ríspido, de poucas palavras, demonstrou sempre determinação e coerência. Preso em 1969, foi um dos

99

libertados quando do seqüestro do embaixador alemão em junho de 1970. Voltou ao Brasil no ano seguinte, fazendo parte de uma cisão da ALN, conhecida como Movimento de Libertação Popular (Molipo). Morreu no dia 2 de janeiro de 1972, em Goiás, fuzilado pela polícia, quando mais uma vez tentava tecer a rede que poderia conduzir à guerrilha rural.

Abrir a frente armada no campo era o objetivo estratégico da ALN. Grande parte das ações que se realizavam nas cidades tinham a razão de ser no fato de encontrar recursos econômicos e armas para se deslocarem ao interior. Serviam também para recrutar e selecionar quadros. Entre os militantes, corria a convicção de que a cidade era o cemitério dos revolucionários e que no vasto espaço das florestas, campos e rios brasileiros, os guerrilheiros encontrariam uma melhor mobilidade e proteção. O inimigo, ao contrário, teria muito mais dificuldades de mover suas tropas, principalmente se fosse possível golpear em vários pontos diferentes e distantes, dividindo as forças governamentais. Para isso, estava nos planos de Marighella enviar algo como duas centenas de pessoas para serem treinadas militarmente em Cuba e que deveriam constituir o cerne das colunas guerrilheiras. Este número não chegou nem à metade, embora seja útil recordar que outras organizações também mandaram seus militantes para a ilha, mas no total em quantidade inferior ao da ALN.

Os primeiros que seguiram, por orientação de Marighella, partiram ainda em 1967 e por uma brincadeira interna da organização ficaram conhecidos como "1º exército". Conseqüentemente, os outros dois grupos que seguiram depois foram chamados de 2º e 3º exércitos.

Zarattini tinha que esperar semanas até que Jeová encontrasse as possibilidades de levá-lo ao centro do país; enquanto isso discutia com a organização e soube das grandes dificuldades que havia para receber o "2º exército" que estava terminando o treinamento. Era uma tarefa complexa abrigar umas trinta pessoas clandestinas, cuja maioria era conhecida pelas forças repressivas. Depois, devia-se agrupá-los na cidade e expedi-los para o campo. Zarattini acreditou que podia dar uma contribuição para resolver o problema. Conhecia muita gente afastada da militância, entre engenheiros, arquitetos, artistas e antigos amigos. Foi uma irresponsabilidade, característica da época. Visitou vários conhecidos, pedindo apoio, e enquanto a maioria se amedrontava, alguns se dispunham a ajudar, entre eles um seu velho conhecido que possuía uma loja. Encontrou-o algumas vezes, porém, com sua visível perna arrastando, foi reconhecido por um parente dele que era ligado ao Deops. A loja foi cercada pela OBAN, que pacientemente esperou que Zarattini voltasse por ali. A Operação Bandeirante (OBAN) nasceu em 29 de junho de 1969. Era um órgão que sob o comando do 2º Exército agrupava oficiais das três armas e também elementos escolhidos da Força Pública (polícia militar) e polícia civil do Estado de São Paulo. Concentrou-se ali o que existia de mais degenerado, cruel, ilegal entre os elementos fanáticos gerados pela ditadura. Sua sede era na rua Tutóia, um dos símbolos do obscurantismo e da vergonha da história brasileira.

Às 9h30 da manhã, caminhando pela rua Domingos de Moraes, rumo à loja de seu conhecido, caiu na cilada que tinha sido preparada. Seis policiais armados saltaram sobre ele usando os cassetetes, dando chutes e socos. Continuou a ser espancado o tempo todo dentro da perua. Ficou surpreso quando o levaram para o novo quartel general do II Exército no Parque do Ibirapuera. Foi recebido com xingamentos e gritos da parte dos oficiais. Começaram os interrogatórios, mas não o tocaram. Chegou um capitão dizendo algo estranho: que o pessoal já havia trocado de roupa e que podiam partir. Algemado, fizeram-no entrar em uma perua sem nenhuma identificação, com diversos tipos vestidos à paisana e armados.

Saíram de São Paulo pela estrada que levava a Cotia. Em certo ponto, penetraram em um pequeno atalho que no final se abria em uma clareira, num ambiente muito ermo. Conheciam bem aquele caminho porque chegaram sem indecisões. Tiraram suas roupas, e começou o espancamento, enquanto gritavam que queriam saber quais eram os próximos encontros que teria. Ricardo desmaiou diversas vezes, e o acordavam com tapas na cara. Ameaçaram trazer seus filhos, Carlos Alberto e Mônica, até ali, mas o prisioneiro continuava a não abrir nada. Os algozes declararam que como ele era mesmo teimoso e não falava, era melhor que morresse. Amarraram-no em uma árvore, trouxeram os fuzis da perua e atiraram. As balas passaram zunindo perto da cabeça, não o acertaram, pois era um simulacro. Mas o prisioneiro havia acreditado que era mesmo uma execução e urinou nas calças.

Nova viagem, desta vez com destino à rua Tutóia. Quando entrou, foi encapuzado e assim ficaria a maior parte do tempo, sem poder ver aquela manada de covardes que se divertiam em torturar seres humanos imobilizados. O uso continuado do capuz é um sofrimento a mais, pois provoca falta de ar, dificuldade em respirar e perda da noção de tempo e espaço. As sessões de tormento demoram até 20 horas por dia, com equipes que se revezam. Novamente pau-de-arara, choques generalizados, pancadas, queimaduras com velas embaixo dos braços, horas sobre latinhas que penetram na carne dos pés nus. Desta vez, o prisioneiro teve um tratamento de luxo, um médico o examinava constantemente para determinar a quantidade de tortura que podia receber sem falecer. Estes "cuidados" duraram de 15 a 17 dias.

Zarattini insistia na história que havia elaborado. Fugiu do Recife sozinho, foi morar na casa da mãe de um amigo seu, o tal do "Carioca", no Rio de Janeiro. Entrava sempre de cabeça abaixada, não poderia reconhecer o prédio, mas sabia que no elevador apertava o 14° andar, etc. A um certo momento, os investigadores paulistas decidiram checar para ver se existia algo de verdade e consultaram seus colegas do Rio. A resposta os enfureceu ainda mais. A zona onde deveria se levantar o tal do apartamento no qual morava a "mãe do Carioca" no 14° andar não podia existir, pois era um corredor aéreo para aviões, portanto era proibida a construção de edifícios altos. Além do mais, a tal Galeria Alaska, "onde trabalharia o Carioca", era um local de encontro de gays, o que Ricardo não sabia, mas os torturadores acreditaram que ele dera esta indicação como forma de zombar dos policiais, o que por represália resultou em mais choques.

De qualquer modo, a história inventada teve sua utilidade, pois Ricardo se apegou com tanta decisão aos tais fatos falsos, que chegava quase a acreditar neles e repeti-los infinitas vezes ajudou-o a esconder a realidade. Outro fator que o ajudou é que os policiais não sabiam o que ele fazia. Os dados que possuíam diziam que atuava no Nordeste e deveria ter conhecimento de muita coisa em São Paulo. Mas o quê? Logo as interrogações eram sobre todas as áreas da atuação revolucionária. Isso evitou perguntas muito concretas, o que é sempre melhor para quem tem que lutar cada minuto para não fornecer informações. De um certo momento em diante, decidiram concentrar sobre um argumento específico: o assalto ao "cofre do Adhemar".

Por mais de trinta anos, Adhemar de Barros havia tido um peso considerável na política paulista. Eleito pela segunda vez governador do estado em 1963 foi um dos civis que possibilitaram o golpe militar. Cassado em 1966, em função de algumas posições contrárias ao presidente-ditador Castelo Branco, faleceu em Paris, no dia 12 de março de 1969. Dizia-se que por muitos anos ele mantivera uma relação afetiva com uma certa senhora. Tinha dado ordem aos seus auxiliares de tratá-la ao telefone como "Dr. Rui", para não despertar suspeitas. Um parente da senhora, Gustavo Buarque Schiller, militante contra a ditadura, informou a uma organização, Vanguarda Armada Revolucionária (VAR), que na casa de sua tia, existia um cofre com dinheiro e documentos pertencentes ao Adhemar de Barros.

A ação para apoderar-se do butim foi cumprida em 18 de julho de 1969, com a participação de treze revolucionários, liderados por Juarez Guimarães Brito. Eles levaram embora o cofre que pesava mais de duzentos quilos! Quando mais tarde o abriram, encontraram algo como 2,5 milhões de dólares. Havia documentos que podiam incriminar altos figurões do regime. Aconteceu um corre-corre geral para tentar recuperá-los. Os torturadores ficaram interessados não por essa questão política, mas sobretudo em poder pôr as mãos no dinheiro.

Juarez tinha alguma semelhança física com Ricardo, principalmente duas entradas muito acentuadas nos cabelos. Pode ser que esta descrição sumária, fornecida pelas testemunhas, mais o fato de ele insistir que ficara no Rio, tenha levado os investigadores a suspeitarem de que ele houvesse participado do roubo do cofre. O dinheiro, em parte, foi gasto na manutenção de organizações revolucionárias, cada vez mais cara, pois aumentava a quantidade de clandestinos que necessitavam de recursos, transportes, casas alugadas, etc. Quase a metade foi enviada para a Argélia como reserva da revolução brasileira, que acabou não sendo usada, pois a luta armada foi derrotada. Juarez de Brito morreu num cerco policial em 18 de abril de 1970.

Os repressores cansaram de perder tempo com Zarattini e passaram a atormentar outros prisioneiros, o que não faltava naqueles tempos tenebrosos. Numa manhã o mandaram tomar

104

banho, um barbeiro cortou seus cabelos e fez sua barba, avisando-o de que teria visitas. Alceste soubera da nova prisão de seu marido pelos jornais. Outra vez ela e Carlos Zara se mobilizaram com advogados, amigos, pessoas ligadas a cultura. Tanto fizeram que conseguiram, depois de quase trinta dias, a permissão para ver Ricardo. Alceste ficou chocada; o marido estava magro, pálido, com a face ainda contraída de dor. Zarattini fez algo que revelou uma grande insensibilidade, mas que tem uma explicação: contou a Alceste todas as torturas que havia sofrido e informou que não tinha falado e que provavelmente seria morto, mas não falaria. Era uma forma de passar informações para os companheiros que estavam soltos, pois eles mais cedo ou mais tarde a procurariam. Assim, fornecia-lhes maiores detalhes de como funcionava a repressão e os deixava mais seguros, pois o que ele sabia não havia passado à polícia.

Alceste ficou tão impressionada que passou a ter insônia aguda, por décadas. Para ela, como para tantos familiares dos clandestinos e presos, o mundo parecia um buraco escuro, sem um sinal de luz. Não podia discutir com ninguém suas angústias. Possuía apenas uma amiga, muito atenciosa e gentil, sua colega no curso de pedagogia na USP, chamada Denise, sempre preocupada com a sorte de Ricardo. Muitos anos depois, Alceste saberia que Denise era a filha de Câmara Ferreira.

Zarattini, no Aeroporto do Galeão (RJ), em setembro de 1969, entre os presos políticos banidos pela ditadura militar, após a troca pelo embaixador norte-americano.

Capítulo VIII

Liberdade com o sequestro do embaixador dos Estados Unidos

No final de agosto de 1969, foi retirado da cela e levado algemado até um avião da Força Aérea Brasileira, onde o informaram de que o destino era o Rio de Janeiro. Quando entrou, viu um grupo de pessoas com trajes civis e um coronel do exército. Este mandou que tirassem as algemas e conversou com o prisioneiro. Declarou-se contra as posições da ditadura e todas aquelas barbaridades. Zarattini nunca soube o seu nome.

O destino final estava no quartel da Polícia do Exército, na rua Barão de Mesquita, na Tijuca. Era outro famoso antro de monstros. Entrou e imediatamente desabou na tortura, desta vez sem capuz, realizada pela equipe do major José Méier Fontanelle. Foi algo ainda mais assustador, pois nada perguntavam, apenas massacravam, parecia sentirem prazer nesta atividade. Depois destas sessões, era recolhido a uma pequena cela, onde havia apenas um colchão, todo sujo, com um horrível odor das secreções corporais das vítimas anteriores.

Numa noite, quando conseguiu dormir, acordou com um grupo armado de metralhadoras nas mãos, que berrando batiam nas portas. Tiraram os prisioneiros das celas, encostaram-nos na parede e mandaram fechar os olhos. Zarattini pôde perceber, porém, o que faziam e viu que um daqueles mártires não havia resistido. Morrera, e estavam retirando o corpo.

Durante uma manhã aconteceu algo fora do comum: levaram-no para uma sala onde estavam três coronéis fardados, que quase gentilmente fizeram uma proposta. Se desse uma pista séria para chegar até os documentos do Ademar, ele e sua família seriam levados para a Europa, no país que escolhesse. Como não podia deixar de ser, a resposta foi negativa, até mesmo porque ignorava o assunto. Um dos coronéis mandou os subalternos servirem ao prisioneiro um almoço digno sobre uma mesa, depois de deixar se lavar. Continuava tudo a ser sempre mais esquisito. Não havia levado nenhum murro naquele dia.

Sucedeu, em seguida, um episódio que mostrou bem o que é a mesquinharia de pequenos burocratas recalcados. Trouxeram o almoço, era ótimo, só que deixaram Ricardo algemado com os braços para trás e, portanto, sem poder comer. Voltou para a cela; pouco depois uma correria, entraram vários policiais, arrastaram-no para um camburão junto com outro prisioneiro que não conhecia. Era o jornalista Flávio Tavares. O carro partiu à máxima velocidade, com o engenheiro e o jornalista sentados algemados com três guardas entre eles que se olhavam perplexos e amedrontados. Para onde estavam sendo levados? Quando se abrem as portas, reconheceram o aeroporto militar do Galeão. Entraram numa salinha, onde tiraram as impressões digitais e fotografias. Finalmente foram informados de que faziam parte de um grupo que estava sendo trocado pelo embaixador dos Estados Unidos da América que havia sido seqüestrado. Dentro de poucos minutos, partiria um avião para a Ciudad del Méjico, com eles a bordo. Um milagre havia se realizado, estavam livres!

Muita água tinha corrido embaixo da ponte, desde que fora preso e estando em isolamento não tivera informações do que se passava fora das masmorras. Durante um encontro na tarde do dia 28 de agosto, o presidente-ditador Arthur da Costa e Silva começou a gaguejar; chamados os médicos, diagnosticaram trombose grave e informaram os ministros militares. Estes comunicaram ao povo brasileiro que Costa e Silva estava com gripe e que os chefes do exército Lyra Tavares, da marinha Augusto Rademaker e Melo, da aeronáutica Márcio de Sousa e Mello se constituíram em junta e assumiam o governo. Esqueceram de dizer tudo isso ao vice-presidente Pedro Aleixo, que pegou sua malinha e foi para casa.

Enquanto nos intestinos do poder estavam meditando sobre quem escolher como próximo presidente-ditador, aconteceu um terremoto político, em 4 de setembro. Um comando guerrilheiro, no início da tarde, conseguiu seqüestrar no Rio de Janeiro, Charles Burke Elbrick, embaixador dos Estados Unidos da América no Brasil. O golpe fora tremendo, deixando a junta militar atordoada. O presidente dos Estados Unidos, Richard Nixon, interveio rapidamente e deixou clara sua posição: deveria ser feito todo o possível para que seu embaixador fosse libertado, garantindo totalmente a sua incolumidade, o que significava tratar com os grupos guerrilheiros. Estes haviam deixado no carro do embaixador uma nota da qual exigiam uma divulgação ampla. A tal mensagem foi lida nos noticiários da noite; era o sinal verde para as negociações.

O texto reflete bem o clima da época e o pensamento dos revolucionários:

"Ao povo brasileiro:

Grupos revolucionários detiveram, hoje, o senhor Burke Elbrick, embaixador dos Estados Unidos, levando-o para algum ponto do país, onde o mantêm preso. Este ato não é um episódio isolado. Ele se soma aos inúmeros atos revolucionários já levados a cabo: assaltos a bancos, onde se arrecadam fundos para a revolução, tomando de volta o que os banqueiros tomam do povo e de seus empregados; tomadas de quartéis e delegacias, onde se conseguem armas e munições para a luta pela derrubada da ditadura; invasões de presídios, quando se libertam revolucionários, para devolvê-los à luta do povo; as explosões de prédios que simbolizam a opressão, e o justiciamento de carrascos e torturadores.

Na verdade, o rapto do embaixador é apenas mais um ato de guerra revolucionária que avança a cada dia e que este ano ainda iniciará a etapa da guerrilha rural.

Com o rapto do embaixador queremos mostrar que é possível vencer a ditadura e a exploração, se nos armarmos e nos organizarmos. Aparecemos onde o inimigo menos espera e desaparecemos em seguida, desgastando a ditadura, levando o terror e o medo para os exploradores, a esperança e a certeza da vitória para o meio dos explorados.

O senhor Burke Elbrick representa em nosso país os interesses do imperialismo que aliados aos grandes patrões, aos grandes fazendeiros e aos grandes banqueiros nacionais mantém o regime de opressão e exploração.

São os interesses desses consórcios de enriquecerem cada vez mais que criaram e mantêm o arrocho salarial, a estrutura agrária injusta, a repressão institucionalizada. *Portanto, o rapto do embaixador é uma advertência clara de que o povo brasileiro não lhes dará descanso e a todo o momento fará desabar sobre eles o peso de sua luta.* Saibam todos que essa é uma luta sem tréguas, uma luta longa e dura que não termina com a troca de um ou outro general, mas que só acaba com o fim do regime dos grandes exploradores e com a construção de um governo que liberte os trabalhadores de todo o país da situação em que se encontram.

Estamos na semana da Independência. O povo e a ditadura comemoram de maneiras diferentes. A ditadura promove festas, paradas e desfiles, solta fogos de artifícios e prega cartazes. Com isso, ela não quer comemorar coisa nenhuma, o que ela quer é jogar areia nos olhos dos explorados, instalando uma falsa alegria com o objetivo de esconder a vida de miséria, exploração e repressão em que vivemos. Mas pode-se tapar o sol com a peneira? Pode-se esconder do povo sua miséria, quando ele a sente na carne?

Na semana da Independência há duas comemorações: a da ditadura e a do povo, a dos que promovem paradas e a dos que raptam o embaixador, símbolo da exploração.

A vida e a morte do senhor embaixador estão nas mãos da ditadura. Se ela atender a duas exigências, o senhor Burke Elbrick será libertado. Caso contrário, seremos obrigados a cumprir a justiça revolucionária. Nossas duas exigências são:

a) A libertação de quinze prisioneiros políticos. São quinze revolucionários, entre os milhares que sofrem torturas nas prisões-quartéis de todo o país, que são espancados, seviciados e que amargam as humilhações impostas pelos militares. Não estamos exigindo o impossível, não estamos exigindo a restituição da vida de inúmeros combatentes assassinados nas prisões. Esses não serão libertados, é lógico. Esses serão vingados um dia. Exigimos apenas a libertação desses quinze homens, líderes da luta contra a ditadura. Cada um deles vale 100 embaixadores do ponto de vista do povo. Mas um embaixador dos Estados Unidos vale muito também do ponto de vista da ditadura e da exploração;

b) A publicação e leitura desta mensagem na íntegra, nos principais jornais, rádios e televisões de todo o país.

Os quinze prisioneiros políticos devem ser conduzidos em avião especial até um país determinado – Argélia, Chile e México – onde lhes seja concedido asilo. Contra eles não deverá ser tentada qualquer represália, sob pena de retaliação. A ditadura tem 48 horas para responder publicamente se aceita ou rejeita nossa proposta. Se a resposta for positiva, divulgaremos a lista dos quinze líderes revolucionários e esperaremos 24 horas por sua colocação num país seguro. Se a resposta for negativa, ou se não houver nenhuma resposta nesse prazo, o Sr. Burke Elbrick será justiçado. Os quinze companheiros devem ser libertados, estejam ou não condenados: esta é uma "situação excepcional".

Nas situações excepcionais, os juristas da ditadura sempre arranjam uma fórmula para resolver as coisas, como se viu agora, na subida da junta militar.

As conversações só serão iniciadas a partir de declarações públicas e oficiais da ditadura, de que atenderá *às exigências. O método será sempre público por parte das autoridades e sempre imprevisto da nossa parte.*

Queremos lembrar que os prazos são improrrogáveis e que não vacilaremos em cumprir nossas promessas.

Finalmente queremos advertir a todos aqueles que torturam, espancam e matam nossos companheiros que não vamos aceitar a continuação dessa prática odiosa. Estamos dando último aviso. Quem prosseguir torturando, espancando e matando, ponha as barbas de molho.

Agora é olho por olho, dente por dente".

ALN - MR-8

Embora seja conhecida a história do seqüestro do embaixador dos Estados Unidos, pois foram publicados livros, entrevistas, reportagens e inclusive realizado um filme brasileiro, vamos resumir em poucas linhas os fatos. Durante a desgastante luta de posições diferenciadas dentro do Partido Comunista Brasileiro, nasceu no Rio de Janeiro um agrupamento revolucionário, fundamentalmente estudantil que se intitulava de "Dissidência" (para reafirmar as distâncias do Comitê Central) e que estava trilhando a via da luta armada. Entre seus líderes de maior realce encontrava-se Daniel Aarão dos Reis, Franklin de Sousa Martins e Cláudio Torres da Silva. Foi neste núcleo que surgiu a idéia de raptar o embaixador Elbrick. Para assinar um ato tão clamoroso, era preciso encontrar um nome à altura e não somente "Dissidência" que não significava nada. Em Niterói, um pequeno grupo que tinha sido dizimado pela polícia se intitulava "Movimento Revolucionário 8 de Outubro", recordando a data em que havia caído o guerrilheiro Ernesto "Che" Guevara em terras bolivianas. A ditadura havia entoado hinos de vitória e considerou liquidada aquela organização.

Os membros da "Dissidência" decidiram se apropriar da denominação que era significativa e ao mesmo tempo criaria confusão nos meios da repressão. Porém, sentiram-se inseguros quanto à própria capacidade operativa e decidiram pedir ajuda à ALN, mais experiente. Câmara Ferreira ficou arrebatado com a idéia, e a associação entre os dois grupos se realizou com perfeita afinidade.

No total participaram quatorze revolucionários e revolucionárias, sendo quatro da ALN, entre os quais o comandante da operação Virgílio Gomes da Silva, o "Jonas" e o restante da área do MR-8. Depois da publicação do manifesto, que havia sido escrito por Franklin de Sousa Martins, o "Valdir" com a aprovação de Câmara Ferreira, na tarde do dia 5 de setembro informaram à "Rádio Jornal do Brasil" onde se encontrava a lista com os quinze nomes a serem libertados e que logo foi divulgada. Por ordem alfabética eram: Agonauto Pacheco, Flávio Tavares, Gregório Bezerra, Ivens Marchetti, João Leonardo, José Dirceu, José Ibraim, Luiz Gonzaga Travassos, Maria Augusta Ribeiro, Mário Roberto Zanconato, Onofre Pinto, Ricardo Vilas Boas, Ricardo Zarattini Filho, Rolando Fratti e Vladimir Palmeira. Estes não cobriam toda a área da oposição clandestina, entretanto representavam um segmento significativo, com militantes da ALN, do MR-8, da VPR, nacionalistas, líderes do movimento estudantil e PCB.

Dois entre eles seriam, mais tarde, assassinados pela ditadura: o baiano João Leonardo, que havia sido da base do PCB da Faculdade de Direito do Largo São Francisco e que participou da formação da ALN, morreu em novembro de 1974 no interior de seu estado natal, cercado pela polícia. Onofre Pinto, mulato paulista, foi um dos principais líderes

114

do "movimento dos sargentos" em 1964, fundador e dirigente da Vanguarda Popular Revolucionária. Desapareceu em julho de 1974, quando tentava regressar ao Brasil, procedente do Uruguai.

Na Base Aérea do Galeão naquela tarde de 6 de setembro de 1969, finalmente, bem fotografados e identificados, reuniram-se os treze prisioneiros a serem trocados pelo embaixador americano. Faltavam Gregório Bezerra, que estava em Recife, e Mário Roberto Zanconato, em Belém. O clima era de tensão, pois corria a voz de que setores da Aeronáutica protestavam contra a libertação e ameaçavam um ataque contra o grupo. Pretendiam enforcar todos, um a um, em pleno centro do Rio de Janeiro. O mais agitado era o coronel Dickson Grael, comandante das tropas dos pára-quedistas, que depois da partida dos 15 ocupou a "Rádio Nacional" e colocou no ar uma nota de protesto contra a "linha mole" da junta militar.

Depois que os presos e mais dez homens armados entram no Hércules C-130, o major Egon Reinisch, comandante do avião, levantou vôo, passados poucos minutos das 5h da tarde. Era uma aeronave militar muito incômoda, na qual as pessoas se sentavam sobre metal, em bancos laterais, um diante do outro. Os prisioneiros, sempre algemados e proibidos de falar entre si, receberam um pequeno pedaço de pão e um copo com água. O banheiro era constituído de uma espécie de funil.

Teve início a longa viagem, pois o avião era lento. Escala em Recife às 21h30, depois uma nova parada em Belém do Pará. Finalmente, às 9h da manhã avistaram a imensa extensão da capital mexicana. Uma multidão com faixas e bandeiras estava no aeroporto para dar as boas-vindas aos revolucionários brasileiros. Quando os funcionários mexicanos entraram na aeronave, ficaram chocados ao ver os prisioneiros algemados. Informaram aos militares brasileiros que o México era um país livre e que as algemas deviam ser retiradas imediatamente. Sob os aplausos do público, desceram lentamente um a um, a começar por Onofre Pinto. Depois das formalidades na alfândega, foram levados para o Hotel do Bosque.

Tudo parecia um sonho, sobretudo para Gregório Bezerra, que estava há cinco anos e meio numa imunda cadeia, sendo que durante toda a sua vida tinha passado vinte e três anos nos cárceres! Depararam-se com leitos de colchão com cobertas limpas, comida farta, médicos dedicados, solidariedade de todas as partes. Uma concentração de profissionais da imprensa, entre os quais muitos dos Estados Unidos, entrevistavam os brasileiros, e pela primeira vez em centenas dos jornais do mundo foram publicados artigos em que se contavam os horrores dos "porões" da ditadura.

Enquanto isso, no Rio de Janeiro, o embaixador Burke Elbrick era libertado, numa operação ainda mais complicada do que o ato do seqüestro. Declarou que havia sido muito bem tratado e que *"...eles até me deram charutos e lavaram minha camisa"*.

Os responsáveis pela operação seqüestro haviam cometido vários erros graves, deixando rastros que foram seguidos pela repressão. Muitos deles caíram e sofreram pelo desafio que haviam ousado. O primeiro a ser preso foi justamente o comandante Virgílio Gomes da Silva, torturado e assassinado, dia 29 de setembro. Seguiu uma quantidade impressionante de quedas que desarticulou o MR-8 e abalou a ALN. Alguns dos que ficaram vivos foram libertados, pois houve outros três seqüestros em 1970, o do cônsul japonês Nobuo Okuchi, em 11 de março, que resultou na ida de mais cinco asilados ao México. Três meses depois rumaram para Argélia 40 asilados em troca do embaixador alemão Ehrenfried von Holleben. E finalmente em 7 de dezembro, por meio do seqüestro do embaixador suíço Giovanni Bucher, setenta encarcerados alcançaram o território do Chile de Salvador Allende. Todos os quatro seqüestrados declararam que foram tratados com dignidade por aqueles que os detiveram.

Terminadas as entrevistas com a imprensa internacional, depois de se recuperarem um pouco, os quinze, sendo todos animais políticos, meteram-se em discussões intermináveis para decidir o que fazer. Estavam sem contato com suas respectivas organizações e o futuro se apresentava confuso. A decisão da maioria foi transladar-se a Cuba. Permaneceram Ricardo Vilas Boas, que estava praticamente em casa, pois seu pai era funcionário da ONU no México, e o jornalista Flávio Tavares. O líder camponês Gregório Bezerra foi para a ilha apenas de passagem, sendo sua destinação final Moscou, de onde esperava contatar o PCB com maior facilidade, além de tratar da saúde profundamente abalada pelos maus tratos dispensados a um homem de quase 70 anos de idade.

No final de setembro partiram para Havana... para todos a materialização de um sonho.

Fidel Castro recebeu no Aeroporto José Marti (Havana), vindos do México, os 15 presos políticos banidos do Brasil - 1969.

Capítulo IX

A pérola das Antilhas

A capital da república cubana é realmente bonita. Antiga para os parâmetros americanos, nasceu pela vontade do conquistador castelhano Diego Velásquez em 1514, no interior de uma baía que olha o golfo do México. Seu destino logo se configurou como sendo o porto onde se reuniam os navios da coroa espanhola que voltavam trazendo os produtos do saqueio colonial do continente. Ali, depois de agrupados, partiam em frotas para Cadiz, na península Ibérica. Esta posição geográfica a transformou na meta de freqüentes incursões de corsários e "flibusteiros", o que obrigou a metrópole a construir uma série de imponentes fortes para a defesa do território, que podem ser admirados até os nossos dias.

Em torno da baía cresceu o núcleo original, que na segunda metade de 1700 contava com 75.000 habitantes e cujo complexo arquitetônico representa atualmente o maior centro colonial espanhol da América. Dali se expandiu, nos anos 40 e 50 do século XX, para a criação de um novo centro e de grandes quarteirões como "Vedado", com magníficos hotéis, casas de jogos, locais noturnos, restaurantes, enquanto que nas melhores praias de Miramar erguiam-se clubes exclusivos, tudo resultado dos investimentos de grupos estadunidenses, muitos mafiosos, interessados na exploração do turismo, jogo e prostituição. Na periferia, formou-se um cinturão de pobreza dos camponeses, que expulsos de suas terras marchavam para a brilhante capital em busca de empregos. A população assemelha-se à de Salvador da Bahia: muitos negros, magia que filtra dos atabaques da "santeria", culto afrocubano, talento natural para a música e a dança, uma hospitalidade, simpatia e curiosidade que chegam a incomodar.

Os treze exilados tiveram uma recepção de chefes de estado. Esperando-os estavam altas personalidades do Ministério do Interior (Minint), Forças Armadas e o próprio Fidel Castro. Reuniram-se numa sala, onde Fidel se preocupou com o estado físico de cada um e fez uma síntese do processo revolucionário. Ofereceu a mais ampla hospitalidade e solidariedade do estado cubano. Depois conversaram com a imprensa local. Zarattini na sua fala à televisão destacou com força o caráter continental da revolução e terminou frisando: *"Já se pode imaginar o que será para o imperialismo yanque a criação de um outro Vietnã no Brasil. Se Cuba, sendo uma ilha, fez uma revolução de tanta repercussão, imagine-se o que será o Brasil, que tem fronteiras com tantos países..."*

As primeiras semanas na ilha foram de descanso e serviram para conhecer o território. Em um ônibus foram transportados para observar lugares históricos e vitórias do socialismo em construção, que no campo da educação, cultura e saúde se demonstravam verdadeiramente impressionantes. Por todas as partes aonde chegavam eram afogados em abraços e tratados como heróis internacionalistas. Militantes mais velhos e experientes, advindos da escola do Partido Comunista Brasileiro, como Rolando Fratti e Argonauta Pacheco comentavam o voluntarismo na economia e os problemas que podiam nascer nesta vertente. A revolução era jovem, completava dez anos no poder, e boa parte de seus quadros dirigentes passavam de pouco os trinta anos. A figura dominante era "Che" Guevara, morto apenas 24 meses antes na Bolívia, quando tentava espraiar a guerrilha pela América do Sul. Seu exemplo de militante e dirigente ascético, determinado, visionário, disposto a qualquer sacrifício para alcançar um destino mais justo para a humanidade empolgava os cubanos, e tudo parecia possível, ao alcance das mãos. Teorizava-se a rápida construção de um "homem novo", com a eliminação do dinheiro nas relações sociais e econômicas.

Os sonhos mais belos se chocavam, porém, com uma realidade difícil. A Cuba revolucionária tinha atrás de si uma história de colonialismo e economia dependente, defrontava-se com um inimigo gigantesco como os Estados Unidos e possuía poucas relações diplomáticas e comerciais na América Latina. Parcialmente rompida com a União Soviética e com a China Popular, pois não concordava com vários aspectos da construção do socialismo naqueles países nem com os métodos usados na luta contra o imperialismo. Não conseguia superar o peso de viver graças à monocultura da cana-de-açúcar. Entre 1969 e 70, estava realizando um enorme esforço para atingir uma safra de 10 milhões de toneladas, sem conseguir o objetivo. O território, em si maravilhoso, é pobre em recursos minerais e energéticos.

Após um breve período de descanso, chegou o momento de tomar decisões. Os exilados, cada um em contato com representantes de suas respectivas organizações, decidiram seguir cursos militares. Formou-se um grupo específico e misto do pessoal dos "trocados". A partir daquele momento, cada um dos componentes passou a ser "compartimentado", ou seja, não usava mais seu nome verdadeiro, inventava uma história para justificar a presença em Cuba, evitava encontrar outros brasileiros e se os encontrava por acaso pelas ruas, devia desconhecê-los. A recomendação era a de negar a própria nacionalidade, coisa difícil para os brasileiros. Percebia-se, mesmo para os que falavam bem o espanhol, que não eram de língua-mãe espanhola, sendo impossível passarem por chilenos, argentinos ou de qualquer país da América Latina. Alguns optam por nomes "exóticos" búlgaros ou iugoslavos, mas sempre acabavam encontrando pela frente algum bendito técnico originário daquelas paragens e faziam um "papelão". Era mais fácil para os mulatos e negros declararem-se africanos. Em geral, todos diziam que eram portugueses. Como por lá havia também lusitanos "compartimentados", estes se diziam brasileiros.

A maioria dos que realizavam os cursos juntos habitava em uma mesma grande casa, recebia os víveres necessários e uma ajuda mensal em pesos. Era muito complicado poder comprar alguma coisa, pois as pessoas normais tinham acesso ao que precisavam através das vendas na empresa onde trabalhavam ou através de uma caderneta de racionamento – chamada "libreta". Para os que estavam em treinamento –"os compartimentados"– essa possibilidade não existia. A assistência médica, se necessária, era ótima.

Havia três tipos de cursos militares; o de guerrilha urbana, que em geral se realizava em Havana ou Santiago. Globalmente, tal curso era insuficiente para o nível de sofisticação que havia atingido a luta no Brasil, mas muito útil para aprender técnicas para despistar, perceber se um militante estava sendo seguido, conhecer formas de romper o controle policial, métodos de marcar pontos, etc. Ocorriam palestras teóricas, exposição de fatos da vida clandestina em Cuba e outros países; depois se realizava uma experiência prática, por exemplo, "sabotar" as linhas telefônicas. Com uma planificação cuidadosa se partia para a ação simulada. Depois se fazia o balanço detalhado, em grupo, para averiguar os defeitos e debilidades. Freqüentemente os "terroristas" eram presos pela polícia local que nada sabia do que estava acontecendo.

Também não era difícil para as forças de defesas cubanas descobrirem um grupo de estrangeiros que vagavam em torno de objetivos estratégicos. Felizmente, nunca aconteceu nada de grave a não ser certa desmoralização no grupo que treinava. O curso de guerrilha rural era fisicamente pesado. Aprendia-se basicamente a caminhar muito, com mochilas progressivamente mais pesadas, a comer pouco e suportar a dor. Era importante atirar bem, preparar armadilhas e emboscadas, subir em árvores, atravessar rios, conhecer mapas, pontos de orientação e primeiros socorros. Quase sempre os treinamentos se desenvolviam na província mais ocidental da Ilha, em Pinar del Rio. Um problema sério era que o clima, a flora e a fauna eram muito mais amenos que no interior brasileiro, basta dizer que em Cuba não existe nenhum tipo de animal venenoso ou agressivo, e os rios parecem córregos.

Finalmente, havia um curso de armamentos, em antigas chácaras perto de Havana. Tratava-se de acostumar-se a lidar com armas montando e desmontando pistolas e fuzis, até saber manejá-los no escuro. Mexer com tornos e ferramentas para poder consertá-las se necessário; fabricar explosivos, bombas, minas, morteiros, tudo partindo de elementos fáceis de encontrar. Neste sentido, era importante a experiência da guerrilha vietnamita que com matérias-primas como esterco de morcego elaboravam explosivos tremendos.

Os instrutores eram pessoas simples, dedicadas e revolucionárias que haviam participado da luta clandestina em Cuba, e alguns em guerrilhas em outros países. Porém, os cursos se ressentiam profundamente da falta de política, da análise de correlações de forças, questão de classes, alianças e tudo mais. Tendia a exaltar a questão técnica, o treinamento intensivo, o conhecimento armado, tudo isso condicionava os que freqüentavam a acreditarem-se invencíveis, homens e mulheres providenciais, o que aprofundava o militarismo já forte nas organizações armadas brasileiras. Pode-se argumentar que isso não era responsabilidade dos cubanos, pois a questão política deveria ser uma tarefa das direções das próprias organizações, mas estas eram frágeis, perseguidas, e aqueles militantes encontravam-se a milhares de quilômetros da pátria e com informações muito escassas.

Quando o grupo dos "trocados", entusiasmado, estava se preparando para viajar a Santiago, para começar o curso de guerrilha urbana, chegou a pior notícia que podiam receber. Na calada da noite do dia 4 de novembro de 1969, na alameda Casa Branca, na cidade de São Paulo, Carlos Marighella fora cravejado de tiros. O fundador e comandante da ALN, respeitado por todos os revolucionários, figura de estatura internacional, que teve a honra de ser considerado o "inimigo número um" da ditadura, tinha morrido depois de uma longa militância comunista de quase quatro décadas, toda ela percorrida com coragem, dedicação, respeito aos companheiros e amor à pátria. Já se sabia também da queda de dezenas de outros revolucionários, mas todos estes desastres ao invés de levar à reflexão acirraram ainda mais os ânimos, reafirmando o desejo de continuar a luta armada.

Santiago, situada na parte oriental da ilha, nas bordas da Sierra Maestra, é uma localidade calma, bucólica, com 160.000 habitantes que em julho, quando ocorre o Carnaval – considerado o melhor de Cuba – explode em alegria. É o verdadeiro berço da revolução. Durante as preliminares do treinamento, o conjunto de brasileiros aumentou com a chegada de Lauriberto José Reyes e outros companheiros.

O adestramento ocupava apenas algumas horas por dia, sobrando bastante tempo livre, que precisava ser preenchido e em Santiago não havia muito que fazer. Zarattini aproveitou para estudar o processo revolucionário cubano e começou a ter algumas surpresas. A história de Cuba é muito dramática e rica. Quando o sistema colonial espanhol na América se desmanchou no arco de tempo que vai de 1806 a 1825, os exércitos ibéricos que se retiraram das terras continentais foram fortalecer as guarnições existentes nas Antilhas: Porto Rico, Cuba e República Dominicana que permaneceram subjugadas. Algumas décadas após, em 1868, Manuel de Céspedes liderou uma guerra pela independência que incendiou a ilha e que terminou com a derrota dos sublevados; havia durado dez anos causando enormes destruições e mortes.

A conspiração libertária continuou, e no interior dela cresceu a figura de José Martí, jornalista, poeta, escritor, político, teórico e ótimo organizador. Trabalhou incansavelmente pela independência de sua pátria e denunciou muitas vezes o perigo que representava a tendência expansionista dos Estados Unidos em relação à América Latina. Dele são as palavras da mais famosa canção cubana que se inicia assim:

Guantanamera, Guajira Guantanamera,
Guantanamera, Guajira Guantanamera.
Yo soy un ombre sincero
de donde crece la palma,
y antes de morirme quiero
echar mis versos del alma.
Guajira Guantanamera, Guajira Guantanamera.

Uma nova revolta eclodiu em 1895, sendo que Martí morreu nos primeiros combates, mas tornou-se um símbolo profundamente arraigado na consciência do povo. Foi outro conflito cruel, no qual a luta se espalhou pelo oriente, onde nasceram colunas guerrilheiras que invadiam as zonas centrais do país, nas quais os combatentes, conhecidos como "mambises", lutavam com facão e quase nus. Os exércitos espanhóis estavam em grandes dificuldades, quando alguns grandes jornais nos Estados Unidos promoveram uma campanha clamando por uma intervenção em Cuba. O maravilhoso filme de Orson Welles "*Citzen Kane*" (1941) conta com realismo os interesses que estavam atrás destas manobras. Era uma espécie de preparação da "guerra preventiva" dos nossos dias. Cidadão Kane é o nome artístico escolhido por Welles, para representar a figura do magnata da imprensa daquele tempo, William Randolph Hearst.

Na metade de fevereiro de 1898, uma nave de guerra estadunidense que se encontrava no Porto de Havana explodiu, matando 260 marinheiros. Nunca se conseguiu apurar as causas do incidente, mas o Congresso dos Estados Unidos declarou guerra à Espanha em abril. A campanha durou poucos meses, o apetite dos norteamericanos parecia insaciável; ocuparam Porto Rico, Cuba, Filipinas, que também era colônia espanhola. O Hawai, um reino independente que não tinha a ver com estes embates, foi invadido e anexado.

O espírito humanitário da administração dos USA, em relação à população cubana a qual apregoava querer ajudar a libertar-se ficou bem claro com as instruções que o secretário da guerra J.C. Breckenridge dirigiu ao general Nelson A. Miles, comandante do corpo de expedição:

" *O problema das Antilhas apresenta dois aspectos: aquele de Cuba e aquele de Porto Rico, em relação aos quais devem variar as nossas aspirações e a nossa política. Cuba, com um território mais vasto possui uma população superior àquela de Porto Rico. É constituída de brancos, negros, asiáticos e seus cruzamentos. É evidente que a imediata anexação de tais elementos à nossa federação seria uma loucura; antes de fazê-lo devemos limpar o país, mesmo se para isso devemos usar os mesmos métodos aplicados pela Divina Providência nas cidades de Sodoma e Gomorra. Devemos destruir tudo o que existir nos raios de ação de nossos canhões. Devemos impor um bloqueio, de forma que a fome e sua companheira, a peste, enfraqueçam a população e dizimem o exército cubano...".*

Justamente, V. I. Lênin designou o choque Espanha x USA como a primeira guerra da era do imperialismo. Os exércitos norteamericanos se retiraram de quase toda Cuba, com exceção de uma porção de terra em Guantânamo, em 1902, mas deixaram dois monumentos. O primeiro, a emenda Platt, um adendo à constituição cubana, em que se explicitava que a nova república deveria seguir sempre os rumos da política exterior norte-americana e que a grande nação irmã poderia intervir militarmente quando julgasse que seus interesses estivessem ameaçados. O segundo era em mármore, pedra e ferro e localizado nas praias de Havana: sobre grandes colunas uma imensa águia, recordando a explosão do "Maine" e emblema do poder dos "patrões" ianques.

O desencanto e o rancor penetraram nos ânimos dos que haviam lutado pela independência, mas também dos espanhóis, que haviam operado na trincheira oposta e permaneceram em Cuba, entre eles o pai de Fidel Castro. Uniu-os o desprezo pelo imperialismo. A emenda Platt foi abolida em

1934; a águia do monumento dinamitada em 1961; tristemente, a base de Guantânamo existe até hoje, como símbolo do desrespeito ao direito internacional.

Os tempos foram passando, e desenvolveu-se um movimento operário organizado com bases nos assalariados das usinas de açúcar, das fábricas de charutos, ferroviários, tipógrafos, serviços públicos, que serviu de exemplo para vários países latino-americanos. Surgiu um forte partido comunista, em 1927, que teve entre seus fundadores o líder José Antonio Mella, morto baleado dois anos depois na Cidade do México, nos braços de sua companheira Tina Modotti, comunista de origem italiana, maravilhosa fotógrafa e heroína na defesa da República durante a guerra civil espanhola. Seu assassinato fora ordenado por Gerardo Machado, um dos mais bestiais ditadores de toda a história das Antilhas, que esteve no poder de 1925 a 1933. Uma série de greves e insurreições armadas dos trabalhadores desembocou num levante geral em agosto de 1933 contra a ditadura.

Por um momento, parecia que a revolução havia sido vitoriosa, mas depois hábeis pressões dos Estados Unidos, traições internas, medo da classe dominante de ver reduzidos seus privilégios puseram tudo a perder. Como farol de insubordinação e persistência nos ideais restou o nome de Antonio Guiteras Holmes, socialista radical, que morreu combatendo, em 1934, com poucos companheiros contra centenas de soldados num pequeno forte.

Estes acenos servem para lembrar que existia terreno fértil, com húmus poderoso para a eclosão de movimentos armados de massa. Em 10 de março de 1952 houve um golpe militar, e o general Fulgencio Batista sentou-se na cadeira presidencial. Já havia governado antes e foi um dos que sepultaram os ideais de 1933.

A situação econômica era boa, tinha o apoio dos Estados Unidos, os partidos burgueses estavam desprestigiados pela corrupção, e nesta moldura Batista se apresentou como o tirano benigno e parecia que poderia durar muito tempo. Numa Cuba bastante aturdida, porém, espalhou-se a notícia de que um grupo havia atacado o segundo quartel da República, o de Moncada, em 26 de julho de 1953.

A ação falhou, e boa parte dos atacantes foi massacrada nos dias seguintes nas cadeias onde haviam sido aprisionados. Seu dirigente era um jovem advogado, Fidel Castro Ruz. Pareceu uma obra tresloucada, com muitos erros operacionais, mas vamos analisá-la do ponto de vista dos brasileiros das organizações armadas que ali estavam estudando. O comando que golpeou Moncada era composto de cento e treze homens e duas mulheres, e ao mesmo tempo era atacado outro local militar em Bayamo, com vinte e oito homens, ou seja, havia cento e quarenta e três pessoas participando diretamente, sem contar os apoios. Era a primeira atividade armada daquela organização e, fato ainda mais surpreendente, apenas seis eram estudantes. Havia uma variedade de profissões, mas a maioria era proletária, o que demonstrava uma profunda ramificação na sociedade. No Brasil, depois de dois anos de luta armada, não havia sido possível nem de longe uma ação de tal porte, e o pior é que se restringia sempre mais o círculo social que se concentrava em setores pequeno burgueses. Isso já deveria dar o que pensar.

Fidel Castro foi preso, processado, condenado e transformou-se num líder nacional. Seu movimento, que acabou se chamando 26 de julho cresceu. Libertado, junto com seu irmão Raul e outros dezoito companheiros, depois de uma campanha de massas pela anistia, refugiou-se no México. Com muito cuidado, recrutou novos quadros, entre eles um médico argentino, "Che" Guevara, e preparou uma invasão a Cuba, como já fizera José Martí em 1895. Arranjou um barco, o "Granma", e com oitenta e dois homens deixou o porto de Tuxpan, na noite de 24 novembro de 1956. Desembarcaram em 2 de dezembro, em local errado, chamado Playa dos Colorados, que é um horrível pântano. Descobertos por tropas governamentais foram bombardeados sistematicamente por aviões, atacados por destacamento do exército e em poucos dias se dispersaram. Não se sabe bem o momento exato, talvez no dia 19 de dezembro tenham conseguido se agrupar os sobreviventes à morte, prisão ou fuga. Eram doze homens, entre eles Fidel, Raul e "Che", e a partir desta coluna guerrilheira é que se desenvolveu a revolução ou pelo menos era assim que imaginava e interpretava os fatos uma boa parte dos revolucionários brasileiros.

Esta lenda havia sido alimentada, posteriormente, por uma imprensa internacional sensacionalista, que buscava simplificar os eventos, entretanto houve contribuições importantes da parte de alguns cubanos. O mais contundente foi Carlos Franqui, militante antimarxista do 26 de Julho que escreveu uma obra de muito sucesso intitulada exatamente "O livro dos doze". A idéia da coluna como foco que concentra todas as atenções e depois se irradia para diferentes áreas assumiu o seu auge com o livro do intelectual francês Regis Debray, "A revolução na revolução" de 1966.

Na prática, significava que um grupo, mesmo pequeno, de militantes preparados e decididos pode deflagrar um processo revolucionário armado de massas. Era o militarismo no estado puro, que existia em vários instrutores cubanos e que perpassavam as organizações armadas brasileiras e latino-americanas.

Naqueles dias na Sierra Maestra, Fidel havia acordado o seu desembarque com a organização de 26 de julho de Santiago que era dirigida por Frank Paes, com a contribuição de Haydée Santamaría e Lester Rodrigues, veteranos de Moncada. No dia 30 de novembro, trezentos homens, todos armados e com uniformes ocuparam a cidade, destruindo as sedes policiais, libertando prisioneiros, fazendo comícios de propaganda. Mantiveram o domínio de Santiago por dois dias, perdendo três combatentes, causando graves danos às forças armadas de Batista, depois se retiraram sem deixar rastros. A falta de coordenação pelo fato de o "Granma" ter se perdido e desembarcado os "fidelistas" em local errado e com dois dias de atraso atrapalhou toda a operação. Demonstrou, entretanto, as profundas ramificações que possuía em Santiago. Poucas semanas depois Frank Paes mandava um primeiro grupo de cinqüenta homens para Fidel.

Zarattini visitou a casa de Frank Paes e encontrou um pequeno museu com suas anotações sobre aquele período. Entre elas estava a arrecadação financeira que o movimento recebia a cada mês. Havia recursos suficientes para manter a organização, comprar armas, ajudar os guerrilheiros nas montanhas. Tudo isso conseguido peso a peso, a moeda cubana, numa vasta rede de simpatizantes. Já no Brasil daquele momento, as organizações armadas concentravam seus esforços para sobreviver economicamente em assaltos a bancos, que nunca bastavam, o que expunha quadros importantes e os desviava de tarefas fundamentais.

Os guerrilheiros cubanos sobreviventes salvaram-se graças ao apoio que receberam, em alimentos, guias, esconderijos e combatentes da parte dos camponeses e não pelo relevo áspero que dominava a Sierra Maestra. O primeiro deles que colaborou com os revolucionários foi Guillermo Garcia. Na época do treinamento, era o secretário do Partido Comunista Cubano em Oriente. Zarattini, que havia trabalhado anos no campo nordestino, estava curioso de saber por que foi relativamente fácil o entendimento

131

entre os guerrilheiros e os habitantes locais e o procurou para conversar.

Garcia explicou ao brasileiro com sua linguagem singela como era a vida dos camponeses quando chegou Fidel. A propriedade da terra era baseada em latifúndios, principalmente na parte oriental. Os sem-terra eram absolutamente proibidos de cultivarem ou mesmo caçar naquelas fazendas. Porém, a fome os levava a fazer pequenas hortas ou criação de animais domésticos nas margens abandonadas das grandes plantações de açúcar ou café. Estas pobres famílias eram chamadas de *precaristas*. Contra tal ofensa à intocável e santa propriedade privada, os grandes patrões mantinham grupos conhecidos como *mayorales*, cuja função era destruir estas hortas e incendiar os tugúrios dos *precaristas*. Com o advento de Batista em 1952, não houve mais limite nenhum à violência, pois os *mayorales* contavam com o apoio da polícia e do exército e realizavam freqüentes massacres.

Os *precaristas* organizaram bandas de autodefesa, e alguns chefes se tornaram famosos na região, pois conseguiam manter choques armados importantes e eliminar *mayorales* e policiais. Quando eram perseguidos, se refugiavam nos meandros mais profundos da Sierra Maestra, que conheciam perfeitamente. Guilherme Garcia havia pertencido a um destes grupos combatentes. A unidade contra o inimigo comum levou os guerrilheiros e *precaristas* a conhecerem-se melhor, e graças ao trabalho político realizado principalmente por "Che" Guevara houve a inclusão dos camponeses na revolução.

Aquela era uma realidade distante do conceito de zona estratégica em que os brasileiros procuravam implantar uma coluna guerrilheira, sem retaguarda forte, com pouco ou nenhum trabalho político, faltando o conhecimento profundo do território e numa situação em que a luta de classes se desenvolvia num patamar primitivo. Conversas e estudos deste tipo, acrescentados às novidades que filtravam do Brasil, onde as quedas continuavam, começaram a insinuar dúvidas nas mentes de alguns militantes, entre eles Zarattini, sobre as perspectivas da luta armada no Brasil.

Os dias corriam por demais lentamente, com tantas horas vazias. O motivo era simples. Depois da morte de Carlos Marighella, a ALN estava esfrangalhada e seu novo dirigente máximo, Câmara Ferreira, tentou reorganizá-la, mas necessitava de tempo. O grupo conhecido como "2º exército" já estava esperando há meses para voltar (seu retorno começou em junho de 1970) e tinha a precedência em relação ao "exército três", no qual estava alocado Zarattini. Em final de maio de 1970, foram deslocados para Pinar Del Rio, para o treinamento da guerrilha rural. Algumas semanas depois, chegaram novos "trocados" diretamente de Argel, para onde foram levados após o escambo realizado pelo embaixador da República Federal Alemã, Ehrenfried von Holleben. No total, eram mais de quarenta pessoas, divididas por questão de funcionalidade em dois acampamentos, "Verão" e "Primavera", sendo a maioria composta por militantes da ALN.

O curso apresentou as características de máximo militarismo, cujo conceito era que através da técnica, podia-se chegar a constituir guerrilheiros praticamente invencíveis. Uma coluna guerrilheira composta de tais abnegados militantes acabaria por concentrar a atenção, simpatia e participação da população.

Foi quando chegou aos acampamentos Washington Mastrocinque Martins, que tinha pertencido ao "2º exército" e havia feito uma viagem pelo Brasil, para reconhecer as zonas para implantar guerrilha rural. Percebeu-se pelo seu relatório que o quadro era desanimador. Ricardo comentou com o

133

companheiro que estava a seu lado, João Leonardo: *"É o próprio funeral do rei nagô".* E decidiu que era preciso fazer alguma coisa... mas o quê?

Naqueles dias apareceu a possibilidade de enviar uma carta a Alceste, a esposa que não tinha notícias suas há meses. Este era um problema que se apresentava a todos. Entrar em contato com a família era complicado, pois poderia deixar rastros de onde estavam e o que estavam fazendo, além de criar problemas para os entes queridos que provavelmente eram controlados pela repressão. Através dos cubanos ou de algum conhecido que ia de Cuba para a Europa a missiva era colocada em algum país distante, buscando despistar e ocultando o verdadeiro paradeiro do emitente. E assim ele fez:

Paris, 20 de julho de 1970

Minha querida Alceste,

Tenho pensado muito em você e isto apesar das saudades que dá tem me enchido de alegria. Recordar nossos momentos de felicidade tem sido para mim um motivo de ânimo bastante grande. Você não pode imaginar o que significa para um revolucionário viver distante de sua terra e seu povo.

Me preocupa somente os enormes encargos materiais e espirituais que você tem: manter e educar Carlos Alberto e Mônica em um período tão importante da história mundial, em um momento em que a luta das idéias, a revolução permanente de costumes, hábitos e comportamentos modificam padrões, impondo a você um esforço quase sobre-humano, princi-

palmente no que se relaciona com a educação de nossos filhos.

Tenho a fotografia dos dois juntos na ponte pênsil que creio vai a Praia Grande e uma pequena sua. Ajudam muito na recordação.

Téte, você não se preocupe comigo, pois estou com a saúde relativamente boa. Somente tenho os problemas dos ouvidos, que já estou tratando e uma hemorróida (veja só!!) que me incomoda um pouco. Não tenho nenhuma necessidade material, e isto não seria problema, ainda que tivesse, para uma pessoa como eu que passou o que já passei.

Alceste, tenho estudado e trabalhado muito. Persigo um objetivo ao qual já entreguei minha vida e hoje vejo o quanto estava certo.

Creio que lutar pela libertação de nosso povo, pelo aniquilamento do imperialismo em escala mundial, já se constitui para mim em um sacerdócio e hoje estou realmente "fanatizado" (como diziam meus torturadores) por essa missão.

Aqui na Europa, principalmente aqui na França, o ambiente político é de enorme revolta contra a guerra do Vietnã em primeiro lugar, em segunda a ignominiosa invasão do Cambodja pelos imperialistas ianques e em terceiro lugar contra a ditadura brasileira e as torturas que os militares levam a cabo.

Isso leva com que os revolucionários brasileiros recebam uma enorme ajuda não só aqui como na Itália, na Alemanha (dos estudantes), na Europa em geral... Não tenho muito contato com Paris e os parisienses, pois o trabalho (contatos, entrevistas, etc) e o estudo (estou escrevendo sobre o Brasil) fazem com que as 24 horas sejam poucas.

Mas tudo isso não impediu que recordasse muito o dia 12, com um contraditório sentimento de alegria e tristeza, pelo que ele significa de união que já tivemos e a separação dos últimos anos, que parece eterna.

Téte, lhe peço que faça tudo que puder pelo papai e a mamãe (coisa que não precisava pedir), para ver se a velhice deles se torna menos dura. Creio que o Carlos Alberto e a Mônica podem dar as alegrias não só a você, mas também ao papai e mamãe, que eu não pude dar.

Alceste, muitos beijos e abraços apertados de quem a ama muito,

Cado

PS: Segue uma carta para o Tato e a Mônica.

Meus caros filhos,

Estou com muitas saudades de vocês, mas apesar do trabalho que me absorve muito, não os esqueço em nenhum momento. Meu "orgulho" e a minha "beleza" vivem permanentemente em meu coração e nos meus pensamentos.

Às vezes fico pensando em vocês dois, no que vão ser, no que estão fazendo e o que já estão entendendo e pensando das coisas e das pessoas. Fico pensando nos amiguinhos e amiguinhas que vocês já devem ter e isso tudo me deixa muito alegre e porque não dizer um tanto orgulhoso de ter vocês dois como filhos. Soube que a Mônica já trabalhou na televisão aí em São Paulo e também chegou ao meu conhecimento o fato extraordinário do Carlos Alberto ter entrado em três colégios, sendo que um deles é o Colégio de Aplicação, que espero seja o que esteja cursando.

Não vou repetir nessa carta o mesmo de sempre, para que sejam obedientes e bonzinhos, principalmente com a mamãe, vovó e vovô, porque senão vocês vão dizer que o papai escreve sempre a mesma coisa, que deve estar ficando velho e caduco.

O papai de fato já se sente um pouco velho, mas está muito animado com a luta aí no Brasil contra a ditadura e os militares...

Mas o papai dificilmente vai ver o fim dessa luta. Creio que vocês aí pelo final do século, pelo ano 2000, é que vão conhecer o reino da felicidade humana, com os homens amando uns aos outros, com a paz, sem as discórdias, as guerras e com um florescimento sem precedentes nas artes e ciências. A técnica dentro da nova sociedade, em que os imperialistas ianques já não mais existam, se desenvolverá a um nível sem precedentes e vocês darão a volta ao mundo em horas, tomarão café em Londres, almoçarão em Nova Yorque, vão jantar em São Paulo na casa do tio e dormir no pesqueiro do Nivaldo, se for um fim de semana.

Por isso vocês devem estudar muito, porque o novo mundo será basicamente dos artistas e cientistas e as pessoas vão valer não pelo dinheiro que possuem e sim pela sua inteligência, sua capacidade intelectual no campo da ciência, técnica e das artes.

Bem, meus adorados filhos, creio que já escrevi demais. Não esqueci o dia 8 de junho, quando o Tato fez 11 anos. Lembro bem quando fiz 11 anos. Já entendia muitas coisas. Você hoje em dia deve entender muito mais que o papai, pois hoje há uma facilidade muito maior para adquirir conhecimentos.

Mônica, minha linda "namorada" e Carlos Alberto: tratem com o maior carinho a mamãe, a vovó, o vovô, o titio e também a "baixinha".

Beijos e abraços do

Papai

(Nota do Autor: Cado, Téte e Tato são, respectivamente, os apelidos usados entre os familiares por Ricardo, Alceste e Carlos Alberto)

Obviamente, Alceste não acreditou, nem por um minuto, que ele estivesse pela França.

A perna andava mal, depois de todas aquelas sessões de tortura e não se recompunha. Piorou ainda mais no curso, no qual realizava longas caminhadas com pesos sobre as costas. Aconteceu o inevitável, acabou caindo e rolando por um barranco e ficou ferido. Teve que abandonar o grupo e voltar para Havana. A "compartimentação" o obrigava a não ter contatos a não ser com o seu grupo, porém a gravidade do quadro o convenceu de que era necessário ter maiores informações. Foi conversar com os que ainda permaneciam do "2º exército" que moravam juntos numa grande casa, chamada "14" e se autodenominavam "peguetrecu", ou seja, "*perigosos guerrilheiros treinados em Cuba*". Ainda bem que existia a ironia!

Porém, apesar dela, o clima era de tensão e discussões constantes com a estrutura cubana do Departamento para a América, que era diretamente responsável pelos brasileiros. A situação de cada um era difícil. No momento em que chegavam a Cuba, entregavam seus documentos, verdadeiros ou falsos que fossem, e todo o dinheiro que eventualmente tivessem. Recebiam alimentação e uma pequena ajuda financeira para os gastos menores. O contato com a sociedade cubana não era bem visto, pois podia ser perigoso e filtrar informações ao inimigo. Sendo assim, ali ficavam semanas e meses, sem poder tomar nenhuma iniciativa, apenas esperando que num belo dia chegasse um carro e os levasse para o aeroporto e indicasse os contatos que deveriam ter na Europa ou na América Latina para reentrar no Brasil, onde se encontrariam com o inferno. Como eram todas pessoas empreendedoras, a maioria jovem, aquele marasmo tornava-se insuportável.

Viver juntos em vinte ou trinta num caldeirão deste tipo acirrava as divergências políticas ao extremo e se criavam subgrupos antagônicos. Para alguns, a continuação da luta armada naqueles moldes era o caminho seguro para o campo-santo; outros mantinham firmes as posições de que os males eram passageiros e que as dificuldades no final seriam superadas. A crítica fundamental que os unia era a impossibilidade de discutir política com a organização a que pertenciam e serem sempre mediados pelo aparato cubano. Através dos "*peguetrecu*", que também não respeitavam mais a disciplina, Zarattini entrou em contato com outros companheiros da ALN que estavam deslocados em casas, sozinhos ou em pequenos grupos, além de militantes de outras organizações. A crise era bastante geral.

Discutiu também com os representantes dos grupos armados da Argentina, como Joe Baxter do Éxército Revolucionário do Povo (ERP), com Amador Fonseca, criador da Frente Sandinista de Libertação Nacional, Roque Dalton, secretário do Partido Comunista de El Salvador, o núcleo de combatentes do Partido Africano da Independência da Guiné e Cabo Verde e tantos outros que em geral criticavam a teoria do foco guerrilheiro e as características do desenvolvimento da luta no Brasil.

No meio destas angústias chegou a Havana Joaquim Câmara Ferreira, em julho/agosto de 1970. Tentou reanimar o pessoal, afirmou sua convicção de que a ALN poderia abrir logo a frente guerrilheira do campo, que o processo de discussão e unidade com outras organizações "irmãs" ia bem. Zarattini colocou como estava vendo o momento, suas preocupações, a deriva militarista que estava levando à destruição dos quadros. Câmara Ferreira discordou e prometeu que em breve Ricardo também voltaria ao Brasil. Era muito difícil discutir com "Toledo", homem já velho, que levava uma vida que a maioria dos jovens não suportaria, que resistiu a prisões e torturas ainda piores que Zarattini, que sempre o ajudou sem pedir nada, que trazia dentro de si dores e responsabilidades difíceis de imaginar. Abraçaram-se e despediram-se, todos os dois sabiam que era para sempre. Mas Ricardo não se conformou e decidiu ir visitar as embaixadas de alguns países socialistas para ver se ajudava de alguma forma a romper o cerco estratégico em que a ALN estava metida.

Era acompanhado, às vezes, por alguns companheiros como Rolando Fratti, Agonauto Pacheco e Del Roio. Foi bem recebido, mas havia sempre problemas; os soviéticos criticavam a centralidade concedida ao movimento no campo, os chineses lançavam anátemas contra o revisionismo soviético e queriam detalhes da situação dos grupos armados, o que ele não estava disposto a dar. Muito mais fácil se revelou o relacionamento com os vietnamitas e os coreanos. Eles tinham uma posição eqüidistante no conflito ideológico entre os chineses e soviéticos, discutiam sobre a luta armada com um enorme conhecimento e discretamente insistiam que a guerra se vence com a política. Sempre gentis e ansiosos de ajudar se demonstraram os diplomatas da Guiné (ex-francesa) governada pelo lider revolucionário Sékou Touré. Poucos anos mais tarde, Touré ofereceu a Luiz Carlos Prestes a disponibilidade de seu território e a colaboração que os guineanos pudessem fornecer para a instalação de uma rádio com a qual os exilados poderiam realizar programas dirigidos ao Brasil. Acabou não acontecendo nada, porém é preciso recordar esta página tão pouco conhecida da solidariedade guineana à luta contra a ditadura no Brasil.

Aproveitando ofertas dos vietnamitas e coreanos, Zarattini concebeu um plano: adiar ao máximo a volta dos quadros que estavam em Cuba, argumentando que uma visita política por aqueles países seria de grande utilidade e quem sabe conseguir também um treinamento militar de nível superior. Foi convocado pelo major Henrique Valdés Menendez, conhecido pelos brasileiros com o nome de "Fermin", que trabalhava com o comandante Manuel Piñeiro, responsável pelo Departamento América do Comitê Central do Partido Comunista Cubano. Aconteceu um duro choque, em que Fermin o acusou de sabotar a coluna guerrilheira no Brasil, tentando com seus contatos com os países socialistas amigos, adiar a volta de combatentes. Estava envolvido nestas tarefas e conflitos quando os cubanos informaram que Câmara Ferreira havia sido preso e morto em São Paulo no dia 24 de outubro de 1970. As piores previsões se transformaram em fatos.

Isso tudo coincidiu com um encontro com o Lauriberto José Reyes, jovem estudante da Politécnica, que fazia parte do "3º exército", o qual lhe disse que sabia existir uma carta em que Câmara Ferreira havia designado Zarattini como res-

141

ponsável por todo o grupo. Sentindo o peso desta responsabilidade, Ricardo voltou a conversar nas embaixadas e acertou que dez pessoas poderiam ir ao Vietnã e quatorze para a Coréia, para conhecê-los politicamente. Esperava com isso ganhar tempo. Mas estes planos naufragaram. Ao discutir sobre a carta de Câmara Ferreira com Daniel Herrera, "Olaf", outro membro do Departamento das Américas, o cubano confirmou a sua existência, porém informou que o grupo do "3º exército" havia debatido o assunto e não aceitara a sua designação para organizar o retorno para a terra.

Atrás dessa recusa estavam algumas vicissitudes recentes e outras que vinham de longe. Ricardo, Fratti e mais alguns militantes pregavam que a organização havia se afastado de seus propósitos originais, delineados durante o período de luta interna no PCB nos anos 1964/1967, e que era preciso recuperar aquelas posições que combatiam o pacifismo e o imobilismo, colocando a luta armada dentro do bojo de um amplo movimento popular. A direção da ALN, que sobreviveu à morte de Câmara Ferreira, em que se distinguia o pernambucano Luís José da Cunha e o carioca Yuri Xavier Pereira, teimava em manter o legado de Carlos Marighella, continuando a luta armada.

No interior do "3º exército" havia um núcleo de estudantes que procediam da Universidade de São Paulo. Haviam iniciado a vida política, depois do golpe, dentro do PCB. Participaram da luta interna, com posições de esquerda, porém num primeiro momento não seguiram Marighella, Câmara Ferreira e o agrupamento comunista de São Paulo, pois os acusavam de ser ligados, mental e politicamente, a antigas formas de pensar e organizar. Confluíram na ALN, somente quando esta já estava formada. Depois da morte de Câmara Ferreira, afloraram de novo as mesmas críticas. Consideraram a direção sobrevivente defasada, não meritória de respeito e incompetente para abrir uma coluna guerrilheira no campo. Pregavam o restabelecimento de uma frente de massas, mas ao mesmo tempo a manutenção da ofensiva armada. A vanguarda deveria ser constituída pelos melhores integrantes do "3º exército". Reuniram pouco mais de trinta elementos, romperam com a ALN e passaram a se chamar Movimento de Libertação Popular (Molipo). Seus principais idealizadores foram Antônio Benetazzo, José Arantes, Carlos Eduardo Pires Fleury, Lauriberto José Reys e João Leonardo.

Ricardo tentou ainda convencer Benetazzo da loucura que estavam fazendo, mas foi tudo em vão, pois as divergências eram inconciliáveis. Os partidários destas três posições, sempre mais antagônicas, tinham que se confrontar a cada dia, pois muitos habitavam juntos, na mesma grande casa em Havana. Zarattini denominou aquela residência de "*Maison Charcot*". Jean-Marie Charcot era um médico parisiense (1825-1893) que trabalhou com as doenças mentais e entre seus alunos contou com o famoso Sigmund Freud e em São Paulo havia uma clínica com o seu nome. Não havia muito mais o que fazer, voltou a falar com os vietnamitas e coreanos para agradecer o convite, porém com as divisões como se apresentavam naquele momento era impossível enviar delegados para aqueles países.

No tempo livre, que era muito, dedicou-se a ler os clássicos do marxismo, concentrando a sua atenção sobre as obras completas de V. I. Lênin e do búlgaro Georgi Dimitrov, que ocupou o cargo de secretário-geral da Internacional Comunista entre 1935 e 1943. Trabalhou intensamente, tentando deslindar a essência do fascismo, e foi o principal artífice da criação das frentes populares antifascistas na Europa. Uma das discussões que permeava a oposição revolucionária era dar uma caracterização à ditadura que oprimia o povo brasileiro. Não se tratava de uma tirania comum, como aquelas que às centenas pontilhavam a história latino-americana. Faltava a figura do caudilho, era muito mais sofisticada nos seus

143

métodos de controle, ambição planetária, veia expansionista, entrelaçamento com uma elaborada tecnocracia financeira. Aproximava-se bastante da definição dada por Dimitrov do fascismo "...*como a ditadura aberta e terrorista dos setores mais reacionários do capital financeiro...*". Se o regime brasileiro devia definir-se como militar-fascismo isso trazia conseqüências sérias no campo das alianças, ou seja, era necessário reunir em uma grande frente democrática todas as forças possíveis que se opunham, fossem elas não apenas proletariado, camponeses, pequena burguesia, mas também setores amplos de burguesia industrial e até mesmo de proprietários rurais. Estas conclusões levavam a aproximar-se à linha política do PCB.

Enquanto se perdia nestas análises cerebrais, o coração resolveu pregar-lhe uma peça. Numa bela manhã, numa fila em uma padaria, encontrou diante de si uma jovem. Em Cuba, é normal que nestas circunstâncias todos falem entre si e, assim, começou a concentrar sua atenção sobre a sua vizinha ocasional. Continuaram a conversar mesmo depois de comprarem o pão e tudo acabou em mais um problema. Nilda Bouzo, pois este era seu nome, apelidada de "China" por Zarattini, trabalhava no Ministério da Cultura e tinha duas filhas que Zarattini chamava carinhosamente de suas "hermanitas". Ficou surpreendido ao encontrar-se apaixonado por ela e plenamente correspondido. Mas qual podia ser o futuro de tal relação, se ele não podia contar nem quem era, onde morava, o que fazia. Provavelmente desapareceria de uma hora para outra, partindo para outras plagas e tendo como objetivo final voltar ao Brasil, onde a chance de ser assassinado era alta. Nilda percebeu logo a situação em que tinha se metido e pediu um esclarecimento. Acabou recebendo as informações necessárias, embora isso representasse uma grave violação das regras de segurança. Claro que Zarattini podia tomar uma decisão drástica, outros o fizeram, abandonar seus planos imediatos, legalizar-se e permanecer em Cuba. Mas para ele era impossível, pois seu amor primeiro continuava a ser sempre a revolução. Nilda não podia acompanhá-lo no retorno ao Brasil, pois além das filhas, nunca obteria a aprovação do Ministério do Interior do governo cubano, justamente preocupado em não lançar uma cidadã cubana num caminho em que poderia eventualmente ser presa ou morta. E este fato significaria a possibilidade de mais uma provocação dos inimigos da revolução cubana. O quadro parecia sem solução e realmente assim permaneceu. E, como esperado, chegou o dia em que a despedida aconteceu. Foi mais uma dor na vida de Ricardo, mas seguramente muito maior para Nilda, pois sempre tudo é mais difícil para quem fica, já que além de enfrentar a rotina do cotidiano, encontrará os seus dias mais vazios.

Os membros do Molipo obtiveram todo o apoio dos cubanos e começaram a voltar para o Brasil, enquanto os componentes disciplinados da ALN também partiam. Zarattini ia ficando para trás, o que para ele, apesar da Nilda, era insuportável. Todo o trabalho realizado deu algum fruto, pois acabou sendo convidado pelos coreanos para ir a Pyongyang. Recebeu um passaporte cubano que valia somente para os países socialistas, pois sendo banido não possuía nenhum documento brasileiro.

Sentimentos contrastantes abalavam seu espírito, enquanto as luzes da baía de Havana refletiam nas asas do avião que levantava vôo, naquela noite de 25 junho de 1971. Havia permanecido 21 meses na ilha caribenha, onde tinha florido a primeira revolução socialista vitoriosa da América. Ali recebera ajuda no momento de maior necessidade, amizade e amor, mas também tivera conflitos e decepções. O fluxo de uma revolução é como a vida sofrida de homens e mulheres, cheia de altos e baixos, pontilhada de alguns momentos sublimes, e para desfrutar destes átimos tudo é válido, até morrer.

Fac-símile do documento "Uma Autocrítica Necessária", redigido em agosto de 1971.

Capítulo X

Novos rumos na luta contra a ditadura

A viagem para a República Democrática e Popular da Coréia foi longa. Sobrevoar o Atlântico norte, fazer escalas na União Soviética e finalmente atingir a Ásia oriental. Estava acompanhado por outro revolucionário brasileiro, um dos fundadores da Vanguarda Popular Revolucionária (VPR), Diógenes José Carvalho de Oliveira, ele também banido, pois havia sido trocado pelo cônsul japonês Nobuo Okuchi. Assim tiveram muito tempo para trocar suas impressões e avaliar um futuro que se apresentava como um vórtice destruidor.

Uma perfeita estrutura e a simpatia oriental receberam os dois brasileiros meio desajeitados. Depois de repousarem num hotel, foram convidados à sede do Partido do Trabalho, onde ganharam palmas e flores. Os donos da casa contaram alguns lineamentos da saga da península coreana. Cultura antiga, em que as realidades estatais tinham se instalado havia 2.200 anos. Em 1905 passou a ser um protetorado e cinco anos depois uma colônia japonesa. Contaram sobre a dureza com que o militarismo

147

nipônico explorou a força de trabalho e tentou destruir a língua e os costumes; a resistência indomável que custou um mar de sangue. Falaram do exílio na Manchúria, onde um jovem, Kim Il Sung, organizou os primeiros grupos guerrilheiros que depois atuaram no norte da península, até a derrota final do Japão em agosto de 1945, a criação do Partido do Trabalho (comunista) e finalmente o nascimento de dois estados em 1948, dramaticamente cortados pela linha invisível do paralelo 38.

Descreveram com emoção a tremenda guerra de 1950/ 1953, a invasão dos estadunidenses, a devastação que se seguiu, as ameaças do General MacArthur de bombardear com armas atômicas as fronteiras com a China Popular. Terminaram, como sempre nestes casos, exaltando os êxitos que haviam conseguido na construção do socialismo e o muito que faltava fazer.

Aos brasileiros tocou a fadiga de descrever um grande país, muito longínquo e cheio de sol, uma população mesclada que sofria séculos de escravidão e domínio oligárquico e aquele momento caracterizado por uma brutal ditadura. Abriram perspectivas do desenvolvimento de uma luta difícil, mas que poderia ser vitoriosa. Pediram por uma solidariedade genérica. Mais do que isso era complicado para Zarattini e Diógenes, que não podiam fazer propostas concretas, pois efetivamente tinham controle sobre pouca coisa.

Foram tratados como hóspedes de confiança e puderam conhecer quartéis e um campo de treinamento guerrilheiro, que era a ambição e sonho de tantos revolucionários militaristas brasileiros.

Voltando ao hotel, Ricardo encontrou seu amigo de Havana, Roque Dalton. Este dirigente comunista, escritor e poeta, que chamava seu país, El Salvador, de *pequeno polegar* da América tinha exatamente a mesma idade de Ricardo e, como ele, tinha conhecido cárcere e humilhações. Teve uma morte obscura e trágica durante uma reunião na sua terra, para tentar obter a unidade das forças de esquerda em El Salvador.

Suas últimas linhas foram:

"No confundir, somos poetas que escribimos
Desde la clandestidad en que vivimos.
No somos, pues, cómodos e impunes anonimistas:
De cara estamos contra el enimigo.
Y cabalgamos muy cerca de él, en la misma pista;
(El Salvador, 1975)

Estava presente também uma delegação de sandinistas nicaragüenses, e todos os latino-americanos foram convidados para uma recepção com o presidente Kim Il Sung. A saudação de cada país deveria ser entregue por escrito para facilitar o trabalho dos tradutores. Surgiu um problema. Depois que Diógenes e Zarattini redigiram o texto, os funcionários coreanos de forma educada, mas firme, pediram que incluísse elogios mais explícitos à figura do presidente. Os brasileiros se recusaram, dizendo que não fazia parte do costume político que eles praticavam; criou-se um impasse. Os sandinistas intervieram, pedindo aos dois pouco diplomáticos que pensassem que uma ajuda à revolução latino-americana bem valia alguns adjetivos. Assim foi feito de forma moderada e tudo acabou bem.

Terminada a missão, depois de terem recebido promessas de ajuda, puseram-se a caminho para a próxima etapa: Pequim (Beijin). Ali receberam as mesmas gentilezas e uma grande honra, que os dois "caipiras" não conseguiram perceber em toda a sua profundidade. Foram convidados a um banquete no qual foi oferecido um exemplo de alta cozinha chinesa, ou seja, o *"pato imperial de Pequim"*. Em geral é oferecido apenas a grandes personalidades. O pato é mostrado vivo aos hóspedes e depois desaparece na cozinha, o tempo passa, pois assim há muito tempo para conversar, até que começam a chegar dezenas de pratinhos, todos eles tendo algo da pobre ave.

Naqueles dias, o partido comunista chinês estava passando por mais um terremoto, mas os brasileiros não tinham como saber o que estava acontecendo. A revolução cultural havia se institucionalizado, e seu principal artífice, Lin Biao, desapareceria em um curioso desastre de avião algumas semanas depois. O presidente dos Estados Unidos Richard Nixon seria convidado para visitar a China, estabelecendo-se um sistema de coexistência pacífica, em 1972.

Os comunistas chineses mantinham relações oficiais com o Partido Comunista do Brasil e estavam bem informados sobre o quadro do país sul-americano. Entretanto tinham um interesse particular, naquele momento: queriam saber a opinião dos seus hóspedes sobre a Ação Popular. Esta organização, como já havíamos acenado antes, que teve suas origens no movimento da juventude católica, antes do golpe de estado encetou uma marcha rumo ao maoísmo em 1967. Depois de muita discussão, uma impressionante massa de documentos, doridas separações, em março daquele ano de 1971, a direção da AP havia proposto a construção do Partido Unificado do Proletariado no Brasil, baseado nas teses chinesas. O interlocutor privilegiado era indicado no PCdoB. Aos chineses devia parecer exótica a aproximação daquele conjunto de revolucionários cristãos com os conceitos do comunismo maoísta.

Os visitantes se surpreenderam bastante, mesmo porque estavam mal informados sobre o processo que se desenrolava nas "hostes maoístas brasileiras". A única coisa que puderam fazer foi garantir pela limpidez e valor dos militantes da Ação Popular, que conheciam pessoalmente. Abraços, agradecimentos pela visita, augúrios para a revolução brasileira e a promessa de se reencontrarem no futuro. E o avião levou a um novo destino, desta vez a Moscou.

Encontro formal, mas correto com os soviéticos. Os caminhos dos dois viajantes saídos de Cuba se dividiram. Diógenes vai à Europa ocidental, e Ricardo permanece mais alguns dias porque desejava conversar com Luís Carlos Prestes, secretário-geral do Partido Comunista Brasileiro. Queria saber sua opinião sobre a conjuntura nacional e internacional e tinha uma curiosidade para saciar. Marighella, nos seus escritos e reuniões, falava de guerra de movimento. Ora, a coluna de 1924/1927, que havia percorrido quase todo o espaço brasileiro e travado centenas de escaramuças, possuía esta característica, por isso desejava ouvir da viva voz do "Cavaleiro da Esperança" qual fora a sua experiência.

Prestes o recebeu num hotel, falou da importância de trabalhar no Movimento Democrático Brasileiro (MDB), das fraturas existentes no interior da ditadura, criticou a luta armada, embora exprimindo respeito pelos seus atores e por mais de uma hora contou sua experiência guerrilheira na coluna. No momento da despedida, fez algo absolutamente insólito, convidou Ricardo para ir ao cinema.

No dia seguinte, Prestes se apresentou com a mulher e dois filhos e todos foram ver o filme "*Viva Maria*", com Brigitte Bardot e Jeanne Moreau. O improvável enredo conta a história de duas jovens, uma terrorista irlandesa, outra cantora francesa, que se encontram em Honduras no início do século e terminam por liderar uma revolução camponesa.

Prestes sorria pouco, mas possuía uma fina ironia. Quem sabe se com este filme o velho comandante não quis mandar o recado de que a luta armada é uma coisa muito séria e não deve ser deixada nas mãos de amadores.

Também Moscou ficou para trás. Em Praga, Zarattini encontrou um funcionário da embaixada cubana que o esperava. Retirou-lhe o passaporte daquela nacionalidade e deu outro em que figurava como cidadão argentino. Passou-lhe 100 dólares e uma passagem aérea para Frankfurt, na Alemanha Federal. Horas depois, desembarcava no mundo capitalista, com uma pequena mala, um passaporte falso e pouco dinheiro. Passou o aeroporto sem problemas, mas sofreu para orientar-se até chegar a uma estação ferroviária onde entrou no trem que o levou até Roma.

A colônia de brasileiros na Itália era pequena, pois suas leis permitiam o asilo político apenas aos que fugiam do comunismo! Em compensação, na sociedade civil a solidariedade era enorme. Entre os apoios estava a Fundação criada pelo senador Lélio Basso, a rede Radie Resch, emanação do jornalista da televisão Ettore Massina, a senhora Marcella Glisenti, pessoa de muita autoridade no partido da Democracia Cristã, Felice Besostri, do departamento de relações exteriores do Partido Socialista, Renato Sandri, dirigente do Partido Comunista Italiano. Em Milão e Florença, havia se constituído um estupendo grupo em torno do Centro de Ação e Documentação da América Latina (Cadal). A cidade do mármore, Carrara, era toda mobilizada em função do Brasil e ali se imprimiria a versão italiana da revista unitária do exílio, Fronte Brasiliano di Informazione. Inúmeras outras realidades solidárias, como paróquias católicas, sindicatos, associações juvenis, estavam espalhadas pelo território da península. Uma grande parte desta ajuda afluía para a ALN. Não porque os amigos italianos apoiassem sua postura política, mas estavam chocados pelas violências cometidas e compreendiam muito bem o perigo que significava a ditadura brasileira para toda a América Latina.

Além disso, a ALN podia contar na Itália, entre outros, com personagens como Flávio Médici Camargo, que havia sido amigo e principal apoio logístico de Carlos Marighella até o dia de sua morte; Dario Canale, o italiano que trabalhou com Câmara Ferreira nas gráficas do PCB e havia sido expulso do Brasil; Cesare Giorgio, outro italiano, combatente da guerra civil espanhola, mas que havia vivido décadas no Brasil. Possuíam capacidade de trabalho e uma grande abertura política. Havia chegado também o velho e experiente líder operário Rolando Fratti.

Zarattini pediu uma reunião com os pertencentes ao núcleo da ALN em toda Itália e colocou suas idéias, já conhecidas desde Cuba: a organização naufragou no desvio militarista, é preciso bloquear imediatamente a luta armada e salvar o maior número de quadros enquanto é tempo. Impõe-se retomar o caminho da construção de um partido proletário revolucionário, invertendo o caminho da fragmentação das organizações em ato e retomar a luta de massa contra a ditadura, mas sem cair nas ilusões do pacifismo. Para tal, propôs como passagem que se criasse uma tendência interna à ALN, com o nome de leninista, que abra um debate e que chegue até um congresso.

A discussão foi rápida, era o que todos, mais ou menos, já estavam pensando. Zarattini ficou encarregado de escrever o documento básico da nova tendência para discutir com os outros núcleos da ALN no exterior e enviar à coordenação no interior do Brasil. Deslocou-se para Milão, onde numa humilde casa de um padre operário, mas com um cenário magnífico, pois da janela podia contemplar um dos canais de água de Milão, que havia sido reestruturado por um engenheiro, um pouco mais famoso do que ele: Leonardo da Vinci. Comendo macarrão e tomando vinho de baixa qualidade, em uma semana elaborou o texto intitulado *"Uma autocrítica necessária"*. Novos encontros, dos quais participou também Aloísio Nunes Ferreira Filho, responsável pela ALN na França.

153

Algumas modificações e finalmente o documento começou a ser distribuído no exílio brasileiro, no final de agosto de 1971.

Foi bem recebido entre os amigos e simpatizantes da ALN, pois na maioria estavam abalados pelas chacinas e perdas de amigos e companheiros quase diárias. A sensação de desesperança aumentou com a morte de Carlos Lamarca, ocorrida 17 de setembro no sertão da Bahia. Sobretudo uma ocorrência havia criado descrédito entre os aliados e tristeza entre os militantes. Alguns meses antes, em 23 de março, a coordenação militar da ALN tinha eliminado a tiros Márcio Toledo Leite, pertencente ao "2º exército", com as acusações de indisciplina e vacilação. Para a maioria dos que estavam no exterior, foi algo incompreensível e imperdoável.

Indo a Paris, Zarattini encontrou Abelardo Blanco Falgueiras, que o ajudou a mover-se no labirinto dos grupos brasileiros. Através dele foi apresentado ao João Quartim de Moraes, que dirigia uma revista, "Debate", ótima como informação e que tentava manter uma análise marxista e criticava o desvio militarista. Revelou-se uma tribuna importante para a discussão, às vezes exagerada, como se costumava na época, das posições da Tendência Leninista da Ação Libertadora Nacional a TL/ALN.

Viajou pela Itália e França, buscando os compatriotas e se explicando com os apoios estrangeiros. Passou por incríveis cidades históricas com maravilhas arquitetônicas de todos os tipos e os mais estupendos museus do mundo, mas nada viu, concentrado no seu "fanatismo" de um dia poder voltar ao Brasil. Talvez a única vez em que parou alguns minutos e percebeu o ambiente que o circundava foi na Piazza della Signoria, em Florença. Ali se levanta o palácio que representou o poder da Florença medieval, ao lado a "loggia dei Lanzi", com algumas das esculturas mais conhecidas do renascimento, como o Perseu, em metal, de Benvenuto Cellini. Ficou impressionado com um círculo no centro da praça, que demarca o local onde foi queimado o frade dominicano rebelde Gerolamo Savonarola, em 1498.

Estruturados os círculos da tendência na Europa, era obrigatório aproximar-se do Brasil. Deslocou-se para Santiago do Chile, junto com Dario Canale, em setembro de 1971. Dario depois de sua expulsão do Brasil, fora obrigado a assistir de longe à cisão do PCB, criação da ALN e sucessão de ações armadas. Participou, no entanto, das barricadas em Paris e Berlim, nos movimentos de 1968 e das grandes greves do "outono quente" na Itália, no ano subseqüente. Assim que conseguiu um contato com o Câmara Ferreira, voltou a militar na revolução brasileira, especificadamente na ALN, sempre querendo voltar à terra de seus sonhos. As condições não tinham permitido. Agora com a TL isso seria possível.

O Chile é um país da "geografia louca", estreito, quase esmagado entre as poderosas ondas do oceano Pacífico e as altas montanhas dos Andes; longos milhares de quilômetros que se estendem das areias e sal do deserto de Atacama às geleiras antárticas. Desde a vitória eleitoral da Unidade Popular, que levou ao governo do companheiro presidente Salvador Allende, o povo chileno estava vivendo um exultante processo revolucionário. As minas de cobre haviam sido nacionalizadas, desapropriada a multinacional das comunicações ITT, ia adiante com rapidez a reforma agrária, reforçavam-se as políticas sociais. Os muros da capital eram cobertos de belíssimos "murales", símbolo daquela revolução cheia de sonhos e cores.

Terra de asilo recebera quantidades de brasileiros que escapavam desde o golpe de 1964 e que constituíram uma forte e influente colônia. Entre eles, encontravam-se representantes de todos os grupos de oposição e também algumas dezenas de espiões do regime, que lotavam a embaixada brasi-

155

leira. Pobre embaixada, pobre Itamaraty, nunca havia sido tão mal freqüentada.

Mesmo com todas as precauções tomadas o sistema de inteligência da ditadura militar brasileira ficou sabendo de sua chegada ao Chile. É impressionante a riqueza de detalhes, na maioria corretos, de uma circular interna do I Exército sobre os brasileiros que participaram de cursos militares em Cuba. Pela quantidade de informações revela uma séria infiltração no grupo brasileiro ou mesmo entre os cubanos.

Este documento do início de 1972, é classificado como Informação nº 674/72-11. Encontra-se no Arquivo Público do Estado do Rio de Janeiro. Divisão de Documentação Permanente. Setor secreto, pasta 104.

Na folha 392, entre outras citações sobre Ricardo encontra-se esta:

> *"Quanto a ZARATTINI, era um homem que MARIGHELA muito apreciava e teve ótimo comportamento quando caiu, nada abrindo: quando chegou em Cuba, entretanto mostrou-se politiqueiro, criando uma série de inimizades, chegando finalmente a declarar que dava um prazo para que a ALN acertasse seu retorno ao BRASIL, mas como dirigente máximo.*
>
> *O prazo se esgotou sem que a organização lhe desse qualquer resposta: dizendo-se desobrigado, viajou para o CHILE".*

Nesta liguagem um pouco estranha pode-se fazer duas observações. Está implícita a questão da tortura, já que o relatório informa quase que admirado que quando encarcerado nada abriu, ou seja, não deu nenhuma informação útil aos agentes da ditadura. A questão de ser "politiqueiro" reflete

156

uma concepção vigente entre os "militaristas" da época que achava desprezível a discussão de posições políticas que levassem a uma autocrítica dos rumos da luta armada.

Ricardo foi morar numa pensão, depois para economizar mudou-se para uma casa num distante bairro, Puente Alto, perto do "paradero" 15 (as paradas de ônibus tinham números em Santiago). Modesta, construída em madeira e zinco, durante o verão era quente e no inverno transformava-se numa geladeira. Tantos foram os brasileiros abrigados nesta moradia que pertencia a um jovem que todos conheciam apenas como Fernando do MIR (Movimiento de Izquierda Revolucionária). Sempre sorridente, dividia suas poucas roupas com os "tupiniquins" que morriam de frio e sua comida, composta invariavelmente de merluza e batatas, que custava pouco. Trabalhava em fábrica, militava ativamente em diversas frentes na luta chilena e ainda se preocupava com os outros irmãos latino-americanos. Morreu fuzilado no dia do golpe de Augusto Pinochet, em 11 de setembro de 1973.

Em pouco tempo se consolidou um grupo de companheiros que formaram um núcleo da TL/ALN, dos quais faziam parte Zarattini, Rolando Fratti, Wanda Fratti, Dario Canale, Cândido Hilário, Marco Antônio Moro, Ruth Tegon, Bernardino Figueiredo, Leida Figueiredo, Maria Lúcia Alves Ferreira, Abelardo Blanco, Maria Amélia de Araújo Silva, Abel Parker, Ângela, Marlene e vários outros. As tarefas que se propunham eram: continuar a discussão interna na ALN, ampliando-a com todas as outras organizações possíveis; analisar com método marxista a realidade mundial e nacional; reatar os contatos no Brasil; trabalhar, sem esquecer o campo, principalmente com áreas operárias; estabelecer relação com todos os países socialistas e movimentos antiimperialistas, independentemente das divergências existentes entre eles; incentivar um amplo movimento de isolamento internacional da ditadura. O objetivo final ambicioso era servir de fermento para a agregação das forças comunistas no Brasil.

Uma das decisões tomadas foi fazer uma revista em Santiago, que se intitulou de *"Unidade e Luta"*, órgão pela reunificação dos marxistas-leninistas brasileiros. Mais um instrumento que enriqueceu a já grande quantidade de impressos que circulavam no exílio.

A "luta interna" na ALN demonstrou-se pouco profícua, pois a situação era muito pior do que se pensava. Os remanescentes estavam cercados e isolados, diante de uma repressão sempre mais técnica e selvagem. Ainda assim, a coordenação respondeu ao *"Uma autocrítica necessária"*, com um artigo de Hélcio Pereira Fortes. Jovem de inteligência brilhante desgraçadamente o artigo foi à última coisa que fez, pois foi preso e morreu trucidado nas dependências do DOI/CODI de São Paulo, provavelmente no dia 28 de janeiro de 1972.

Hélcio, refletindo a posição da coordenação, agarrava-se às formulações escritas por Carlos Marighella e considerava uma heresia colocá-las em discussão e submetê-las a críticas, mesmo diante de uma realidade desalentadora.

No mês de março, foi a Santiago, Luís José da Cunha, coordenador da ALN. Encontrou-se com seus amigos da TL, as discussões foram árduas, mas as posições mantiveram-se distantes. Zarattini chegou a implorar para que ele resguardasse a própria vida. Nada feito, e desenvolveu-se o já normal e trágico ato de mais uma despedida.

Luís, pernambucano, fora militante do PCB e membro da sessão juvenil do Comitê Central. Abandonando o partido, ajudou a formação da ALN, foi mais um dos componentes do "2º exército". Pessoa culta, que lia tudo o que lhe caía nas mãos, abominava a violência, mas mergulhou na luta armada, por profunda convicção ideológica e se manteve até o fim por um sentido de dever em relação ao seu amigo e líder Carlos

Marighella. Morreu fuzilado em julho de 1973, na cidade de São Paulo.

Em abril, foi divulgado de forma discreta um documento, em que se comunicava uma condenação das posições da TL e o desligamento de quatro militantes da ALN. O documento detalhava de forma minuciosa as discussões que a direção "militarista" da ALN havia tido com os companheiros da Tendência Leninista, indicando que estes vinham exercendo atividades "fracionistas" - enorme acusação para aqueles tempos - e chegava à seguinte conclusão:

> *Esta é a razão pela qual a ALN leva ao conhecimento de seus militantes e aliados o desligamento, por indisciplina, de suas fileiras dos companheiros José dos Santos, Tércios, Igor e Fernando* (respectivamente, Ricardo Zarattini, Rolando Fratti, José Luiz Del Roio e Flávio Médici Camargo: nota do autor). *Estes companheiros não podem mais falar ou agir em nome da Ação Libertadora Nacional.*
>
> *Nossa posição em relação à chamada "Tendência leninista" será de solidariedade e fraternidade revolucionária e esforço por uma aliança nos pontos comuns que tivermos na luta contra a reação brasileira e o imperialismo.*
>
> *Esperamos que esta nossa posição encontre receptividade entre esses companheiros.*

OU FICAR A PÁTRIA LIVRE OU MORRER PELO BRASIL

> *Coordenação Nacional da ALN*
> *Março de 1972"*

A resposta foi dada rapidamente, e como não podia deixar de ser reafirmava as concepções já elaboradas.

"Comunicado da Tendência Leninista da ALN

A Coordenação Nacional da ALN distribuiu um comunicado informando o "desligamento, por indisciplina" de quatro companheiros da TL/ALN. Sobre esse fato temos a dizer o seguinte:

1 – Rejeitamos categoricamente a acusação de fracionismo que nos é feita. Ao contrário, conforme já afirmamos anteriormente, é o atual desvio militarista ainda predominante na direção da ALN que tem levado à liquidação de fato da organização.

2 – Não vemos nenhuma autoridade política na maioria militarista, que mantém por meios burocráticos a direção da ALN, para decidir pelo nosso desligamento. Por isso, pura e simplesmente, não o levamos em consideração.

3 – Nessas condições, a Tendência Leninista da ALN prossegue com maior empenho na luta interna, buscando a realização de um congresso da Organização.

4 – Reiteramos a posição de princípios enunciada na "Proposta Unitária" de fevereiro/72, através da qual afirmávamos que "só com uma reunião das diversas posições políticas existentes na ALN podemos superar as divergências e alcançar maior unidade".

5 – Novamente apelamos, com este comunicado, a todos os setores da Organização, inclusive aos companheiros militaristas, no sentido de que, atendendo aos ensinamentos do marxismo-leninismo e à experiência do proletariado revolucionário, aceitem

nossa proposta para uma reunião com os seguintes objetivos:
a) Discussão, elaboração e votação de uma linha política;
b) Definição de uma estrutura orgânica;
c) Eleição de uma direção provisória.

Pela Tendência Leninista da ALN

José dos Santos".

Ainda houve mais algumas trocas de farpas, mas em poucos meses já havia poucos companheiros com os quais discutir no interior do Brasil, pois as quedas continuavam implacáveis. Como exemplo recordamos Yuri Xavier Pereira, Marcos Antônio Nonato e Ana Maria Nacimovic Corrêa, metralhados em São Paulo em 14 de junho de 1972 por uma equipe do Doi/Codi. Na segunda metade do ano o Molipo, a outra facção da ALN, estava exterminada.

Enquanto isso, no Chile ocorria uma consistente radicalização. A direita chilena era agressiva, contando com fortes apoios internacionais como o do Secretário de Estado da administração do presidente Richard Nixon, o famoso Henry Kissinger. Através de atentados, sabotagens e greves em alguns setores minoritários, mas importantes como o dos caminhoneiros, conseguiram desorganizar a distribuição dos bens primários, criando dificuldades para a população. Diante das lojas se formavam enormes filas, enquanto grupos fascistas de *"Pátria Y Liberdad"* ameaçavam e espancavam os militantes da *"Unidad Popular"*. Rumores insistentes circulavam sobre a falta de lealdade de setores das forças armadas ao legítimo governo de Salvador Allende.

Como prevenção, ficou decidido que Zarattini deveria contar com casa segura e que ao mesmo tempo servisse de arquivo e local de trabalho para confeccionar a revista, escrever os documentos e a grande quantidade de correspondência. O melhor local era um bairro rico e dominado pela direita, La Providencia. A ajuda financeira que fluía dos coletivos da Europa e dos amigos brasileiros bem empregados no Chile permitiu este luxo. Mas não era fácil alugar um apartamento. Os responsáveis pela tarefa eram Dario Canale, com documentos falsos de negociante italiano, e Maria Lúcia Alves Ferreira, a "Malu" ou "Sandra", que naquele momento estudava na Universidade Católica. Os dois se apresentavam, iniciavam a conversar, mas nada feito. A sociedade chilena era terrivelmente conservadora, e os donos dos imóveis exigiam certidão de casamento, para assinar um contrato.

Não houve jeito, Malu e Dario tiveram que ir diante de um juiz e contrair matrimônio. Pena que Dario e as testemunhas apresentaram papéis falsos. Uma vez superado este empecilho, foi fácil arrumar um bom apartamento, onde ficaram morando Dario, Malu e Zarattini, ele também com documento italiano falsificado. Uma vez, um grupo de vizinhos, enquadrados em organizações de extrema direita, foi sondar qual era a colocação política dos novos chegados. Como resposta Dario lhes contou que estavam fugindo da Itália, porque por lá havia muitos comunistas. Os chilenos fascistas explicaram que haviam escolhido um péssimo país, porque o Chile era ainda pior que a Itália: comunistas em todos os lados. Parece que esta conversa de dementes funcionou, porque nunca foram perturbados, mesmo nos dias do golpe de Estado.

Porém, não era somente sobre o Chile que se acumulavam nuvens escuras e carregadas; elas se espalhavam pela América do Sul. O general Alfredo Stroessner, amigo de nazistas fugidos da Alemanha, continuava seu governo que parecia eterno. No Uruguai, a influência da ditadura brasileira era determinante e facilitou a eleição do golpista Juan Maria Bordaberry em novembro de 1971. Na vizinha Argentina, sempre um general na presidência, Agustín Lanusse. Ainda um general, mas este progressista, Torres, havia vencido as eleições na Bolívia em 1970; durou pouco, em agosto de 71 foi derrubado por outro general, Hugo Banzer, este nada progressista, aliás, um subalterno da ditadura brasileira.

Um caso contracorrente era representado pelo Peru. Uma junta militar liderada pelo general Velasco Alvarado havia tomado o poder em dezembro de 1968. A primeira coisa que fez foi nacionalizar o petróleo. Levou adiante uma política exterior não alinhada, realizou a reforma agrária, introduziu a propriedade social de conceitos socialistas, e talvez o ponto mais alto foi a reforma educacional e cultural dirigida pelo pedagogo Salazar Bondi. O Peru é um país indígena com uma tradição milenar, onde se desenvolveram tantos reinos, sendo o último deles o Tahuantinsuyo, impropriamente conhecido como império Inca. Esta tradição era desprezada e seus principais idiomas, Quéchua e Aymara, falados pela maioria da população, proibidos nas escolas.

Salazar Bondi valorizou a história, costumes e culturas originárias, dando dignidade a milhões de seres humanos. A capital Lima, chamada "a bela" pelo seu centro histórico colonial, já naquela época era cercada por uma imensidão de bairros pobres, conhecidos como *"pueblos jovenes"*, onde tantas casas não possuíam tetos, pois ali não chove praticamente jamais. Existia um pequeno conjunto de brasileiros exilados, como o jornalista Paulo Canabrava Filho e sua mulher Beatriz (Marina Perez), casal com um imenso coração e solidariedade ilimitada. Paulo, amigo de Marighella, tinha saído do Brasil perseguido e visitou a República Democrática da Coréia, tentando buscar ajuda para a ALN; estabeleceu-se na Bolívia, durante o governo do general Torres e foi dado por morto na resistência ao golpe do general Banzer. Sendo de pele dura sobreviveu e deslocou-se para o Peru e aderiu às posições da Tendência Leninista. O Gui de Almeida, que havia participado do governo do Jango Goulart, mineiro muito calmo e que naqueles anos trabalhava para organismos internacionais; um outro mineiro, este pouco calmo, Darcy Ribeiro, que colaborava com o general Figueroa na mobilização popular e escrevia à mão páginas e mais páginas que se transformaram em livros fundamentais.

A TL acreditou que seria útil trabalhar naquela cidade e acertou. Os militares peruanos temiam o expansionismo da ditadura brasileira e isso criava um clima favorável aos seus opositores. Nasceu um comitê contra as torturas no Brasil, com várias personalidades e dirigido pelo prof. Salazar Bondi. Em setembro de 1972, durante as celebrações do Sesquicentenário da Independência do Brasil, realizou-se uma semana de solidariedade ao povo brasileiro, com muitos atos e um dos convidados foi Zarattini, que teve a oportunidade de conhecer e discutir com políticos locais os caminhos da "revolução peruana". Seu interesse maior, entretanto, era o encontro com Jorge Del Prado, secretário do partido comunista peruano, discípulo e sucessor de José Carlos Mariategui, por muitos estudiosos considerado o maior pensador marxista da América Latina. Del Prado mantinha cordiais e solidárias relações com a TL, e para Zarattini isso era importante porque ajudava a abrir um pouco as portas para relacionar-se com os países socialistas europeus.

Existiam mais dois aspectos, não confessados, na previsão de um golpe no Chile: poder contar com o território peruano como terra de refúgio para os brasileiros e abrir novas rotas de entradas no Brasil através das fronteiras amazônicas, pois as do Sul eram cada vez mais controladas. Entre os peruanos que ajudaram o exílio brasileiro nas suas horas mais duras, recordamos o padre Gustavo Gutierrez (o mais alto expoente da teologia da libertação na América Latina), Raul Nunez, secretário da juventude comunista, Gustavo Espinosa, secretário-geral da Confederação Geral dos Trabalhadores Peruanos, Hilda Gadeia, primeira companheira de Ernesto "Che" Guevara, Genaro Carnero Checa, presidente da Federação dos jornalistas, Begonia Ibarra, basca e limenha, verdadeira coluna da solidariedade e tantos, tantos outros.

Em 1973, o presidente Velasco Alvarado adoeceu e teve de amputar uma perna. Este foi o sinal para que os oportunistas no interior do governo iniciassem a emperrar o processo, até sepultá-lo definitivamente. Significou mais derrota dolorosa para os povos latino-americanos. Muitos anos depois o presidente bolivariano da Venezuela, Hugo Chavez, contou que sua politização começou quando visitou o Peru de Velasco Alvarado e ali recolheu com cuidado alguns folhetos da revolução peruana e carinhosamente os estudou.

Nas primeiras semanas de setembro de 1972, a TL/ALN produziu uma proposta de programa de reivindicações imediatas, em torno do qual deveria se centralizar a frente única antifascista. Foi um "Deus nos acuda" de acusações de direitismo e pacifismo da parte das organizações mais radicais, mas relendo-o tantos anos depois não há dúvidas de que era o programa que estava ao alcance das massas e foi quase completamente cumprido, com exceções graves como dos pontos que se referiam ao esclarecimento dos crimes da ditadura e seu justo castigo. Particularmente importante foi o ponto um, pois lançava a idéia de uma anistia ampla, que poucos anos depois ganharia as praças do Brasil, mas que naquele momento era considerada por muitos militantes de esquerda uma proposta prejudicial, porque criava ilusões sobre o caráter da ditadura.

Vejamos:

Programa concreto do Movimento Operário
As reivindicações políticas imediatas

1. Liberdade e anistia para todos os presos políticos. Anulação dos processos abertos depois do golpe de 1964 e das penas pronunciadas.

2. Extinção da pena de morte.

3. Revogação do Ato Institucional n° 5; restabelecimento do habeas corpus, das garantias constitucionais e legais suprimidas: vitaliciedade, inamovibilidade e estabilidade; reintegração em suas funções de todos os funcionários públicos de autarquias, empresas públicas e sociedades de economia mista, demitidos ou "aposentados".

4. Restabelecimento dos direitos políticos de todos os cassados a partir de 1964.

5. Apuração minuciosa e ampla divulgação de todos os casos de torturas, assassinatos e desaparecimentos de revolucionários e opositores da ditadura. Apuração dos crimes do "Esquadrão da Morte".

6. Extinção dos organismos militares de repressão política: OBAN, CODI, etc. Demissão e entrega à justiça de todos os elementos direta ou indiretamente responsáveis pelos crimes contra presos políticos e comuns.

7. Fim da censura a todos os órgãos de comunicação. Ampla liberdade de imprensa, inclusive para a imprensa sindical, operária e de oposição à ditadura.

8. Fim da censura das atividades artísticas e intelectuais. Liberdade plena de criação e divulgação das

obras de compositores, cineastas, teatrólogos, artistas plásticos, escritores e cientistas.

9. Liberdade de expressão e organização para os camponeses e trabalhadores rurais. Liberdade de constituição e funcionamento dos sindicatos rurais. Extensão efetiva dos direitos trabalhistas garantidos por lei: salário mínimo, 13° salário, salário-família, férias, aposentadoria, etc. Direito à terra para os posseiros, aplicação das leis que garantem direitos adquiridos pelo uso da terra. Apoio às demais reivindicações dos trabalhadores do campo.

10. Fim da repressão nas Universidades. Extinção do Decreto 477 e reintegração de professores e alunos atingidos. Fim da intromissão dos organismos policiais na contratação de funcionários, na concessão de bolsas de estudos e moradia para os estudantes. Liberdade de funcionamento para os organismos estudantis secundaristas e universitários, UBES, UNE, UEEs DCEs, Centros Acadêmicos, etc. Autonomia Universitária.

11. Denúncia da política econômica da ditadura abertamente favorável aos monopólios imperialistas e à grande burguesia nacional associada.

12. Denúncia dos acordos políticos, econômicos e militares com o imperialismo ianque.

13. Denúncia da intromissão da ditadura militar fascista nos assuntos internos dos países vizinhos: participação no golpe militar de agosto/71 na Bolívia, cooperação com os órgãos de repressão do governo uruguaio, campanha chauvinista contra o povo argentino, pretensões de domínio da Bacia do Prata, etc.

Tais declarações deslocaram a área de ação da TL rumo aos exilados que possuíam posições mais "moderadas" e que, entre outras coisas, colaboravam na realização da revista *"Frente Brasileira de Informações"*. Este órgão foi pensado por Miguel Arraes em 1969, para ser uma espécie de agência de notícias da oposição clandestina. Foi publicado em diversos países, como a Argélia, Bélgica, França, Itália e Chile. Os que mantinham viva a publicação em Santiago eram, entre outros: Almino Afonso, Plínio de Arruda Sampaio, José Serra, Herbert de Sousa (Betinho), Francisco Whitaker, Ulrich Hoffmann, Armênio Guedes, Zuleika D'Alambert, sendo os três últimos membros do PCB. Através deles a TL conseguiu alguma abertura com o Partido Comunista Chileno e ter peso em manifestações como o II Seminário Latino Americano de Mulheres, que se realizou no final de outubro em Santiago. A iniciativa havia sido da Federação Democrática Internacional de Mulheres (FDIM), controlada pelos partidos comunistas.

A TL conseguiu ainda participar dos comitês preparatórios, em diversos países, para a realização do X Congresso Mundial da Juventude que aconteceria em Berlim, República Democrática Alemã, de 28 de julho a 5 de agosto de 1973. Era importante estar presente, pois consistia na maior festa planetária organizada pelos comunistas pró-soviéticos e movimentos de libertação nacional. Se o objetivo estratégico da TL/ALN era o de facilitar a unificação, no máximo possível, de forças comunistas brasileiras, deveria necessariamente ser reconhecida de alguma forma por alguma parte do movimento comunista internacional e assim reabrir um diálogo e discussão com o PCB que, parcialmente refeito de tantas cisões, voltava a crescer.

Com os marxistas pulverizados em várias pequenas organizações, o contato e o diálogo, nem sempre fácil, eram constantes. Bem mais árduo era entrar em relação com o

PCdoB, pois resistia bastante ao debate e costumava colocar-se como a única força revolucionária. Nos primeiros meses de 72, começaram a circular vozes, depois confirmadas, de que na região do Araguaia, no Estado do Pará, estavam sendo travados fortes combates entre guerrilheiros e forças armadas.

De fato, desde 1966 o PCdoB tinha localizado aquela área como suscetível de ser transformada em "zona libertada" e lentamente havia deslocado quadros para lá, para realizar trabalho político com os camponeses. No início de 1971, a Comissão Executiva analisou que existia uma situação de desgaste da ditadura e que urgia o desencadeamento da luta armada, para transformá-la em guerra popular, e assim aumentou o número de militantes que marcharam para o Araguaia, chegando a uma quantidade em torno de oitenta e cinco homens e mulheres. Foi impossível manter o segredo da operação, e as forças armadas tomaram a iniciativa atacando em março de 1972. Os primeiros choques foram negativos para o exército, que não estava preparado para este tipo de guerra e graças também ao imenso espírito de sacrifício e coragem dos guerrilheiros.

Enquanto estavam ocorrendo estes fatos, a TL/ALN sentiu a obrigação de discuti-los, e entre os seus militantes nasceu uma grande vontade de se solidarizar e ajudar o movimento, o que era praticamente impossível, pelas distâncias e falta de contatos. Desta discussão nasceu um pequeno texto que foi publicado em outubro de 1972, em um editorial do nº 3 da *Unidade e Luta*:

"Nesse sentido, os marxistas-leninistas têm a obrigação de dar todo o seu apoio político e material à luta do Araguaia, que demonstra que é possível enfrentar a ditadura, quando se está apoiado em um trabalho de massas e que frente

ao fascismo não resta aos explorados senão o caminho da violência revolucionária, da resistência armada das massas. Não partilhamos, porém, da posição dos que crêem que o trabalho no movimento camponês é o prioritário. Tampouco acreditamos que no Brasil de hoje seja possível a reedição da experiência chinesa do "cerco da cidade pelo campo".

Em "Uma Autocrítica Necessária" afirmamos a necessidade de "sintetizar as experiências de luta de nosso povo, em especial da luta armada, buscando elaborar uma teoria da insurreição e da guerra popular específica para a realidade brasileira". Nesse sentido, o movimento guerrilheiro do Araguaia se constitui numa valiosa experiência. É nossa opinião, dada a heterogeneidade do campo brasileiro e o fato concreto de o nível de organização e mobilização do movimento camponês ser ainda muito baixo, que o conflito não se estenderá muito além dos seus limites atuais. Por outro lado, o grau de desenvolvimento capitalista atingido já deslocou para os grandes centros industriais o coração do sistema, transformando a classe operária no principal ator (não só ideológico, mas também físico) do processo revolucionário.

Consideramos, ainda, que no momento atual a correlação de forças é extremamente desfavorável para os combatentes do Araguaia e que tão-somente a sua luta não poderá mudá-la. Entretanto, é um dever de todos os revolucionários apoiar resolutamente aqueles que exprimindo concretamente a luta de nosso povo contra a ditadura e a opressão imperialista forjam a verdadeira "vida política real" do nosso país".

Como se vê, Zarattini havia modificado radicalmente sua forma de pensar, comparada àquela que tinha quando colaborou para fundar o PCR e pensava que o ponto débil do sistema fosse o Nordeste e via nos camponeses a força motora da revolução. Agora concentrava a atenção no complexo fabril e na classe operária em rápido crescimento.

As preocupações que a TL/ALN exprimia, infelizmente, se concretizaram. A guerrilha do Araguaia não se espalhou e em pouco tempo acabou cercada. As forças armadas da ditadura se recuperaram de seus revezes iniciais, concentraram novas tropas e desencadearam o terror entre a população com torturas e execuções. Seus remanescentes resistiram ainda até o final de 1974, em condições inumanas. O regime criou um manto de obscuridade e silêncio que envolveu as operações no Araguaia. Temos relatos de alguns guerrilheiros que foram presos e ficaram vivos, mas a partir do final de 1973, todos os combatentes revolucionários foram exterminados. O número total de militantes mortos aproxima-se dos sessenta. Provavelmente a última a morrer, segundo a revista Época, nº 302, foi Valkíria Afonso Costa. "Caipira", mineira da cidade de Uberaba, estudante de pedagogia na capital Belo Horizonte, ativista na política universitária, fora para o Araguaia em 1971. O ex-soldado Josean Soares, falou – trinta anos depois – de como a conheceu. Viu-a chegar presa em outubro de 1974, pequena, magra, pálida, suja, exausta, na base militar de Xambioá. O comandante mandou servir uísque aos oficiais para brindar aquela gloriosa vitória, que o colocava ao mesmo nível de um Napoleão Bonaparte.

Valkíria ficou amarrada numa cama por alguns dias. O próprio soldado Josean recebeu ordens de abrir um buraco no terreno e, segundo ele soube depois, o sargento Tadeu, sempre por ordens superiores, arrastou-a até o seu túmulo e disparou três tiros de rifle. Valkíria tinha então 27 anos. Seu corpo nunca foi encontrado.

"El Rebelde" - Movimiento de Izquierda Revolucionária (MIR)

Salvador Allende (à esquerda) junto com sua guarda pessoal resiste ao golpe militar, em 11 de setembro de 1973, no Palácio Presidencial de La Moneda.

Capítulo XI

Relâmpagos: o golpe de Pinochet

"*Ame-o ou deixe-o*", "*Brasil pra frente*", "*Ninguém segura este país*" são as frases repetidas de forma obsessiva nas rádios e canais televisivos. Comemorava-se a prosperidade do fasto do chamado milagre econômico, representado no crescimento do produto interno bruto. O que não se dizia, porém, mesmo porque uma férrea censura estrangulava os meios de comunicação, é que os salários sofriam um forte achatamento, que o capital nacional e o estrangeiro encontravam um terreno quase único no planeta para explorar uma mão-de-obra barata e desprotegida. Tudo se fazia e se concedia às empresas multinacionais. Para facilitar a implementação de montadoras de automóveis, destruiu-se totalmente o que restava da rede ferroviária e acabaram definitivamente com os bondes e até ônibus elétricos nas cidades, exatamente ao contrário do que faziam as nações mais desenvolvidas da Europa. Chegou-se facilmente ao ridículo, quando a propaganda da ditadura no mundo clamava orgulhosamente: "*Venham poluir o nosso país*".

Claro, o nosso espaço é tão vasto, nossa natureza tão pujante, nossa população tão insignificante, que não têm importância os alertas que começam a surgir, pedindo limitações às fábricas, pois suas chaminés podem lançar venenos causadores de doenças ou de destruição ambiental. Sendo assim, foram implantadas no Brasil verdadeiras sucatas internacionais, cujo funcionamento não seria permitido nos países de origem, e ainda sem pagar impostos.

Todos os dias os diretores de jornais recebiam bilhetinhos, provenientes da censura federal, de teores abomináveis, tais como: *"Está proibida a publicação do Decreto de Dom Pedro I, abolindo a censura no Brasil"*. O presidente-ditador Garrastazu Médici, alcunhado *"o mentiroso"* por ter tido o desplante de afirmar que no Brasil não existia a tortura, um dia teve um ataque grave de qualquer coisa até então desconhecida e disse uma verdade: *"A economia vai bem, quem vai mal é o povo"*. As prisões continuavam cheias, os caminhos do exílio eram sempre mais freqüentemente trilhados, a cultura nacional espezinhada. Era este o quadro no alvorecer do fatídico ano de 1973.

Alceste havia recebido alguns telefonemas de Ricardo, desde que ele chegara ao Chile. Em janeiro, conseguiu deslocar-se para Santiago levando os dois filhos para encontrá-lo, pois não o viam há três anos e meio. Eram acompanhados por Carlos Zara, que pôde permanecer poucos dias, pois tinha seu trabalho na televisão. Combinaram que ficariam hospedados num determinado hotel, e ele em algum momento passaria por lá. Mesmo num país democrático, como era o Chile naquele momento, era necessário cuidar ao máximo da segurança. Mônica, sua filha então com onze anos de idade, numa manhã saiu de seu quarto e foi correr pelo hall do hotel, mas voltou rapidamente, pálida e agitada, falando baixinho: *"Tem um homem ali na frente que eu acho que é o papai"*.

A família ficou quase um mês com Ricardo que se concentrou em tentar explicar aos filhos ainda muito jovens, o que se passava no mundo e no Chile. Levou-os a conhecer Viña del Mar e Valparaiso, cidades banhadas pelo oceano Pacífico, onde tendo sorte, pode-se observar os enormes e simpáticos leões marinhos. Para as crianças foi uma festa. Alceste estranhava a vida extremamente parca do seu marido e o fato de ele não possuir um emprego. Vinha a dúvida de que estivesse preparando uma outra "loucura" e planejasse voltar ao Brasil. Pensou residir em Santiago, para ver se o segurava e programou esta ação para o segundo semestre de 1973. A mulher e os filhos, felizes, voltaram a São Paulo dizendo *"tchau pai, nos veremos logo, logo"*. Ricardo ficou imóvel e pensativo.

Uma das acusações que a ALN oficial lançou contra a Tendência Leninista era de que representava apenas exilados sem ter contatos no interior do Brasil. Havia alguma verdade nisso, e o trabalho mais difícil consistia justamente em levar para dentro do país o debate político-ideológico e ao mesmo tempo construir um mínimo de estrutura organizada com segurança. Procurar os companheiros das organizações "militaristas" era praticamente buscar a morte. Foi realizado um cuidadoso levantamento em vários setores que podiam ser sensíveis e nos quais existisse uma certa margem de segurança. Tratava-se de militantes do PCB que haviam aderido à linha do Comitê Estadual de São Paulo nos anos 1966/67 e que depois ficaram marginalizados, não concordando com os rumos impostos por Marighella, alguns deles quadros proletários. Eram indicações fornecidas por Rolando Fratti, que por ter sido líder operário em Santos e dirigente do Comitê Estadual podia abrir uma porta de diálogo. Desgarrados do PCdoB, que haviam perdido o contato com o seu partido e eram antigos amigos de Amaro e Zarattini. Muito mais jovem, Cândido Hilário que mais tarde ficaria conhecido entre os metalúrgicos de São Paulo como

"Bigode", conhecia pequenos grupos de resistência em fábricas de Osasco e do ABC. Além disso, continuava a existir o Partido Comunista Revolucionário (PCR), com o qual a TL queria manter relações.

Nas últimas semanas de 1971, Dario Canale, sendo pouco conhecido pelo aparato repressivo, entrou clandestinamente no Brasil e fez um longo périplo de encontros. O ambiente era dominado pelo medo e desconfiança, mas Dario achou alguma disponibilidade para aparelhos e finanças e até mesmo interesse nas posições da TL.

A direção do PCR foi muito receptiva e enviou ao Chile todas as suas publicações, documentos e folhetos para que a TL pudesse avaliar a evolução de suas posições e os trabalhos realizados.

Os canais entre os dois grupos permaneceram abertos, porém distâncias, clandestinidade, debilidade orgânica e um radicalismo ideológico, que levava a discutir cada palavra contida nos documentos, tinham dificultado uma efetiva ação comum. O dirigente do PCR, Emmanuel Bezerra dos Santos, chegou até Buenos Aires em julho de 1973, para encontrar Dario visando concretizar a aliança ainda em formação. Provavelmente ao PCR interessava poder contar com uma "janela" no exterior e algumas ligações no Sudeste do país, apesar da estrutura ainda débil da TL. Ocorreu, no entanto, mais um desastre. Bezerra dos Santos caiu preso junto a Manoel Lisboa Moura, dia 16 de agosto em Recife. Torturados pela equipe do delegado Luiz Miranda por dias, foram entregues depois ao Doi/Codi de São Paulo, ao assassino-mor Sérgio Paranhos Fleury. A polícia paulista anunciou que Bezerra e Manoel morreram em tiroteio em 4 de setembro, porém as fotos de seus corpos realizadas no Instituto Médico Legal e recuperadas por entidades de direitos humanos revelam horríveis marcas de tortura. Enterrados como indigentes, os restos mortais de ambos foram identificados quase vinte anos mais tarde. Hoje repousam no Nordeste, nas cidades que os viram nascer, com o respeito e amor da população pela qual entregaram, sem vacilar, as suas jovens vidas.

Dario Canale e Cândido Hilário voltaram mais uma vez ao Brasil e conseguiram criar, com muito risco, uma rede de apoio. Freqüentes viagens ao exterior feitas por familiares dos exilados, jornalistas, intelectuais, funcionários internacionais ajudavam o pessoal da TL e de outras organizações a se manterem informados sobre o clima interno, e vez ou outra destas conversas surgiam possibilidades de poder contar com "aparelhos" no interior. Existia ainda uma outra vertente formada por estrangeiros que iam viver no Brasil, os quais, sendo de esquerda nos seus países de origem, estavam dispostos a colaborar com a resistência clandestina.

Na sua frenética atividade a TL lançou, em maio de 1973, um outro documento: *"As bases para a reunificação dos marxistas-leninistas brasileiros"* (documento nº 4 em anexo). Há dois aspectos nesse documento que merecem ser realçados. Analisando a luta interna que se desenvolveu no PCB depois do golpe, a TL considerou errada a saída das correntes de esquerda, insistindo que deveriam ter continuado sua batalha mesmo ainda que se perdesse o VI Congresso que se realizou em 1967. Isso representou uma crítica principalmente às posições de Carlos Marighella que precipitara as cisões. O documento apresentou ainda uma análise das organizações de esquerda clandestinas existentes naquele momento, traçando pela primeira vez um quadro completo das mesmas.

Na campanha externa contra a ditadura, a TL resolveu lançar todas as suas forças para a realização de um tribunal internacional contra os crimes do fascismo brasileiro.

O britânico Bertrand Russell foi uma das mais marcantes personalidades européias do século XX. Filósofo, matemá-

177

tico, escritor, militante pacifista, prêmio Nobel de literatura em 1950, bateu-se com todas as energias que possuía contra a intervenção dos Estados Unidos no Vietnã. Existe uma fotografia magnífica, em que ele com quase 100 anos (nasceu em 1872, morreu em 1970) é carregado delicadamente por policiais ingleses, pois se metera diante dos carros, paralisando o tráfego no centro de Londres para protestar contra a guerra na Indochina. Criou no ano de 1966 um tribunal internacional, que depois levou o seu nome, para julgar os crimes dos estadunidenses na guerra do Vietnã. Foram realizadas duas sessões: maio de 1967 na capital da Suécia, Estocolmo, e meses depois, em novembro, na cidade de Copenhague, na Dinamarca. O sucesso foi imenso e a condenação moral pesou duramente contra a administração dos Estados Unidos e ajudou a criar um movimento de peso internacional contra a guerra que muito influenciou a população estadunidense.

No final de 1971, o senador italiano Lélio Basso, que fora o vice-presidente do Tribunal Bertrand Russell (TBR), passou pelo Chile para conhecer melhor a experiência de governo de Salvador Allende. Foi procurado por um grupo de exilados brasileiros, entre os quais estava Hebert de Sousa, o Betinho, que lhe pediram para ativar uma nova sessão do tribunal, daquela vez para julgar os crimes da ditadura brasileira. Basso ficou impressionado e decidiu mover-se, embora não fosse fácil, pois os problemas do mundo eram tantos e as personalidades com quem conversava se interrogavam: *por que o Brasil?* Ele tentou dar uma resposta a esta pergunta numa carta que escreveu ao Centro de Azione e Documentazione della América Latina (CADAL) de Milão em 30 de janeiro de 1972 e da qual seguem algumas linhas:

> *"O Brasil representa o último modelo estraté- gico do imperialismo norte-americano para constituir bases operativas nos setores mais importantes do mundo; depois do fracasso da agressão armada no*

Vietnã e o êxito do golpe de estado dos coronéis na Grécia... Mas, o ponto que me parece decisivo é que o domínio do imperialismo e o terrorismo militar-policial no Brasil não terminam nesse país, mas tendem a se tornar um centro irradiador para toda a América Latina: tanto o golpe de estado na Bolívia, como a infiltração na polícia uruguaia são dois exemplos que poderiam espraiar à Argentina, ao Peru, ao Chile, etc. Nesse sentido é um modelo que o imperialismo tenderia a reproduzir também em outras partes. A ditadura brasileira não representa apenas a escravidão para o seu povo e uma ameaça para toda a América Latina, mas um perigo que paira sobre todos os povos nos quais a influência norte-americana pretende se ampliar.

Não é, portanto, somente em nome da solidariedade, mas em nome da defesa da liberdade de todos os povos, também o nosso, que eu os convido a prosseguir a vossa atividade e a mobilizar ao máximo todas as energias disponíveis".

Organizar o tribunal significava muito trabalho, desde recolher provas, denúncias e testemunhas, encontrar financiamentos, convencer personalidades e ganhar apoios políticos. A situação do exílio com infinitas discussões, contrastes e escassez de recursos dificultava a mobilização. Pesavam também o sectarismo e a falta de clareza.

Desses fatos advém a importância de a TL ter se preocupado em centralizar seus esforços sobre este evento, também porque um seu militante, Flávio Camargo Médici, realizara um ótimo trabalho junto com o professor Ettore Biocca da Universidade de Roma, recolhendo dados sobre a repressão no Brasil e que constituiu a base para o relatório que a Anistia Internacional publicou em 1973. Biocca, era médico e antropólogo; explorador dos rios amazônicos, conhecedor profundo das culturas indígenas. Continuou com muita dedicação a sua tarefa e conseguiu relatar 504 casos de tortura no Brasil.

Zarattini tinha a idéia de participar na sessão do Tribunal que abriria suas portas no final de março de 1974, mas até lá muita coisa aconteceria. A agressividade dos Estados Unidos e de seu sócio menor, a ditadura brasileira, deu seus frutos quando no Uruguai, Juan Maria Bordaberry realizou o golpe de estado em 27 de junho de 1973. A intervenção do governo de Garrastazu Médici foi cínica e também o pequeno país vizinho teve que percorrer o caminho do sofrimento, com suas cadeias lotadas de prisioneiros torturados, principalmente no cárcere chamado, que ironia, *"La Liberdad"*, além de que, um fato inédito, 10% da população, ou seja 300.000 uruguaios, abandonaram o país.

Em Santiago discutiam-se as informações tristes e preocupantes que chegavam de Montevidéu. O sol ainda não tinha superado as altas montanhas que circundam ao longe a capital chilena, na madrugada de 29 de junho, quando os habitantes do centro foram despertados com o ronco soturno dos motores e o patinar das correntes dentadas de tanques de guerra que rumavam até o palácio presidencial *"La Moneda"*. Pouco depois, o ar foi rasgado por raios e dispersão do cheiro de pólvora: os blindados dos golpistas do 2° regimento disparava sobre os poucos populares que tentavam se opor.

Os brasileiros se mobilizaram e conforme o previsto rumaram para as sedes dos partidos com os quais tinham relações ou afinidades. Os membros da TL buscaram chegar ao Partido Comunista Chileno, mas não conseguiram, encontrando as ruas bloqueadas por soldados armados. Finalmente contataram com os socialistas, sem saber que os aguardava uma surpresa: o tão decantado esquema de resistência civil não existia. Se as forças armadas chegassem a encontrar uma unidade nas posições de extrema direita, o golpe seria inevitável e não haveria resistência possível, pelo menos num primeiro momento.

Muitas crianças brasileiras viviam em Santiago, e Zarattini se preocupou em encontrar um lugar seguro para elas. Talvez não tenha feito a melhor escolha, mas foi a plausível naquele momento e deslocou-se para a embaixada cubana para conversar sobre a possibilidade de asilo para os menores de idade. Outra surpresa, pois encontrou na embaixada, com todos os funcionários armados, preparados para o pior. Entre eles estava Daniel Herrera, "Olaf", um dos responsáveis pelos brasileiros em Cuba e com o qual havia brigado freqüentemente. O encontro foi surpreendentemente amigável. Herrera informou que a embaixada estava à disposição, mas era quase certo que seria invadida se o pronunciamento militar tivesse sucesso. Logo, era melhor pensar em outra solução. Entrementes, a resistência da guarda presidencial e a chegada das tropas legalistas liquidou a tentativa de golpe, ao menos naquele momento.

Como as outras organizações, também a TL reuniu seus militantes e amigos para analisar a situação. Depois de muitas discussões, como sempre acontecia, a posição da maioria pendeu para a possibilidade real de um golpe iminente. Sendo assim, restavam dois caminhos: permanecer no Chile e ajudar a resistência local ou deslocar-se para outras regiões. Competia aos partidos e movimentos sociais chilenos a tarefa de combater eventual golpe militar, e a ajuda de poucos brasileiros nada influenciaria no choque, enquanto que poderiam ser mais úteis na continuação da prolongada luta contra a ditadura brasileira. Esta acabou sendo a decisão final, ficando decidida a retirada paulatina do Chile, porém os que continuassem ali, caso houvesse combates, deveriam ligar-se aos partidos chilenos, com preferência ao Partido Comunista Chileno.

Concretizar essa resolução era difícil. Vários militantes e amigos estavam empregados, outros estudavam, tinham filhos e tantas outras responsabilidades. Havia ainda a labuta do dia-a-dia, as horas perdidas nas filas para comprar mantimentos, o envolvimento objetivo com as manifestações quase diárias de apoio ao governo Allende, as tarefas inerentes à colônia brasileira. No fundo, perdurava uma esperança, que se chocava com a realidade, de que tudo correria bem, que os golpistas seriam derrotados e a democracia venceria. Ou na pior das hipóteses, viria uma "via chilena ao fascismo", de forma gradual o que daria tempo para uma retirada organizada.

Algumas coisas foram feitas, o onipresente Dario Canale foi à Argentina preparar estruturas de apoio, mobilizaram-se os companheiros do Peru, parte do arquivo foi retirado, os militantes que estavam na Europa foram alertados para conseguirem ajuda financeira, mas ainda era pouco.

Abelardo Blanco (Maurício) saiu do Chile a poucas horas antes do golpe. Seu destino era Bruxelas, passando por Lima, porém todo o Chile já estava paralisado pela direita e não havia mais jeito de passar as fronteiras. Por sorte encontrou um companheiro que lhe deu uma indicação preciosa. Devia ir até uma determinada agência de viagem, que estava fechada, bater na porta e fornecer uma certa senha. Assim fez, e um personagem, depois de interrogá-lo, disse-lhe para tomar imediatamente um avião, com as seguintes instruções: às 22 horas o aeroporto fecha, apagam-se todas as luzes, então permaneça dentro, escondido agachado atrás de algum móvel. Depois de algum tempo, você verá uma pequena luminosidade. Dirija-se até ela e receberá instruções.

Muito perplexo, seguiu rigorosamente as indicações e quando na escuridão que envolvia o grande complexo, debilmente se acendeu uma minúscula luz, surgiram pessoas que estavam escondidas em todos os cantos do aeroporto e uma vez reunidas foram encaminhadas até um avião cubano que rapidamente conquistou os ares levando-as para Lima. Dali continuou viagem imediatamente à Europa. Abelardo voltou a Paris, como responsável pela TL. Outra militante, Maria Lúcia Alves Ferreira (Malu - Sandra), pelo contrário, não teve a mesma sorte, pois devia partir em 12 de setembro para Lima, mas acabou chegando ao Panamá, depois de muitas semanas.

Neste clima, a TL fez uma reunião de balanço dos seus dois anos de vida. A seguir alguns trechos do documento resultado deste encontro:

"Em agosto do corrente ano, reuniram-se representantes da Direção da TL no exterior e no interior do país, para uma série de discussões tendo como ordem do dia:

I) balanço do trabalho realizado no exterior e no interior do país;

II) princípios e normas que devem orientar os dois setores do nosso trabalho;

III) perspectivas políticas depois de dois anos do ACN;

IV) resoluções imediatas.

Balanço

De agosto de 1971 até agosto de 1973, a TL passou da condição de fração da ALN para o "status" de organização. Foi objetivamente superada a fase de luta interna da ALN, cujo saldo positivo já foi avaliado em balanço realizado ao vencer o primeiro ano de atividades.

NO EXTERIOR DO PAÍS.

– criamos na América Latina e na Europa uma estrutura organizativa dotada de elevado espírito de partido, de crescente capacitação política e de uma infra-estrutura mínima completa;

– promovemos a luta ideológica entre todos os setores da emigração política brasileira, com resultados apreciáveis inclusive do ponto de vista do objetivo da reunificação dos marxistas-leninistas brasileiros;

– editamos o nosso órgão político "Unidade e Luta", o qual desempenha um papel de importância fundamental em todo o nosso trabalho político;

– estabelecemos um relacionamento exterior em conformidade com o V ponto do documento "Autocrítica Necessária";

– estivemos em primeira linha, ao impulsionar a denúncia da ditadura militar fascista, com uma prática unitária cujos resultados inclusive comprovam a justeza da nossa análise do inimigo;

– promovemos a transferência de quadros do exterior para o interior.

NO INTERIOR DO PAÍS

– criamos há mais de um ano um embrião de organização na terra;

– realizamos um certo número de contatos com os setores revolucionários, oposicionistas e de massas, recolhendo informações e acumulando condições para desempenharmos futuramente todas as tare-

fas a que nos propusemos na Autocrítica Necessária e na Unidade e Luta;

— começamos um trabalho de construção "partidária" em todas as direções (propaganda, recrutamento, infra-estrutura) que – uma vez alcançado um certo nível – nos permitirá tomar iniciativas políticas externas".

O documento continuava convocando uma conferência geral de todos os militantes para discutir os próximos passos e o futuro nome da organização. Para realizar as ambiciosas tarefas a que se propunha, muito superior às suas forças, a TL/ALN necessitava de tempo. O tempo, porém, já se havia esgotado.

O golpe chegou com uma violência inaudita, perfeito, preciso, no dia 11 de setembro. A traição dominava todos os vértices das forças armadas, a começar do comandante do exército, Augusto Pinochet, que poucas semanas antes havia jurado fidelidade à constituição e ao presidente legitimamente eleito. As listas com os nomes de quem devia ser fuzilado ou preso já estavam impressas dias antes, e as esquadras fascistas mobilizadas para destruírem sedes de partidos, sindicatos, jornais e associações. O companheiro-presidente Salvador Allende caiu de armas em punho, junto com seus colaboradores, no palácio presidencial, defendendo a honra da nação.

O quadro se apresentava dantesco: o silêncio do cobre-fogo noturno era freqüentemente interrompido pelas descargas de metralhadoras que representavam fuzilamentos, grupos selvagens de militares arrombavam as portas e depredavam as casas dos militantes da "Unidad Popular"; nas cadeias não havia mais espaço e milhares de presos eram levados para o Estádio Nacional, onde em intervalos constantes faziam a chamada dos infortunados que seriam torturados ou executados.

Os exilados brasileiros estavam vivendo o segundo golpe de estado em suas vidas. Muitos tentaram a resistência, entretanto esta se demonstrou impossível, e não restava outro caminho a não ser refugiarem-se em embaixadas, as quais, porém, já estavam repletas com refugiados que dormiam pelos jardins. Os países mais procurados e solidários foram a Argentina, o Panamá e os do norte europeu. Zarattini passou dias ajudando a encontrar refúgio para os brasileiros em geral e especificamente para os da TL. Somente depois disso entrou na embaixada da Argentina.

Contou com a colaboração inestimável de Francisco Whitaker, também ele perseguido político no Brasil, que estava no Chile como funcionário internacional de uma agência da ONU. Francisco havia já demonstrado várias vezes sua solidariedade para com os militantes da TL em dificuldades. Zarattini deixou com ele um pacote de passaportes, linfa fundamental para uma organização clandestina. Semanas mais tarde, os depositaria em mãos seguras na Argentina. "Chico" Whitaker muitos anos depois seria um dos idealizadores e animadores do grande movimento Fórum Social Mundial, que se disseminou por todo o planeta.

Nas semanas seguintes ao golpe, partiram os exilados brasileiros, espalhando-se pelos quatro cantos do mundo, mas alguns ficaram para sempre, assassinados pelo fascismo chileno depois de terem conseguido escapar da morte na terra natal. Foram eles: Jane Vanini, da ALN/Molipo; Luis Carlos Almeida e Nelson de Sousa Khol, membros do Partido Operário Comunista. Todos os três haviam sido estudantes da Universidade de São Paulo, onde começaram suas vidas políticas. E ainda o engenheiro carioca do PCBR, Túlio Roberto Cardoso Quintiliano e o ex-capitão da polícia militar de São Paulo, Vânio José Matos, militante da VPR.

Os problemas criados para os brasileiros revolucionários no exterior foram muitos; restringiram-se, de forma grave, as possibilidades de atuação na América Latina, pois parecia que nada poderia deter a marcha do fascismo; diluíra-se a solidariedade, que agora era concentrada sobre o Chile e parcialmente sobre o Uruguai; chegava ao fim a luta dos grupos armados e a ditadura ainda parecia muito sólida. À falta de perspectivas imediatas, acrescentavam-se os problemas materiais, necessidades de recursos financeiros, moradia e documentos, que pesavam sobre um número não indiferente de famílias. Entre os que se encontravam em sérias dificuldades estava Ricardo, que finalmente conseguira chegar a Buenos Aires, depois de dois meses na embaixada Argentina. Ali encontrou Dario a esperá-lo. A situação não era estável, governava Juan Domingos Perón, já idoso e muito doente. Sabia-se que com a sua morte iminente iria desencadear-se a truculência de grupos de extrema-direita como a tríplice A (Aliança Anticomunista Argentina). Os fatos se sucederam desta forma até desembocar no pior de todos os golpes militares latino-americanos, em março de 1976.

Provavelmente não haveria como a TL escapar da crise que envolvia o exílio mais politizado e as organizações clandestinas em geral. De fato não escapou. Assim que se estabeleceram em Buenos Aires, Zarattini e Dario escreveram uma série de documentos. No intitulado *Um balanço sintético sobre a conjuntura internacional e nacional atual*" faziam uma análise positiva do quadro mundial para o avanço das lutas proletárias e de libertação nacional. Também para o interior do Brasil, previam uma mudança do clima com o início da ascensão das lutas de massas.

O núcleo de suas idéias estava nos seguintes parágrafos:

"...Tudo isso sem levar em conta outras repercussões não menos graves, que a mencionada nova etapa da crise capitalista provoca num país dependente como o nosso, cuja estrutura se caracteriza por um débil mercado interno (devido ao baixo poder aquisitivo das massas populares) e pelo alto custo das inversões imperialistas (o motivo da excessiva remessa de lucros).

Em especial, citamos: fuga de matérias-primas, com o prejuízo para a indústria de transformação nacional; desenvolvimento abnorme (a base de considerações de breve prazo, sem regras) de certos setores de exportação; incentivos às monoculturas e à reforma agrária tipo prussiana, com subtração de terras e de capitais aos cultivos de alimentícios para o consumo interno; a crise dos transportes; movimentos especulativos de todo o tipo; agravamento dos desequilíbrios sociais, regionais, ecológicos. (Esta afirmação era extremamente avançada para a época, quando poucos se preocupavam com a Natureza - nota do autor).

Pela primeira vez, a ditadura não pode evitar de reconhecer oficialmente a superação da taxa inflacionária preestabelecida (12%); pela primeira vez registra-se um massivo e crescente desrespeito dos índices salariais máximos impostos pela ditadura. As lutas pelos salários e por outras reivindicações trabalhistas se tornam mais numerosas e diferenciadas, incluindo pequenas greves e investindo de diferentes formas as estruturas sindicais.

> *Assim sendo, do ponto de vista da revolução mundial e particularmente do processo revolucionário brasileiro, se abrem amplas perspectivas de atuação dentro do nosso país, em vista de um novo afluxo no movimento de massas (que já existe nas camadas médias).*
>
> *Por isso, dessa análise decorre a <u>necessidade de que tenhamos dentro do país o maior número possível de companheiros, os quais possam pelo menos viver a nova situação política que se aproxima.</u>* (Sublinhado no original.)

Uma maioria de militantes da TL no exterior não tinha a mesma visão. Acreditavam que era um período de recuo, no qual era necessário reorganizar as forças, fazer um balanço coletivo dos acontecimentos e continuar a batalha ideológica, pois achavam que poderiam ganhar inúmeros exilados para as suas posições. Concordavam que o milagre econômico havia terminado, mas que a ditadura ainda contava com muita força e seu aparato repressivo estava intacto, por isso viam nas posições de Zarattini e Dario uma forte dose de voluntarismo. Obviamente havia também o mais que compreensível problema do medo de retornar à pátria e ser trucidado nas câmaras de tortura.

Iniciou-se assim um período de alguns meses extremamente desgastante de troca de correspondência entre os militantes espalhados por diversos países. Bastante ardida, ao som de citações de clássicos do marxismo, e com flechadas penetrantes as missivas de Zarattini e Dario, de um lado, respondidas por aqueles que eles chamavam dos três F: Finelli (Rolando Fratti), Fernando (Flávio Camargo de Médici) e Francisco (José Luiz Del Roio).

Magoado, em uma de suas últimas missivas, daquela fase, Zarattini revelou sua decisão: "*... Se não for possível,* (prosseguir a colaboração com vocês) *continuarei o minúsculo* *trabalho operário recém-iniciado na terra, buscando condições, o mais breve possível, para ir pessoalmente dirigi-lo".*

Numa época em que ainda não existia o correio eletrônico, as cartas passavam muitos dias em viagem e nem sempre chegavam. Com tanta teoria marxista que devia ser incluída, tornavam-se longas e necessitavam de horas para serem escritas. A segurança era importante e na medida do possível coisas, lugares e nomes deviam ser codificados. Eis exemplos de alguns códigos usados pela TL:

> França = Bari
> Roma = Lentini
> Brasil = Club libertas
> Argentina = Terra do teatrólogo
> Passaporte = Terno
> Carimbo = Pente
> Carteira de identidade = Caneta
> Título de eleitor = Gumex
> Tribunal Russel = Festival da Canção
> Viajar = Tomar cerveja
> Viagem = Aniversário

Naturalmente, havia também a questão dos nomes, pois a verdadeira identidade de cada um dos militantes era protegida por diversas alcunhas e codinomes. Com tantas normas, a escritura de uma simples carta se tornava um trabalho exaustivo.

Nesse ínterim, o Tribunal Bertrand Russel II realizou suas sessões, de 30 de março a 6 de abril de 1974, numa Roma esplêndida de início de primavera. Não foi dedicado apenas ao Brasil, como se havia pensado originalmente, pois os acontecimentos na América Latina obrigaram a tratar também dos casos da Bolívia,

Uruguai e Chile. Infelizmente, não estava presente Zarattini, que tivera a intuição da importância daquele evento e que tanto lutou pela sua realização. O presidente foi o senador Lélio Basso e os vice-presidentes: Wladimir Dedijer, historiador iugoslavo; Gabriel Garcia Marques, escritor colombiano; François Rigaux, professor de direito internacional na Universidade Católica de Louvain; Albert Soboul, francês, professor na Universidade de Sorbone. O júri era composto por umas trinta personalidades vindas de quatro continentes.

O governo brasileiro foi convidado a mandar seus representantes para sua defesa, mas evidentemente nem respondeu ao convite. O ato de acusação realizado pelos brasileiros opositores da ditadura foi exposto por Miguel Arraes. A parte mais dramática foi o relatório do professor Ettore Biocca sobre os mecanismos da repressão no Brasil. Nunca se fizera algo tão completo e científico sobre a perversidade da ditadura. Ali se demonstrou, de forma inequívoca, que as truculências e os assassinatos haviam se transformado em uma política de estado e não era o resultado de alguns exageros ocasionais.

Na continuação, apresentaram-se as testemunhas, vítimas de sevícias, pela ordem: Dulce Maia, Fernando Gabeira, Wellington Diniz, Carmella Pezzuti, Rolando Fratti, Nancy Unger, Tullio Vigevani, Maria Socorro Vigevani, Rene de Carvalho e Marco Antônio Moro. As palavras de cada um deles, repletas de dor, marcaram profundamente as centenas de pessoas que lotavam a aula e foram ampliadas pela imprensa internacional que estava presente em grande número. No Brasil, os bilhetinhos quase histéricos da censura lembravam aos meios de comunicação que era expressamente proibido qualquer referência ao Tribunal.

No apelo que condenava as ditaduras dos quatros países, estava escrito:

"O nosso Tribunal recebeu uma lição inesquecível – o homem não pode ser vencido pela exploração, sadismo e terror. Os crimes de hoje anunciam a derrota dos torturadores e a vitória das vítimas; tudo ainda é possível, tudo deverá ser recomeçado. O futuro pertence àqueles que recusam a resignação".

O discurso final foi feito pelo presidente Lélio Basso que, emocionado, terminou com estas palavras:

"... os homens e mulheres que hoje, na maior parte da América Latina, sofrem nos segredos das celas, na escuridão do capuz, no isolamento forçado ou aqueles que conduzem uma vida precária e dramática na clandestinidade, ameaçada a cada momento, são a demonstração real que nos recorda não ser preciso esperar que o sol surja para acreditar na luz.

Esta luz que hoje brilha nos seus corações indomáveis iluminará os novos caminhos da humanidade".

O exílio brasileiro ficou feliz com o acontecimento. A Tendência Leninista na Europa reuniu-se e fez um balanço do acontecimento:

"A realização e a extraordinária repercussão da primeira sessão do TBR II foi sem dúvida alguma o mais rude golpe sofrido pela ditadura nos últimos tempos, no exterior.

Durante semanas a ditadura militar fascista brasileira foi acusada de sistemática violação dos Direitos do Homem. Baseado no alto nível científico e político das várias relações apresentadas, o júri pôde estabelecer que a tortura e a violência foram erigidas em sistema, tendo assumido um caráter de repressão de massa. O TBR II pôde também constatar a destruição do Estado de Direito no Brasil, bem como os interesses mesquinhos das chamadas multinacionais e de seu pólo hegemônico – imperialismo americano – que sustentam e acobertam a ditadura aberta e terrorista que oprime o nosso povo.

Estiveram presentes durante as sessões 12 canais de televisões européias, 180 jornalistas internacionais e – segundo especialistas em comunicações – somente na Itália calcula-se que as denúncias do TBR tenham atingido vinte milhões de pessoas.

Já que o TBR II contou com o apoio do mais amplo arco democrático – dos liberais norte-americanos e setores cristãos (católicos e protestantes) até a presença no júri de um representante do PCF e de movimentos de libertação nacional – podemos afirmar que nunca a ditadura foi tão isolada no exterior.

Um outro aspecto importante a ressaltar foi o grau de unidade e maturidade demonstrados pelos testemunhos brasileiros ao denunciarem a ditadura, de acordo com os objetivos do TBR".

Realizaram-se ainda mais duas sessões do TBR II: uma em Bruxelas, em janeiro de 1975, na qual a discussão se concentrou sobre os mecanismos da dominação das multinacionais, e outra em Roma, exatamente um ano depois, sobre os sistemas do controle social vigente nas ditaduras militares.

Longe, milhares de quilômetros de distância, na Argentina, Zarattini preparava sua volta ao Brasil, quando recebeu a visita de Alceste, mais uma vez com Carlos Alberto e Mônica. Conhecendo bem seu marido, logo percebeu que ele estava pronto para outra ação perigosa e pensou que daquela vez ela não resistiria. Há anos vivia um estado de angústia e depressão e decidiu acabar com aquela relação, pois devia ainda dedicar atenção aos filhos. Disse-lhe então: *"Cado, eu o admiro muito como pessoa, como revolucionário, mas não tenho condições de continuar suportando tantas tensões de uma luta pela qual não optei"*. Foi um momento bastante desagradável para Ricardo. Juntamente com o Dario, marcou a data de retorno para 5 de maio de 1974, dia do 156° aniversário de nascimento de Karl Marx. Antes de seguir os passos da dupla, vamos ver como foi o desfecho da TL.

Uma boa parte da organização encontrava-se espalhada pela Europa, com ligações mínimas com o movimento de oposição clandestina no Brasil. Discutia-se como manter uma postura política ativa de combate à ditadura. A ALN estava estraçalhada no interior e seus membros buscavam o diálogo entre si, independentemente das divisões do passado e inclusive chegavam a conclusões semelhantes.

Cada vez mais se via o PCB como uma alternativa possível. Existia, porém, a crítica ao seu "pacifismo" e à política de alianças que colocava o "proletariado a reboque da burguesia". No seu documento de novembro de 1973, *"Por uma Frente patriótica contra o fascismo"*, o comitê central do PCB partia da afirmação de que *"...o regime evoluiu de uma ditadura militar reacionária para uma ditadura militar caracteristicamente fascista"*. Continuava o documento com a proposta de uma frente baseada nas liberdades democráticas, caracterizadas por:

> *– conquista das liberdades públicas, dos direitos e garantias individuais de associação, do habeas-*

*corpus, das liberdades sindicais, da realização de
eleições diretas para todos os cargos eletivos;*

– *revogação do AI-5 e do Decreto-lei 477; garantia
das prerrogativas e da autonomia dos poderes judi-
ciário e legislativo;*

– *anistia para os condenados e perseguidos políticos.*

Eram posições já expressas anteriormente pela TL e era
evidente que aproximava seus militantes ao PCB. Finalmente,
mais dois fatores tiveram sua importância, a forte repressão que
começou em março de 1974 contra aquele partido, despertando
naturalmente a solidariedade para com ele; e a vitória eleitoral do
Movimento Democrático Brasileiro em novembro, que indicava
pelo menos uma parcial justeza na conduta dos seguidores de Luiz
Carlos Prestes. A partir de então, um substancioso grupo de
sobreviventes da ALN, inclusive dos que se encontravam em Cuba,
confluíram no PCB determinando o fim, mesmo que não oficial,
da organização e todas as suas tendências. Houve críticas
contundentes oriundas de várias vertentes que os acusavam de
"oportunismo" e "capitulacionismo". O que restava do PCBR,
através do Bruno Maranhão, lançou um apelo para que os companheiros da ALN continuassem no "caminho revolucionário".

Para muitos, entrar nas fileiras do PCB significava a
"volta a casa" e a retomada em novas condições da luta interna interrompida em 1967. Todos estavam mais velhos e
profundamente marcados no corpo e no espírito e, sobretudo,
faltavam aqueles que haviam caído na luta.

Fac-símile dos passaportes falsos com que Dario e Zarattini entraram clandestinamente no Brasil em 5 de maio de 1974.

Capítulo XII

Retorno ao país na clandestinidade

Eufóricos e assustados, Zarattini e Dario no dia do aniversário de Karl Marx tomaram o ônibus em Buenos Aires com destino a Encarnación, no Paraguai. Eram dois elegantes senhores, empresários, com passaportes falsos de nacionalidade italiana. Depois foram até a capital Assunción e finalmente rumaram para Foz de Iguaçu. Quando chegaram lá, desceram ainda no lado paraguaio e entraram no Brasil a pé, por volta das 18 horas porque, nos cálculos "científicos" que haviam realizado, era o momento em que o crepúsculo dificultava o reconhecimento das faces. O problema maior era para Ricardo estirar ao máximo a perna, para que não se notasse o defeito.

Tudo como previsto. Tomaram o primeiro transporte que encontraram e acabaram na cidade de Cascavel, no Paraná. Finalmente, foram até um boteco beber uma cerveja para brindar o almejado retorno, com um longo respiro de alívio. Chegara a hora de planificar a nova fase. Em São Paulo, foram novamente os irmãos Ronaldo e Luiz Carlos Roque

que deram a primeira guarida a Zarattini e Dario. Ficaram alojados no estúdio fotográfico de Ronaldo. Na cidade também possuíam alguns contatos com os metalúrgicos e gráficos, porém Zarattini tinha receio de ser visto por alguém que o reconhecesse, justamente na fase de recém-chegado ao Brasil e com uma estrutura de apoio débil. Por isso resolveram deslocar-se para Niterói, onde Zarattini sabia que os velhos companheiros do "Partidão", Ivete e Prudente, não lhes faltaria. Acabaram indo morar numa casa de praia ainda em construção. Era um bom aparelho, e ali ficaram vivendo por alguns meses, indo e vindo a São Paulo para orientar e ampliar o "humilde trabalho entre os operários" que Bigode e outros companheiros haviam iniciado.

Qual era o Brasil político que encontraram? A ditadura tinha um novo chefe, o general Geisel, que no dia 15 de março foi empossado ditador-presidente ao lado de seus amigos, entre eles, Pinochet, Banzer e Bordaberry. Coisa de dar pesadelo até em jacaré. A sua função principal era institucionalizar o regime, criando uma "democracia autoritária", incorporando os decretos opressivos na constituição, amenizando a censura, diminuindo os excessos da repressão e consentindo alguma margem de manobra à oposição legal. Havia necessidade destas "mudanças", porque setores de classes dominantes mais esclarecidos sentiam-se incomodados com as bestialidades ditatoriais que causavam uma péssima imagem no exterior e dificultavam a saída da crise econômica, cuja chegada já se avistava. Olhos bem atentos percebiam também que o movimento de protesto recomeçava a tomar fôlego, inclusive entre a classe operária oprimida pelo arrocho salarial.

Para realizar seu projeto, o núcleo do poder acreditava ser indispensável a liquidação da oposição clandestina e, com as organizações armadas totalmente destroçadas, voltaram os seus olhares para o PCB. Este partido mantinha uma estrutura pequena, mas atuante em boa parte do território nacional e influía na oposição legal, trabalhando junto com o MDB e a Igreja Católica. Em dois anos, a partir de março de 1974, foram assassinados e tiveram seus corpos "desaparecidos" os dirigentes do comitê central: David Capistrano da Costa, Luís Ignácio Maranhão Filho, João Massena de Melo, Walter Ribeiro, Élson Costa, Hiram de Lima Pereira, Jaime Amorim Miranda, Orlando Bonfim Junior, Nestor Veras e Itair José Veloso. O mesmo destino coube a José Roman e Célio Augusto Guedes pertencentes às estruturas de apoio da direção e José Montenegro de Lima, líder da juventude comunista. Posteriormente, foram eliminados o jornalista Wladimir Herzog e o operário Manoel Fiel Filho. Quase mil militantes e simpatizantes foram presos, os sobreviventes da direção se retiraram para o exterior e pela primeira vez na história, o jornal central do partido, "A *Voz Operária*", foi feito fora do país, coincidentemente pelos companheiros da ex-Tendência Leninista.

Para esses assassinatos, não existia nem a desculpa de que as vítimas pregavam a violência, pois realizavam uma luta apenas política e de organização contra a ditadura. Como muitos documentos provam, entre eles os apresentados pelo jornalista Elio Gaspari, no seu livro "*Ditadura Derrotada*", que estes massacres foram decididos com a conivência do próprio "democrático" Ernesto Geisel.

O PCdoB já vinha sendo atingido desde 1972, mas teve o seu momento pior quando, através de uma delação, a polícia chegou até a reunião do comitê central que se realizava na Lapa, São Paulo, em 15 de dezembro 1976. Foram fuzilados Pedro Pomar e Ângelo Arroyo, enquanto que os demais caíram presos, exceto um participante que conseguiu fugir. Todos foram torturados, sendo que João Batista Drummond faleceu em conseqüência dos maus-tratos sofridos no Doi-Codi.

199

Diante dos apelos e pedidos desesperados de tantas famílias que clamavam para saber do destino de seus entes queridos, o Ministro da Justiça, Armando Falcão, que era um homem "clemente", "educado", "culto" e acima de tudo "de bom coração" respondia que sua pasta não era um balcão de achados e perdidos. Aliás, uma outra de suas preocupações culturais foi a tentativa de destruir arquivos que podiam servir para recuperar a história dos movimentos sociais. Particularmente na sua mira esteve o acervo do jornalista, escritor e fundador do PCB, Astrojildo Pereira.

As eleições parlamentares de novembro de 1974 deviam pôr o selo sobre o plano de Geisel, o "funéreo", de institucionalizar a ditadura. Tudo tinha sido preparado para isso, mas eis que a oposição representada pelo MDB obteve uma vitória histórica no Senado, massacrando o "maior partido do Ocidente", a Arena. Foram eleitos senadores totalmente desconhecidos como Orestes Quércia em São Paulo, Itamar Franco em Minas Gerais, Marcos Freire em Pernambuco e Paulo Brossard no Rio Grande do Sul. Estava claro, mais uma vez, que a ditadura não possuía uma base de consenso.

Se o povo brasileiro não sabia votar, paciência, teria que aprender. Assim, Armando Falcão, "o democrático", criou uma lei que levou o seu nome, segundo a qual nas eleições seguintes a campanha eleitoral seria feita da seguinte maneira: o candidato podia apresentar a sua fotografia, nome e número, mas sem abrir a boca. Além do sangue, a ditadura continuava a afogar-se na boçalidade.

O recrutamento entre os metalúrgicos que Bigode havia iniciado se ampliava com novos companheiros que trabalhavam na Voight (Osasco), na Volkswagen (São Bernardo) e em outras fábricas. Mauro Noffs, um eletricitário muito politizado, fazia excelente trabalho na Eletropaulo e no seu sindicato. Candido Hilário havia ganho um valioso companheiro universitário - Carlos Alberto Raimundo, cursando Sociologia na USP. Por orientação de Dario e Zarattini, tinha uma participação limitada no movimento estudantil, pois havia a suposição de existir muita infiltração dos órgãos de repressão na Universidade. Queriam preservar o companheiro. Ao mesmo tempo, Zarattini retomou seus contatos com Ivanildo Porto, com seus amigos da Politécnica, fonte sempre pronta a fornecer ajuda e colaboração financeira. Assim, encontraram condições no início de 1975 de se estabelecerem na capital paulista. Dario Canale foi trabalhar numa firma de construção, pertencente a Manuel Carvalheiro colega de Zarattini na Escola Politécnica. Dario era o responsável pelo pagamento dos serventes e pedreiros. Era um maná dos céus. Todos os trabalhadores deixavam suas carteiras de trabalho e de identidade com ele. Fazia a xerox e com isso podia falsificar novos documentos, pois possuía os espelhos e carteiras em branco, fornecidas ainda no Chile pelo sargento Onofre Pinto e na Argentina pelo poeta Thiago de Melo. Onofre tentou entrar no Brasil imediatamente depois de Zarattini e Dario, mas foi detectado e "desapareceu" em julho de 1974. O poeta voltou após a anistia em 1979.

Com grande festa, em março de 1975 imprimiu-se o primeiro número de um humilde jornal clandestino mimeografado, com doze páginas, que levava o nome de *"O Companheiro"*, e subtítulo *"Um órgão a serviço da luta dos trabalhadores"*. Conseguiram mantê-lo mensalmente por mais de três anos. Sua linguagem era muito simples, repetitiva, didática, orientada para trabalhadores, buscando fornecer pequenas notícias da resistência que havia pelo país, além de informações internacionais, e tentava incutir o conceito de que a luta apenas econômica não bastava, mas era preciso pensar em organizar-se politicamente. Eis o editorial do primeiro exemplar em que *"O Companheiro"* se auto-apresenta:

"Os trabalhadores devem interessar-se pela política, pois, queiram ou não, a política os persegue. Por que sofrer todas as conseqüências dos acontecimentos políticos, sem buscar aproveitá-los e modificá-los em nosso favor? Afinal de contas, tudo o que se passa na sociedade tem causa política e efeitos políticos. Por exemplo, os preços e os salários dependem do funcionamento da economia. Mas essa economia que temos no Brasil é uma economia capitalista, isto é, baseada na exploração dos trabalhadores pelos patrões, que tiram seus lucros apoderando-se de uma parte do nosso trabalho sem pagá-lo; e é desse jeito porque os patrões capitalistas (donos do capital, isto é, de fábricas, bancos, terras, etc.) têm o poder político, que em nosso país é garantido pelos militares fascistas.

O arrocho salarial é um problema político, pois, graças à ditadura militar fascista que oprime o povo brasileiro, os patrões reduzem sempre mais o valor real dos salários; de forma que, apesar dos reajustes, podemos comprar sempre menos coisas. Ou senão, devemos trabalhar mais para comprar sempre o mesmo.

A ditadura consegue isso usando a violência contra a luta dos trabalhadores por melhores condições de vida, coisa que vem acontecendo desde o golpe militar de 1964.

As leis e os impostos, também é a ditadura que faz, e assim por diante.

Para mudarmos as coisas, existem regras que devemos conhecer. Só conhecendo os ventos, as correntezas e as marés é que podemos *aproveitá-las para alcançar um após o outro os nossos portos, até atingir o poder. Os operários e os demais trabalhadores são a classe que vai usar o poder para construir uma sociedade sem mais nenhuma divisão em classes. Para chegar até lá, os trabalhadores precisam conhecer essa ciência da navegação que é a política.*

E é justamente para essa finalidade, para servir de instrumento à luta e à organização dos trabalhadores (enfim à política da classe operária para conquistar o poder) que aparece "O COMPANHEIRO".

Em seguida ao editorial, vinham as palavras de ordem que moveriam a ação daquele pequeno grupo:

"Abaixo a lei antigreve!

Abaixo o atestado de ideologia!

Pelas liberdades sindicais!

Abaixo o arrocho salarial!

Pela contratação coletiva e livre dos salários!

Pela criação de comissões de empresa!

Pelo desmantelamento da repressão!

Pela revogação do Ato Institucional n° 5!

Pela abolição da censura!

Pela libertação de todos os presos políticos!

Por uma anistia geral e irrestrita!

Abaixo a ditadura militar fascista e pró-imperialista!!!"

Como se vê, as seis primeiras afirmações são especificamente voltadas para os trabalhadores das grandes empresas, enquanto as demais têm caráter democrático geral.

As quedas do PCB reforçaram ainda mais a visão dos companheiros da TL no exterior, inclusive a do Autor deste livro, de que havia a necessidade de um "recuo", de "que a ditadura ainda contava com muita força".

Mas foi a posição política de Zarattini, expressa numa de suas cartas, justificando a **"necessidade de ter dentro do país o maior número possível de companheiros, os quais possam pelo menos viver a nova situação política que se aproxima"**, é a que se revelou inteiramente correta.

O resultado das eleições de novembro de 1974 e a relativa "facilidade" de ampliação do trabalho operário revelavam que havia de fato uma "nova situação política" no país e se desenhava no horizonte "um novo afluxo do movimento de massas" como afirmara Zarattini em carta que, magoado, havia enviado aos companheiros da TL/ALN que estavam no exterior.

Como já foi dito, os tempos na clandestinidade são muito longos e qualquer ação demandava cuidados. Os revolucionários que se encontravam nestas condições tinham que considerar seriamente a recomendação do apóstolo Mateus: *"Eis que vos mando como carneiros no meio de lobos: sejam prudentes como a serpente e simples como a pomba"*. (Mt. 10,16). Para ir a um encontro na rua com um companheiro era conveniente tomar diversas conduções, evitar zonas da cidade onde podia ser reconhecido, não sair à noite, vestir-se de forma discreta, etc. Depois de habitarem por algum tempo o setor mais popular do bairro de Vila Mariana, Zarattini e Dario alugaram uma apartamento na rua Barra Funda, num local que era residencial, mas também comercial. Em casos como esse, deviam tomar cuidados especiais, tais como: o contrato devia ser feito diretamente com o proprietário, pagar um aluguel suficientemente alto para deixar contente o dono, mas não exagerar para não despertar suspeitas; levar uma vida regular e sair para "trabalhar" em horários fixos, mesmo que não se tenha nada o que fazer fora de casa.

O bairro da Barra Funda foi escolhido porque ali perto existem linhas de trens que se esparramam pela grande São Paulo. Locomover-se em trens e realizar os "pontos" em estações era uma medida de segurança. A polícia política controlava o território com automóveis, sem sinais que os identificassem e uma vez localizado o suspeito este era seguido, com diversos carros que se revezavam. Nos trens, o trabalho de vigilância é muito mais difícil, porque o militante cuidadoso, entrando ou saindo por último e de surpresa de um vagão, consegue fazer perder os seus rastros, e o fluxo de passageiros em uma metrópole é sempre muito grande, o que impossibilita que se fixe uma fisionomia.

Demoravam semanas para conseguir consolidar um ponto de apoio em uma grande fábrica; era uma vitória quando chegava o momento de passar poucos exemplares de um pequeno impresso que circularia nas mãos de alguns operários nas portas das empresas ou em algum bar próximo. Ricardo contatou seu filho Carlos Alberto, na época com 16 anos, que trabalhava como office-boy na televisão Tupi. Posteriormente fez um curso de gráfico no Senai, se empregou numa gráfica passando a militar no Sindicato dos Gráficos.

Carlos Alberto foi contaminado pelo mesmo "vírus" do pai e vem seguindo com ardor os caminhos nem fáceis da política. Foi vereador na cidade de São Paulo, deputado estadual e destacou-se como Secretário de Transportes da administração petista da Prefeita Marta Suplicy, ao promover uma revolução no sistema de transportes e criar o Bilhete Único.

Um ano depois com uma boa dose de "aventureirismo" e impulso paterno quis encontrar também com a Mônica, sua filha. Ela havia conhecido o Dario Canale em Buenos Aires, que usava o nome de "Pereira". O italiano foi procurá-la na porta da escola e contou uma história que seu pai se encontrava na Argentina e que tudo andava bem. Mensalmente Dario passava para conversar com ela. Uma tarde, no final de 1976, quando se encontraram, foram andando até passar por um ponto de ônibus cheio de gente, a pobre menina, que tinha apenas 14 anos, quase morreu de susto. Um senhor alto, mancando, com cabelos, barba e bigode pretos com grandes óculos escuros dirigiu-se a ela. Demorou um pouco para reconhecer naquela figura o seu pai.

Entraram num veículo lotado e ele deu detalhadas instruções de como poderiam encontrar-se sucessivamente. O esquema era o seguinte: cada quinze dias ela deveria pegar uma condução e dirigir-se até a estação de metrô do Brás e em determinada hora entrar na segunda porta do segundo vagão que ele daria um jeito de encontrá-la. E por incrível que pareça tudo funcionou por mais de um ano.

A sensibilidade de Ricardo era como a de um elefante entre os cristais. Para fazer algo de divertido com a jovem filha resolveu que ela acharia ótimo começar um curso de marxismo. A primeira obra que teve que estudar foi *"O que fazer"* de Lenin. Freqüentavam pequenas bibliotecas nas cidades do ABC paulista, onde a Mônica tinha que repetir complicados conceitos leninianos. Tinha como outras tarefas, recolher o dinheiro que pudesse para financiar as atividades clandestinas e até mesmo confeccionar um jornal "companheiro-mirim". Era mais ou menos o sistema imposto também ao Carlos Alberto.

Sabendo que adorava o bolo de nozes feito pela D. Annita – mãe de Ricardo – ela inventou que haveria uma grande festa na escola e pediu à avó para fazer o tal doce. Triunfalmente levou um imenso pacote até a estação do Brás. Foi um dia alegre para todos, até mesmo para o Dario, que com olhar crítico comeu uma pequena fatia. No final de 1977 a luta pela anistia começava a conquistar as

206

praças. Mônica que participava do grêmio do Colégio Equipe, ajudou a organizar uma manifestação. Pretendiam desfilar pelo centro de São Paulo e concentrar-se diante do Teatro Municipal. A polícia do secretário Coronel Erasmo Dias, especialista em repressão contra os estudantes atacou os jovens e foi um corre-corre geral. Enquanto fugia pelo Largo do Arouche, Mônica foi presa sendo levada ao Deops, onde passou a noite. Não foi maltratada, mas a notícia saiu nos jornais. Dias depois toda orgulhosa foi encontrar o pai: o achou transtornado, furioso. Esbravejava: *"como é que você se meteu numa dessas e como é que se deixou prender"*. Claro que levou o troco: *"mas de que púlpito vem a prédica"*. Mônica orientou-se para as artes, transformando-se em renomada fotógrafa com numerosas exposições e importantes prêmios nacionais.

A vida do clandestino é permeada pela solidão. Nas noites da Paulicéia, onde as estrelas já não mais brilhavam, engolidas pela fumaça das fábricas, sorrateiramente se infiltravam recordações. Às vezes desejadas, às vezes não. Mas eram sempre doloridas. Uma das mais recorrentes reconstruía as largas avenidas, as velhas praças, os imponentes fortes que guardam o bravio oceano na cidade de Havana. E ali a figura central era sempre Nilda. Em um destes momentos de angústia, pela primeira e última vez resolveu embrenhar-se na difícil trilha da poesia, e para ela elaborou os seguintes versos:

ROTEIRO DE UM AMOR POSSÍVEL

I - Paixão

Foi um momento fugaz, quase imperceptível,
Daquele olhar que me tornou cativo,
Prisioneiro perpétuo da paixão anunciada.

Pedaço de pão suplicado, desejo explícito
Revelado no imediato tempo,
Na mágica fusão
De dois num só corpo,
Cavalgando na sucessão de gritos e gemidos,
Unidos no beijo interminável, no prazer infinito.

II - A Descoberta
Na busca da tua essência
Simulei a verdade no jogo
Do faz de conta.
Ninguém antes vira
A inquietude rebelde de tua alma,
O orgulho que não estende
Mãos pedintes,
Nem jamais se põe de joelhos.
Ninguém notara
A fraqueza da mulher
Carente de amor,
A força das coisas tuas, somente tuas,
Sufocando o selvagem do meu ser.

III - União / Separação
Sempre é tempo de subverter
A ordem iníqua e injusta.
Mas naqueles tempos de revolução
_ "criar um, dois,três, muitos Vietnãs" _
Deixei a ilha sozinho,
Sem ao menos ver o fruto almejado

Os senhores do destino determinaram
Separar o inseparável
Sem compreender como a
Aritmética do amor faz o um maior que o dois.

IV - Na terra
Mas isso foi em vão.
Caminhando nas vielas ou grandes avenidas,
Falando com a gente de meu povo,
Nos barracos ou edifícios,
A tua presença, mais "brasileira" do que a minha,
Pulsava em todo o instante.
Mil vezes me surpreendi murmurando coisas...
E tu me respondias na rouquidão de tua voz:
– "Pero, mi cielo..."
Mil vezes tu estavas ali, ao meu lado,
Com teu sorriso de alegria pura,
Teu olhar longínguo e triste,
Tua pele me tocando, teu cheiro me embriagando...

V - A companheira
Do sonho perdido,
No espaço e no tempo,
De uma frágil mulher,
Permanecia sempre a realidade
Da luta subterrânea, do inimigo implacável
(Até hoje não aniquilado)

Que não perdoava erros na rotina de seus crimes.
Ficava a realidade dos meus pensamentos,
O complexo combate cotidiano de milhões,
O ideal comunista de poucos.
Ficava a presença firme da companheira
Que para os irmãos de luta
Eu dizia o seu nome: "É a China"

"Os ventos, as correntes e as marés", conforme a previsão de Zarattini e Dario reafirmada no nº 1 de "O COMPANHEIRO", estavam favoráveis. Lentamente, a ditadura ia se esboroando. Algumas revistas e jornais, como *"Movimento", "Opinião", "Em Tempo"* e *"Pasquim"* conseguiram contornar a férrea censura; incríveis chargistas espremiam os miolos para serem sempre mais contundentes nas suas críticas; basta relembrar Henfil com seus personagens, o bode Orelana, a Graúna e o infernal fradinho; os melhores compositores enchiam as gavetas com suas obras proibidas, mas algumas delas, por demais refinadas em seus códigos para a capacidade de decifração dos censores, conseguiam transformá-las em discos que depois eram cantadas por multidões. A Sociedade Brasileira para o Progresso da Ciência (SBPC) levantou uma tribuna democrática, que brilhava na reunião anual desta entidade; a Ordem dos Advogados do Brasil (OAB) e a Associação Brasileira de Imprensa (ABI) foram instrumentos preciosos contra o arbítrio da ditadura; a Igreja Católica e também as Reformadas exerceram um papel altamente positivo na defesa das vítimas e na condenação do modelo injusto que esmagava a população; dentro do MDB, os setores mais conseqüentes, com a liderança de Ulysses Guimarães, mobilizavam massas. Reuniões públicas, pequenas demonstrações de rua, missas que se transformam em atos políticos se sucediam, com os presentes cantando o Hino da República:

"Liberdade! Liberdade!
Abre as asas sobre nós!
Das lutas na tempestade
Dá que ouçamos a tua voz!"

Explodiram as divergências nas Forças Armadas, que não podiam mais manter a aparência unitária, e segmentos da burguesia industrial, temerosos do desgaste do poder, afastavam-se do projeto ditatorial. E a classe operária como estava? Depois das greves de 1968, os mecanismos de controle haviam sido aprimorados; vigilância sobre os candidatos que se apresentavam nas eleições sindicais, demissões imediatas a qualquer mínimo protesto, uma rígida estrutura de vigilantes dentro das fábricas e terrorismo quando necessário, seqüestrando e torturando os que protestavam. Os ritmos de trabalho aumentaram e os salários diminuíram. Os patrões, sentindo-se seguros pelo total apoio do Estado, recusavam qualquer negociação, mas a resistência nunca cessou; os trabalhadores brasileiros se comportavam como haviam feito os seus irmãos nas origens da revolução industrial na Inglaterra ou na França ou embaixo de ditaduras ferozes, ainda piores que a brasileira, como o nazismo, fascismo italiano ou franquismo. Atrapalhavam e sabotavam a produção com ações elementares, como empilhar mal as peças acabadas, quebrar pequenos mecanismos nas máquinas, criar confusão na estocagem das matérias-primas, inventar defeitos na cadeia de montagem, tornando mais lento o processo, além de numerosas outras práticas ditadas pela oportunidade e imaginação.

Muitos operários eram jovens vindos do campo, que não conheciam ainda a história gloriosa do proletariado mundial e brasileiro. Porém, iam aprendendo com alguns companheiros mais velhos, que militaram em partidos e sindicatos, e depois conversavam com outros amigos e às vezes em casa, propagando os fragmentos de história que aprenderam. Alguns folhetos, encontrados nos banheiros ou jogados através dos muros das fábricas, circulavam clandestinamente e passavam de mão em mão, até se consumir completamente. A memória operária se recusava a morrer.

O "minúsculo trabalho operário recém-iniciado na terra" havia se ampliado muito. A ponto de Cândido Hilário (Bigode), João Paulo Kuleska e outros companheiros metalúrgicos organizarem uma chapa de oposição no Sindicato da categoria, em Sâo Paulo, que tinha por presidente Joaquim dos Santos Andrade, o famoso "Joaquinzão", tantas vezes acusado de pelego, mas que morreu praticamente na miséria.

O avanço da luta democrática no país criou um clima que possibilitou a retomada do enfrentamento para cautelosamente ir reconquistando os sindicatos que estavam nas mãos de agentes da ditadura ou de pelegos. Havia uma imprensa sindical, que poderia ser uma formidável arma na organização da classe, mas em geral era pesada, difícil de ler e pouco combativa.

No início de 1977, um grupo de jornalistas liderado por Sergio Gomes, Laerte Coutinho, Pola Galé e outros promoveu uma verdadeira revolução na imprensa sindical. Baseados na experiência da imprensa estudantil, elaboraram um novo formato de jornal que Laerte chamava de "*Baião de três*". Devia ser composto de: a) manchete clara e concisa; b) um artigo com letras grandes, sintético, com poucas e boas informações e c) uma charge facilmente compreensível. Este modelo obteve sucesso, sendo usado por muitos sindicatos paulistas, e espalhou-se pelo país.

O primeiro panfleto para a organização da chapa de oposição dos Metalúrgicos de São Paulo, liderada pelo Bigode, foi elaborado por esse grupo de jornalistas. Criaram a figura do Zé Batalhador que lutava pela renovação da direção do Sindicato.

Num aniversário da cidade de São Paulo, 25 de janeiro de 1978, transformaram esse grupo numa empresa, a Oboré, que, forjada na resistência, continuou mantendo seu espírito original, sempre ao lado dos oprimidos. O que não é pouco.

Zarattini e Dario estavam muito animados: escreveram e reescreveram um projeto de estatuto e programa de um novo partido, propondo até mesmo a criação de uma nova internacional comunista! Na apresentação desse projeto, transcreveram o que Jorge Dimitrov, dirigente da Internacional Comunista, havia dito sobre as qualidades do revolucionário:

PARA SER UM REVOLUCIONÁRIO

"Não basta possuir temperamento de revolucionário: é mister saber também manejar a arma da teoria revolucionária.

Não basta conhecer a teoria: é preciso forjar para si mesmo um caráter sólido, com uma inflexibilidade de bolchevique.

Não basta saber o que fazer: é preciso ter a coragem de levá-lo a cabo.

É preciso estar sempre pronto para fazer, a qualquer preço, tudo o que possa realmente servir à classe operária.

É preciso ser capaz de subordinar toda sua vida privada aos interesses do proletariado".

JORGE DIMITROV

(Prefácio de uma biografia do heróico dirigente comunista alemão Ernesto Thaelmann, assassinado pelos nazistas)

Algumas forças clandestinas se reorganizavam, como o Movimento Revolucionário 8 de Outubro; a Convergência Socialista e a Liberdade e Luta (Libelu), ambas advindas do leito trotskista, e o próprio PCB. Este partido tinha uma nova direção em São Paulo, liderada pelo jovem médico Davi Capistrano Filho, cujo pai era um dos desaparecidos, assassinado pela ditadura. Davi revelou logo ser um ótimo quadro político e forneceu uma colaboração preciosa na formação da frente democrática no Estado e no trabalho com a classe operária.

Davi foi provavelmente o melhor operador da saúde popular que o país conheceu, enalteceu todos os cargos públicos que ocupou, principalmente quando foi prefeito de Santos, eleito pelo Partido dos Trabalhadores, após a redemocratização. Amante de seu povo, exerceu também uma atuação profundamente internacionalista, seguindo e sendo solidário com os processos populares, como a revolução bolivariana na Venezuela. Cometeu apenas um grande erro, deixou-nos muito cedo, em 2000, quando o Brasil precisava tanto da sua presença.

Na clandestinidade, Dario e Zarattini somente mantiveram relações com o MR-8, através do companheiro Franklin Martins que havia sido um dos artífices do seqüestro do embaixador dos Estados Unidos. Ele também, super procurado pela ditadura, havia voltado clandestinamente do exílio para tentar reorganizar o Movimento Revolucionário 8 de Outubro. Encontravam-se nas pequenas e tortuosas ruas do bairro do Pari, em São Paulo, e, animadamente, com paixão e voz baixa discutiam o que fazer para dar um fim à ditadura.

A indignação entre os operários cresceu ainda mais quando a ditadura foi obrigada a reconhecer, depois de pressões de todas as partes, que entre 1973 e 1974 o governo havia manipulado os dados sobre a inflação, "roubando" 34,1%.

214

Como os salários eram reajustados em função do índice inflacionário, a conseqüência lógica foi um brutal aumento do arrocho. A panela de pressão estava para explodir.

A resistência contra a ditadura contara com uma multiplicidade de formas e tanto sacrifício: os que morreram nos combates e torturas ou sofriam nas masmorras; o paciente e perigoso trabalho clandestino; os operários com as "operações tartaruga" retardavam a produção; camponeses que incendiavam canaviais; familiares de presos e desaparecidos que junto com grupos de direitos humanos denunciavam a repressão; sacerdotes, pastores e leigos que a partir de suas igrejas mergulhavam no trabalho social; advogados, jornalistas, artistas e outros profissionais liberais que reunidos em suas associações e usando seus talentos ridicularizavam a censura e contornavam as leis repressivas; os milhares de exilados que desde suas trincheiras longínquas cercavam de desprezo e vergonha os ditadores. Todos estes córregos subterrâneos pareciam confluir, invisíveis, a São Bernardo do Campo, município da grande São Paulo, no dia 12 de maio de 1978.

Eram poucos, apenas algumas dezenas os operários da Saab-Scania, fábrica moderna que produzia caminhões e ônibus, que naquela manhã decidiram, ao chegar o seu turno, cruzar os braços. As máquinas, sem os homens, são objetos inertes, não produzem e se não produzem o capital sofre, porque não se amplia. O coração do capitalismo é atingido. Haviam tomado esta determinação de forma autônoma, espontânea, sem a orientação de sindicatos ou partidos, mas eram, mesmo sem o saber, o resultado de 14 anos de lutas antiditadura e de mais de setenta anos de movimento proletário organizado no Brasil. Não eram muitos, mas atrás deles estava um exército que vinha do passado e que se acumulava no presente.

Os outros setores da Scania foram cessando de funcionar e em poucos dias todos os 1.800 trabalhadores haviam parado. As adesões se multiplicaram na Volkswagen, Chrysler,

Villares, Brastemp, Pirelli, General Eletric, Rodhia e dezenas de outras empresas em todo o ABC, Osasco e município de São Paulo. O tipo de paralisação era diversificado, podiam durar dias ou minutos, atingir alguns setores ou a totalidade. Algo como 300.000 metalúrgicos participaram do movimento que bloqueou a produção do centro industrial da nação. A ditadura e o patronato ficaram perplexos, paralisados sem saber o que fazer, mas era somente o começo, após um ano, as greves voltariam muito mais organizadas e extensas.

Para Zarattini e Dario eram dias felizes, de vitórias, mas de muitas tarefas. Compenetrados no trabalho de mobilizar a solidariedade aos grevistas, estreitar as relações com os operários em luta e tentar influir no curso dos acontecimentos, relaxaram as medidas de segurança, exatamente no momento em que toda a repressão se mobilizara para tentar cercear o movimento proletário. Ainda mais que o PCR – com o qual mantinham sempre relações – havia sofrido novas quedas no Nordeste. Então moravam na rua José Paulino nº 859, em pleno bairro judeu e que naquele tempo começava a receber os primeiros emigrados coreanos, o que o levaria a modificar suas características. Já havia alguns dias notavam pessoas estranhas nos bares vizinhos, e a SABESP (serviço de águas e esgotos) viera fazer uma visita no prédio para saber os nomes dos moradores. Devia ser o suficiente para desaparecerem daquelas plagas, mas o empenho com as greves era tamanho, que não deram o valor devido a estes sinais de mau augúrio.

Capítulo XIII

Nova prisão e a luta pela anistia

No 31 de maio de 1978, Zarattini estava próximo à Politécnica, sua antiga faculdade, olhando o bar do Ivo, que havia freqüentado tantos anos atrás, quando ouviu carros parando e uma gritaria: *"pega o maconheiro"*. Pois é, o *"maconheiro"* era ele, cercado por pelotão de policiais sem uniforme ou identificação. Foi preso outra vez, e tudo recomeçou. Apanhando, foi levado para a sua velha conhecida casa, na rua Tutóia, sede do Doi-Codi. É terrível a banalidade da tortura e do mal, não há muito que descrever. Seus feitores são homens comuns, degenerados e carregados de complexos.

Basta lembrar Adolf Eichmann, oficial da SS responsável pela organização do extermínio dos judeus (Shoah) na Europa ocupada, que custou milhões de vidas, na segunda guerra mundial. Ele conseguiu fugir, terminado o conflito, e foi viver em Buenos Aires. Em 1960, os serviços secretos de Israel o seqüestraram e o levaram para Tel-Aviv para ser julgado. Nas primeiras sessões do tribunal, formou-se uma grande expectativa da parte de todos para conhecer melhor um monstro de tal natureza. Foi uma decepção geral, quando diante das câmeras de meio mundo se mostrou um pequeno homem, com os óculos que caiam do nariz e que não passava de um acanhado burocrata. Toda a grandeza estava somente do lado de suas vítimas.

Na maldita sede do Doi-Codi, Zarattini foi novamente seviciado com choques elétricos, banhado com água gelada, pancadarias, noites sem dormir e quase nenhuma alimentação. Como sempre, queriam saber com quem se encontrava, quem financiava as atividades, onde se encontravam outros "aparelhos". Aquilo durou uma semana, e o prisioneiro notou algumas diferenças em relação a outros interrogatórios, pois os torturadores desta vez pareciam preocupados em não exagerarem na função, evitando o perigo de morte ao torturado, tanto é que não usaram o "pau-de-arara". Mais uma vez resistiu e nada falou.

Depois daquela semana, Zarattini foi colocado em uma cela vizinha a de Dario, preso ambos no mesmo dia. Dario informou que estava todo arrebentado, mas os dois sabiam que havia microfones para gravar suas conversas e assim em vez de falar, Dario engatou cantando a *"Internacional"* só que numa versão realizada por ele próprio. Seu companheiro o seguiu e assim fizeram uma dupla de cantores. Pagaram a audácia com mais pancadas.

O hino da *"Internacional"* merece alguns comentários. As suas palavras foram escritas por um poeta da Comuna de Paris, Eugène Pottier, e musicada em 1888 por Pierre Degeyter. Fez um sucesso extraordinário e era cantada praticamente em todas as manifestações e lutas da classe operária na Europa. Foi adotado como hino oficial da Internacional Socialista em 1910 e hino do estado Soviético entre 1917 a 1944. A tradução para o português foi realizada nos primórdios do século XX, pelo anarquista lusitano Neno Vasco, que viveu muitos anos no Brasil. Representa uma versão típica do anarquismo e com todas as dificuldades – para os brasileiros – do português lusitano de mais de um século atrás. Vários poetas tentaram modernizar a letra, entre eles Dario, mas nenhum obteve sucesso e continuamos cantando da velha maneira.

Referindo-se à "Internacional", Lênin escreveu no jornal Pravda de 3 de janeiro 1913:

> *"Este canto foi traduzido em todas as línguas européias e tantas outras. Em qualquer país em que um operário politicamente consciente se encontre, qualquer que seja o lugar onde o destino o levou, quando se sentir estrangeiro, sem poder usar o seu próprio idioma, sem amigos, longe de sua pátria, poderá sempre encontrar companheiros e amigos através do canto familiar da Internacional".*

O hino é muito longo, mas a sua primeira estrofe e o refrão são estes:

> *"De pé ó vítimas da fome*
> *De pé famélicos da terra*
> *Da idéia a chama já consome*
> *A crosta bruta que a soterra*
> *Cortai o mal bem pelo fundo*
> *De pé, de pé não mais senhores*
> *Se nada somos em tal mundo*
> *Sejamos tudo ó produtores.*
> *Bem unidos façamos*
> *Nesta luta final*
> *Uma terra sem amos*
> *A Internacional"*

Na época da ditadura militar, os revolucionários brasileiros fizeram um esforço maior, aprendendo uma outra estrofe, bastante violenta que diz assim:

"Nós fomos de fumo embriagados
paz entre nós, guerra aos senhores
Façamos greve de soldados
Somos irmãos trabalhadores.
Se a raça vil cheia de galas
Nos quer à força canibais
Logo verá que nossas balas
São para os nossos generais".

Zarattini e Dario foram deslocados para o Deops, onde continuaram por semanas os interrogatórios e os maus tratos. A situação de Ricardo criou um problema legal que mobilizou até o próprio presidente-ditador Geisel. O decreto de banimento, do qual ele era vítima, retirava a nacionalidade e praticamente o indivíduo era considerado morto para o Estado. Isto significava que não podiam processá-lo. Confusões da ditadura. Geisel foi obrigado a pegar papel e caneta e emitir um Ato Complementar suspendendo o seu banimento, em 9 de junho de 1978. Foi o primeiro banido a ter revogada esta pena.

Zarattini tinha vários processos sobrestados (com a tramitação suspensa após o seu banimento em 1969). Todos foram reabertos: em São Paulo, Tales Castelo Branco, como sempre, contactou Carlos Zara, colocando-se à inteira disposição. Mas Zarattini optou por solicitar os ofícios de Idibal Piveta, que já vinha acompanhando processos de vários presos políticos. Mais do que isso, Ricardo sempre teve uma imensa admiração por Idibal pela intensa e profícua luta que este sempre teve em busca de um teatro popular, com o grupo "União e Olho Vivo", por ele fundado e dirigido sob o nome artístico de César Vieira. Ricardo observa ainda que Idibal trabalhava nos processos de presos políticos com um outro seu colega, o advogado Paulo Gerab, muito eficiente, pois conhecia profundamente o Código de Processo Militar.

Na metade de julho, Zarattini foi embarcado para Recife, onde ficou 20 dias na Polícia Federal, fechado num cubículo úmido, fétido, sem ver o sol, mas não sofreu tortura.

Tinha um processo antigo para responder, onde o principal acusado havia sido Amaro Luiz de Carvalho, assassinado em 1971 pela ditadura. Foi muito interrogado, pois queriam ligá-lo a um novo processo movido contra o PCR, que havia sofrido recentes quedas. Um jovem e brilhante advogado pernambucano, Paulo Henrique Maciel, de oratória eloqüente e exuberante, foi o seu defensor. Chegou a conquistar os corações e mentes do juiz auditor e de alguns juízes militares. Não só impediu que incluíssem Zarattini no novo processo do PCR, como logrou a absolvição de Ricardo no antigo processo por 3 votos contra 2.

Transferido novamente para São Paulo, foi levado ao Presídio do Hipódromo e finalmente ao Presídio Político de Barro Branco.

Durante a sua detenção em Recife, apesar de tudo, algo bom aconteceu. Conheceu uma professora da Universidade, Zélia Monteiro, que colaborava com a organização "Justiça e Paz" da arquidiocese comandada por Dom Helder Câmara. Sua função era prestar solidariedade aos perseguidos da ditadura. Depois de conquistada a liberdade, Ricardo voltou a Recife, reencontrou Zélia, com quem mais tarde passou a viver.

Dario Canale foi mais uma vez deportado e como última crueldade a ditadura o acusou de ter ligações com as Brigadas

Vermelhas, grupo de luta armada que agia naquela época na Itália. Era mais uma infâmia, pois Dario era muito ligado ao Partido Comunista Italiano, apesar das suas críticas. Chegando a Roma, "pôs a boca no mundo" denunciando as torturas, que eram prática comum no Brasil, e fazendo apelos para salvar a vida de Zarattini.

Escreveu uma carta a Dom Paulo Evaristo Arns, Cardeal Arcebispo de São Paulo:

"Roma, 30 de julho de 1978

Rev.ᵐᵒ Dom Paulo:
Venho pela presente agradecer, embora com um atraso que espero o Sr. vai compreender, sua pronta intervenção, quando eu me encontrava preso pelos órgãos brasileiros de segurança. Refiro-me à notícia publicada no "Jornal do Brasil de 26-6-1978, à pagina 16: "Dom Paulo espera resposta de Dilermando à nova denúncia de torturas no II Exército". Quem fez a referida denúncia fui eu.

Naturalmente, o general Dilermando Gomes Monteiro não se atreveu a responder, muito embora pouco antes tentasse desmentir análoga denúncia feita pelo Comitê Brasileiro de Anistia, quanto às torturas sofridas pelo engenheiro Ricardo Zarattini Filho, o qual foi preso comigo e infelizmente continua detido, em sério perigo de vida.

Considero impossível que o general Dilermando não tenha conhecimento dos métodos utilizados diariamente nos interrogatórios do CODI-DOI, órgão que depende do II Exército, por ele comandado. Aliás, o emprego da tortura por parte de todos os órgãos de repressão (policiais e militares), de 14 anos para cá, é sistemático e até certo ponto independe das pessoas que temporariamente ocupam os cargos de direção. Ouso dizer que a tortura serve não somente para objetivos práticos imediatos (confissões, informações etc.), mas também para finalidades políticas de mais longo alcance, tais como a tentativa (vã) de prevenir a resistência popular contra as injustiças sociais, semeando o terror.

Confirmo, portanto, que eu e o engenheiro Zarattini fomos barbaramente torturados no CODI-DOI, e no Deops de São Paulo, desde o primeiro momento da nossa prisão (melhor dito, seqüestro), em 31-5-1978. Só quero acrescentar que houve mais de duas denúncias públicas de torturas infligidas a presos políticos pelo CODI-DOI do II Exército, após a posse do general Dilermando. A finalidade da presente carta não é um desafogo pessoal, mas sim contribuir para que nenhum ser humano tenha mais que passar pelo que passamos, o engenheiro Zarattini e eu: ele pela terceira vez, eu pela segunda...

As denúncias de personalidades democráticas como o Senhor, veiculadas por órgãos combativos como "O São Paulo", contribuem em muito para alentar a luta do povo brasileiro pelos direitos humanos, pelas liberdades democráticas e pela anistia ampla e irrestrita. Estou seguro de que agora, recuperada pelo menos em parte a liberdade de expressão, "O São Paulo" não vai *deixar de zelar pela vida e pela integridade física dos presos políticos, democratas e patriotas como o engenheiro Zarattini.*

Quanto a mim, acabo de ser expulso do território nacional como "alienígena subversivo". Gostaria que todos os atuais governantes amassem o Brasil como eu o amo. Além de ser minha segunda pátria, é a terra de minha mãe e da família dela, há três gerações. Se eu desrespeitei alguma lei, não é mistério para ninguém que existem leis injustas. Tenho fé de que o generoso povo brasileiro, assim que voltar a ser dono do seu destino, não vai esquecer os numerosos casos de estrangeiros expulsos por motivos políticos (religiosos e leigos), quando da inevitável anistia. Ainda mais que os meus "crimes" não existem como tais no direito internacional; a prova disso é que agora, nesta Itália redimida pela Resistência antifascista (graças também ao sangue dos pracinhas da FEB), sou um livre cidadão.

Mais uma vez obrigado ao Senhor como também a todos os democratas brasileiros, aos quais o engenheiro Zarattini e eu devemos – sem exagero – a vida. E bom trabalho.

Mui atenciosamente

Dario Canale"

A indignação de Dario contra o general Dilermando deve-se ao seguinte: a morte de Wladimir Herzog e de Manoel Fiel Filho, na sede do Doi-Codi, sob a responsabilidade do II Exército, despertaram uma tempestade de protestos. O ditador-presidente Ernesto Geisel decidiu trocar, em janeiro de 1976, o titular de então, o general Ednardo D'Avila Melo, integrante da linha dura, pelo general Dilermando Gomes Monteiro, considerado uma face mais humana. Dilermando se comprometeu a acabar com as torturas em São Paulo, mas mentiu, e as provas são as quedas do PCdoB na Lapa em dezembro de 1976, quando todos os prisioneiros foram maltratados, e João Batista Drummond levado à morte, e a denúncia de Dario em sua carta a D. Paulo.

Quanto a D. Paulo, tudo o que se poderia dizer sobre ele seria sempre pouco. Filho digníssimo de Francisco de Assis, acariciado pelo sopro do Espírito, honra de sua igreja e de sua pátria. Escolha feliz do Papa Paulo VI, que se angustiava pelo sofrimento no Brasil, quando o fez bispo metropolitano em 1970 e cardeal em fevereiro de 1973. Combateu, com inteligência, sentimento e as armas da não violência contra o arbítrio; acompanhou os familiares dos desaparecidos e prisioneiros, forçou as masmorras para fazer entrar uma fresta de luz e jamais discriminou um perseguido por motivos ideológicos.

Dario, não contente de escrever a um cardeal, entrara em contato com o Presidente da República Italiana, o recém-eleito socialista Sandro Pertini. Preso várias vezes durante a ditadura de Mussolini, Pertini foi um dos principais líderes da luta armada antifascista em 1943/1945. O presidente apaixonou-se pela causa do prisioneiro Zarattini e exerceu todo o seu prestígio para a defesa dos encarcerados políticos no Brasil.

Já no final de julho, Zarattini, através do reconhecimento do *"jus sanguinis"*, ou seja, do fato de ser descendente direto de avós nascidos na Itália, obteve a cidadania italiana, o que o colocou sob a proteção consular italiana. Recebeu, na cadeia, a visita e o apoio do cônsul-geral da Itália em São Paulo, Marcelo D'Alessandro.

O exílio brasileiro, composto de umas 10.000 pessoas, que sofreu uma forte depressão com o golpe chileno, recebeu injeções de otimismo com as quedas das ditaduras em Portugal e Grécia, em 1974, seguidas no ano subseqüente com a vitória total no Vietnã, a conquista da independência das colônias lusitanas na África e a morte de Francisco Franco, que abriu caminho à longa transição democrática na Espanha.

Dois eventos ocorreram em 1975 e que foram inteligentemente explorados pela oposição: completava-se trinta anos da vitória pela anistia política no final do Estado Novo em 1945 e a ONU havia decretado o Ano Internacional da Mulher. Unindo as duas coisas, Terezinha Zerbini da OAB de São Paulo, com um grupo de companheiras, criou o "*Movimento Feminino pela Anistia*". Esta palavra de ordem fora colocada nos documentos do PCB em 1966, reafirmada na clandestinidade pela TL e adotada pelo MDB em 1972, mas não havia saído papel.

O "*Movimento Feminino pela Anistia*" teve uma atuação extraordinária, criando raízes em vários estados brasileiros e unificando o exílio em torno de suas posições. Na Europa, quem mais se destacou foi a santista Zuleika D'Alambert, incansável em criar grupos de brasileiras e estrangeiras em torno das reivindicações feministas em geral e concretamente pela anistia. Personagem decisiva na ligação entre os núcleos internos no Brasil e o exílio foi a artista plástica Virgínia Artigas. Ambas pertenciam ao PCB.

Existiam resistências que foram se quebrando com o passar do tempo. Vários setores da oposição alegavam que seria impossível conquistar a anistia sob uma ditadura como a brasileira e que a liberdade viria, como aconteceu em Portugal e Grécia, somente com a derrocada dos tiranos. Concentrar-se na questão da anistia poderia desviar esforços do objetivo maior que era a derrubada do regime militar. Subestimaram a força e a amplitude que a campanha iria adquirir.

Os comitês pela anistia no Brasil se multiplicaram pela Europa: Paris, onde se encontrava a maior colônia brasileira, Genebra, Lisboa, Lund, Bruxellas, Oslo, Copenhague, Londres, Roma e muitas outras localidades. Foram impressas quantidades de cartolinas, cartazes, boletins, revistas nos mais variados idiomas;

criaram-se grupos de teatro, música, dança, pintura e "muralistas" que se apresentavam nas praças ou nas festas populares. Centenas de exilados se transformaram em cozinheiros, não sempre de qualidade, para trabalharem nos restaurantes "típicos brasileiros" que se erguiam nas festas dos partidos progressistas. Foram estampados, de forma clandestina, até discos vinil com ótimas músicas brasileiras, impossíveis de se encontrar no velho mundo.

Nos momentos de grande tensão floresce a poesia. Poesia feita nos calabouços, na clandestinidade, no exílio. Um exemplo foi a publicação pelo *"Comitê Brésil pour l'amnistie"* da França, que editou um simples e belo álbum intitulado *"L'art des prisionniers politiques au Brésil"* com xilografias e poemas, apresentados por Georges Casalis. Também poetas de outros países escreviam, exprimindo solidariedade aos democratas brasileiros. O texto que segue é do espanhol Rafael Alberti, um dos grandes escritores europeus do século XX. Combatente republicano da guerra civil espanhola (1936-1939), quando compôs este texto, em 1977, estava para retornar a sua pátria que não visitava havia 38 anos!

AO POVO DO BRASIL

Eu conheço, eu tenho sofrido
tanto terror, tanta guerra,
tanto desterro, não esquecido.
Terríveis tempos mortais,
anos de noites escuras,
de sombras ditatoriais.

Grandes sonhos assassinos,
de povos sem rumo e de morte
caída pelos caminhos.

Brasil de pranto e penas,
alegre no coração
acorrentado em cadeias.

Irmão do mar, sempre irmão
das florestas e das minas,
do Grande Rio soberano.

Eu queria cantar-te, eu quero,
mas sem as mãos que te roubam
e te destroem prisioneiro.

Queria cantar-te no novo dia,
ao ritmo do teu sangue
o samba de tua alegria.

Fogos e flores. As portas
de tanto luto fechadas
se arderão de luz escancaradas.

Brasil de paz, doce e forte,
tornarão a casa teus filhos
que te escaparam da morte.

Que todos os brasileiros
possam enfim regressar.
O vento livre só se ganha
ganhando a liberdade.

(tradução de Márcia Theophilo)

O Comitê Brasileiro pela Anistia nasceu no Rio de Janeiro, no começo de 1978, para coordenar nacionalmente a campanha. Foram tantos os protagonistas que é impossível citar mesmo uma pequena parte. O movimento dos artistas pela anistia lançou um manifesto cujas primeiras linhas eram as seguintes: *Finalmente sentimos que é possível pelo menos falar. Nós, artistas brasileiros, por tanto tempo amordaçados em nossa sensibilidade criativa pela censura e violentados pela autocensura, sabemos ser grande nossa responsabilidade perante o povo brasileiro*. O documento foi assinado, em ordem alfabética, por 712 profissionais da área, um número enorme. Seguem apenas o primeiros nomes: Antônio Fagundes, Armando Bogus, Antônio Marcos, Antunes Filho, Ary Toledo, Antônio Abujamra...

O general designado para ser presidente, João Baptista Figueiredo, declarou numa entrevista à imprensa em 22 de fevereiro de 1978 que a anistia não podia ser ampla nem irrestrita. Foi o suficiente para que o mote da campanha se afirmasse como *"Por uma anistia ampla, geral e irrestrita"*.

Na Itália, Dario mais uma vez reencontrou seus amigos da ex-TL e regressou às filas do PCB, concentrando todas as suas atenções na luta pela anistia. Conseguiu uma sala na Fondazione Lélio Basso, via Dogana Vechia 5, no centro de Roma, onde estava a sede do Comitê Italiano para a Anistia. A partir dali atormentou a vida de muita gente, inundando de cartas e telegramas as caixas postais de personalidades de toda a Europa. Criou uma campanha específica para o "prigioniero politico italo-brasiliano Ricardo Zarattini Filho", que obteve sucesso, pois a imprensa italiana deu uma boa divulgação. Com a cobertura do senador Lélio Basso e tanto esforço, Dario se transformou numa referência importante para os participantes da campanha pela anistia no Brasil, recebendo inúmeras missivas e visitas com informações que depois ele propagava com competência. Durante as festas de *"L'Unità"*, jornal do PCI, a sua função nas barracas brasileiras era a de fazer batidas. O problema era que a cachaça era um produto raro e caro na Europa daquela época. Assim, quase como um alquimista, Dario misturava rum jamaicano com minúsculas doses de álcool etílico e mais algumas coisas. A composição de suas batidas é um dos maiores mistérios da revolução brasileira, mas o fato é que somente ele conseguia fazer um coquetel tragável.

Quando se realizou a conferência internacional pela anistia, em Roma, em agosto de 1979, já sem a presença de Basso, Dario foi uma parte importante da organização. Tantos anos depois, em novembro de 2003, aconteceram as celebrações na Itália para recordar Lélio Basso no centenário de seu nascimento. O Presidente Luiz Inácio Lula da Silva enviou uma mensagem recordando a figura do ilustre jurista:

> *"Quero homenagear o senador e grande jurista italiano Lélio Basso, sua história de vida e sua memória. Falo como um brasileiro que reconhece a enorme dívida política e humanitária que a democracia do nosso país tem para com essa figura extraordinária.*
>
> *Nos anos mais duros vividos na nossa história recente, Lélio Basso tomou a iniciativa de instituir o Tribunal Bertrand Russell para a América Latina – um tribunal independente que investigou e julgou casos de repressão e tortura praticadas pelas ditaduras que dominavam nossos países.*
>
> *Esse foi um importante espaço de articulação e divulgação de informações que contribuiu efetivamente para a Campanha pela Anistia e a posterior reconquista de nossas liberdades democráticas.*
>
> *Lélio Basso foi um dos pais da Constituição italiana, um homem de esquerda em seu país, um advogado generoso que, inclusive, doou sua casa e sua biblioteca para uma fundação dedicada ao estudo e à defesa dos Direitos Humanos e dos Direitos dos Povos.*
>
> *Em 1972, companheiros brasileiros exilados no Chile pediram a Lélio Basso para criar um tribunal sobre a repressão no Brasil – tomando como exemplo a mais importante iniciativa nesse sentido, que foi o Tribunal instituído por Bertrand Russell em 1967, para julgar o caso do Vietnã. Era urgente dar voz a uma geração silenciada pela dor e pelo medo, levando às pessoas na*

Europa e no resto do mundo o que realmente acontecia no Brasil e em outros países latino-americanos.

Basso recolheu depoimentos de ex-torturados asilados em países europeus e debateu com organizações de resistência latino-americana no exílio, formando uma rede internacional de comitês de apoio. O próprio comitê brasileiro das famílias de presos e exilados, quando ficou sabendo da existência do Tribunal, destinou a ele as quantias que já tinham arrecadado.

Entre 1974 e 1979, Lélio Basso presidiu três sessões do Tribunal, formado por escritores, cientistas, intelectuais e outros importantes representantes da cultura e do pensamento social. O objetivo era denunciar a tortura, mas sem deixar de investigar suas causas e discutir quais deviam ser as etapas seguintes de atuação. Ou seja, foi um verdadeiro movimento político, buscando ir além de denúncias pontuais e contribuindo para o debate mais amplo sobre o fim do autoritarismo e a volta da democracia.

Conheci o senador Lélio Basso anos depois, em novembro de 1978, durante o 1º Congresso Nacional da Anistia, em São Paulo. Era um momento em que trabalhadores, advogados, estudantes, e cada vez mais pessoas em todo o Brasil reivindicavam de volta o papel que nos cabia na construção dos destinos da nação, por meio de organizações livres e representativas.

Durante o Congresso, entidades nacionais e internacionais assumiram o compromisso de articular os diferentes setores sociais e transformar a campanha pela anistia num amplo movimento popular.

Basso fez o discurso de encerramento dos trabalhos e disse que tinha encontrado um Brasil novo, diferente do que esperava. Falou que a abertura política, muito mais do que a vontade do regime, era resultado de um vasto movimento de massa e de opinião. Lembrou que, embora as greves ainda fossem ilegais, isso não havia impedido que 300.000 mil metalúrgicos entrassem em greve não só para reivindicar melhores salários, mas também para pedir a volta das liberdades sindicais e políticas no país.

Nossas greves e mobilizações continuaram nos anos seguintes. Entre as muitas entidades e pessoas que contribuíram para os Fundos de Greve durante aquele período, estava a Rede Radiè Resch, fundada pelo jornalista Ettore Masina, muito ligado ao Lélio Basso e ainda hoje responsável pelo boletim trimestral da Fundação.

Lélio Basso morreu logo depois do Congresso pela Anistia, em dezembro de 1978. Mas esta Fundação, que honra seu nome, levou adiante sua proposta e em 1979 instalou o Tribunal Permanente dos Povos.

Todo o mundo sabe que comecei a formar minhas convicções políticas e a desenvolver minha capacidade de negociação defendendo a democracia nas duras condições do regime militar. Foi a partir da experiência das greves do ABC que – juntamente com outros sindicalistas, intelectuais, políticos, representantes de movimentos sociais, pequenos e médios empresários, lideranças rurais e religiosas – ajudei a fundar o Partido dos Trabalhadores com o objetivo de criar uma alternativa concreta de cidadania para todo o povo brasileiro.

No começo dos anos 1980, visitei vários países, a convite de companheiros sindicalistas. Na Itália, em 1984, ao participar de encontro na Fundação Lélio

Basso, tive a oportunidade de agradecer a solidariedade de Lélio e da Fundação na luta pela anistia dos exilados políticos brasileiros e a contribuição ao Fundo de Greve do Sindicato dos Metalúrgicos do ABC.

Quero aqui hoje renovar este agradecimento e dizer que a melhor homenagem que podemos fazer a alguém com a trajetória de Lélio Basso é continuar sua luta, sempre em defesa dos direitos e da libertação dos povos em todo o mundo".

Luiz Inácio Lula da Silva
Presidente da República Federativa do Brasil

Chegando no Presídio Político de São Paulo, Zarattini encontrou um grupo de companheiros que haviam sofrido de tudo, torturas, vexações, isolamento durante anos. Os prisioneiros mais antigos eram Manoel Cyrillo de Oliveira Netto, encarcerado em 30/9/1969, condenado a 52 anos e Aton Fon Filho que havia "caído" em 9/12/69 e que tinha sobre as costas uma pena de oitenta anos e três meses. Estavam ali também Aldo Silva Arantes, Altino Rodrigues Dantas Júnior, Antônio André Camargo Guerra, Antônio Pinheiro Salles, Ariston Oliveira Lucena, David Gôngora Júnior, Diógenes Sobrosa de Souza, Francisco Gomes da Silva, Gregório Mendonça, Haroldo Borges Rodrigues Lima, José Carlos Giannini, Monir Tahan Sab, Newton Cândido e Nelson Chaves do Santos.

A vida em uma prisão política é um constante combate para manter a dignidade, receber informações, não abandonar os próprios ideais. Tem-se que lutar pela higiene, saúde, espaço, acesso à leitura, contra a sordidez de pequenos carrascos que por terem algum poder no sistema sentem-se donos da vida e da morte. É preciso uma grande disciplina, autocontrole e solidariedade de grupo. Existe uma vasta literatura sobre o assunto, como os clássicos: *"Minhas Prisões"* (1832) de Silvio Pellico, patriota italiano que passou quinze anos fechado na fortaleza austríaca de Spielberg ou *"As memórias de um revolucionário"* (1899) do príncipe russo e líder anarquista Alekseevic Kropotkin, ainda "Memória do Cárcere"do grande escritor alagoano Graciliano Ramos. Os encarcerados do "Barro Branco" pelejavam como podiam contra os constrangimentos que sofriam. Numa carta aberta aos ativistas dos direitos humanos, relataram em fevereiro de 1979 uma série de fatos da vida interna do presídio. O primeiro deles era o seguinte:

> *"I – Na semana que se findou o nosso companheiro Pinheiro Salles, preso há mais de oito anos, foi arbitrariamente punido sob o pretexto de haver trocado palavras ásperas com um sargento da guarda do presídio. Sem ao menos ouvir pessoalmente o companheiro e outras pessoas que presenciaram o fato, o diretor do presídio decidiu puni-lo, com o seu recolhimento a uma cela por três dias consecutivos e a suspensão de suas visitas, estendendo portanto a punição a seus familiares. Não obstante a nossa solidariedade, ainda uma pena adicional foi aplicada ao companheiro deixando-o no sábado sem tomar café da manhã e sem almoço. Somente mais tarde, diante de nossos veementes protestos, a direção do presídio determinou que fosse servido jantar ao companheiro punido".*

Os prisioneiros recebiam importantes visitas, como a do Senador Teotonio Vilela, que liderou no Congresso e no país a luta pela Anistia, o sempre assíduos Eduardo Suplicy e Antonio Carlos, ambos deputados pelo MDB. Entre os artistas que também apoiaram fortemente a luta pela anistia, e que por várias vezes estiveram em diversos presídios do país, estavam Antônio Fagundes, Bruna Lombardi, Lelia Abramo,

Ruth Escobar, Carlos Zara, Eva Vilma e outros o que causava repercussão e ajudava a causa da anistia. A Auditoria Militar decidiu, então, proibir as visitas que não fossem exclusivamente de parentes próximos. Os detidos declararam uma greve de fome em 10 de março contra esta prepotência, que durou até a tarde do dia 15, quando a suspenderam respondendo um apelo de Dom Evaristo Arns, mas foram vitoriosos, pois a Auditoria foi obrigada a recuar.

Merecem ser recordados também os advogados que exerciam a profissão com uma dedicação de militantes, com dificuldades que pareciam intransponíveis diante de uma legislação arbitrária e sofrendo constantes provocações e ameaças. No Barro Branco atuaram entre outros: Idibal Piveta e Paulo Gerab, advogados de Zarattini, Luiz Eduardo Greenhalgh, Belisario dos Santos Junior, Maria Regina Pasquale, Eny Raimundo Moreira, Julio Teixeira, José Roberto Leal e Airton Soares.

Quando em 1986 se celebravam os 100 anos do massacre de Chicago, que deu origem à comemoração de 1º de maio, Dario Canale pediu a Zarattini para recordar como havia sido comemorada esta efeméride dentro do "Barro Branco" em 1979. Eis o que escreveu:

"Seguindo a rotina de sempre, o dia já havia começado no Presídio do Barro Branco, um quartel, verdadeiro"bunker" que a ditadura militar havia montado na periferia de São Paulo.

Mas esse dia não seria um dia qualquer, porque era 1° de maio e portanto um feriado, dia de visitação. A possibilidade de receber visita fazia com que nós, os presos políticos, tivéssemos, nos dias que antecedem a ela, uma atividade maior, para alguns até mesmo frenética. O coletivo se reunia e distribuía minuciosamente as tarefas para uma faxina geral e completa. Havia para uns a necessidade de escrever mensagens para fora, que seriam acondicionadas devidamente nos sutiãs e calcinhas das visitantes, mulheres, mães, filhas e irmãs.

Naquela manhã já às 7h todos haviam tomado café e caminhávamos no pátio ouvindo as notícias em nossos pequenos rádios das greves em andamento. Além dos motoristas e cobradores de ônibus que já haviam paralisado a cidade de São Paulo, os metalúrgicos da região industrial do ABC liderados por um ferramenteiro de apelido Lula fariam uma assembléia para decretar greve e comemorar o 1º de maio.

Minha prisão ocorrera em 31 de maio de 1978 e recordo-me que ainda quando estava livre em 12 de maio, na fábrica de automóveis da Scania iniciara a primeira greve do ABC com a paralisação dos operários cruzando os braços diante das máquinas. Lembro-me bem como o início desse movimento grevista nos encheu de alegria. A ditadura, a serviço dos monopólios e do imperialismo, impunha à classe operária e aos trabalhadores em geral o arrocho salarial e a proibição da greve como um crime contra a segurança nacional. Portanto, o movimento que havia começado com a greve da Scania e se alastrado para outras empresas fazia da lei antigreve e do arrocho salarial letra morta.

Os companheiros que encontrei na prisão em sua maioria participaram ativamente do movimento de luta armada contra a ditadura. Lá no Barro Branco estavam exatamente os que haviam recebido penas mais altas, (40, 50, 60 anos!) muitos deles já com 8, 9 e até 10 anos de cárcere. Os vários grupos de luta armada tiveram os seus efetivos drasticamente reduzidos pela repressão militar fascista já nos idos de 1972/1973. Não compreenderam a luta armada como uma necessidade, uma exigência do movimento de massas e também eram avessos à estratégia de compor uma ampla frente única que levasse a ditadura ao isolamento.

No presídio ainda estavam sob a influência desse período em que a derrota era a regra, com as prisões, as torturas, os desaparecimentos e os assassinatos de companheiros do dia-a- dia.

Essa era a razão pela qual por mais que lhes informasse que o movimento de massa estava se pondo de pé e que isso apressaria a redemo-cratização do país, recebera como resposta um sorriso amargo, cheio de ceticismo sobre um futuro em que a única coisa certa eram ainda dezenas de anos a cumprir de cárcere.

Mas aquele 1º de maio era certamente um 1º de maio diferente. Antes mesmo da chegada das primeiras visitas, o rádio já anunciava que o estádio de futebol da Vila Euclides em São Bernardo, onde se reuniam os metalúrgicos do ABC, estava repleto. Mais tarde a assembléia monstro de 100 mil metalúrgicos decretava greve comemorando o 1° de maio. Ao meio-dia as informações eram de que o 1° de maio oficial promovido pelo Ministério do Trabalho, pelo *governo e pelos patrões no estádio de futebol do Pacaembu em São Paulo havia sido um rotundo fracasso. Não reunia sequer duas mil pessoas entre pelegos, funcionários governamentais e autoridades, com uma animação desafinada, fanfarra de colegiais insatisfeitos e irritados de perderem aquela linda manhã de sol, numa solenidade na qual não tinham nenhum interesse.*

A essas alturas já iniciadas as visitas, as informações e as conversas sobre a demonstração de força que os operários estavam dando em São Bernardo faziam com que o ânimo, a "temperatura" se elevasse muito. Pela primeira vez senti nos gestos, nas palavras e no olhar daqueles companheiros, condenados a longas penas, a esperança de novos dias em que o povo conquistaria a liberdade.

E foi nesse ambiente de otimismo que nossos pequenos rádios de pilha trouxeram outra informação: havia se afogado num acidente de barco o mais odiado torturador da repressão fascista, o delegado Fleury. Ali todos sem exceção foram torturados por ele.

Mais do que a morte do Fleury, o 1º de maio de 1979 demonstrava que começava a morrer a ditadura com seus crimes hediondos contra o povo e a nação. Meses depois em agosto de 1979 o Congresso Nacional aprovava a Lei da Anistia. Às 17h as visitas já deveriam ter ido embora e baixada a tranca na porta que lhes dava entrada. Somente às 18h é que os guardas puderam retirar as últimas visitas, interrom-

pendo abraços e beijos naquele dia mais prenhes de amor e amizade.

Às 19h, antes do café, estávamos todos reunidos de punhos cerrados cantando a Internacional.

Nos idos de março de 1979, assumiu a Presidência da República o general, quase ditador, João Baptista Figueiredo prometendo abertura política, aliás, declarando que: *"quem quiser que eu não abra, eu prendo e arrebento"*. Pressionado de todas as partes com o aumento da luta popular, isolamento internacional e crise econômica, o governo começou a conceder os anéis para não perder os dedos, e a ditadura ia se desmantelando. O governo enviou ao Congresso Nacional um projeto de anistia, extremamente restritivo. O debate entre os parlamentares pegou fogo. Os prisioneiros do "Barro Branco" intervieram enviando uma *"Carta aberta ao Congresso Nacional"*, e colocando substancial anexo composto por: *"Representação ao Presidente do Conselho Federal da OAB"* realizada em outubro de 1975, em que numerosas vítimas relatavam com minúcias as torturas sofridas e uma longa lista de nomes de seviciadores e locais onde se cometiam estas ilegalidades; *"Representação ao Presidente do Conselho Federal da OAB"* de dezembro de 1977, sobre as arbitrariedades jurídicas; ainda sobre o mesmo tema uma *"Representação à OAB de São Paulo"* de junho 1979 e finalmente uma biografia de cada um dos presos daquele momento. Carlos Alberto Zarattini (Beto), com a ajuda preciosa de Sérgio Gomes, publicou o volumoso dossiê que conseguiu uma boa circulação.

A carta aberta terminava desta forma:

Senhores parlamentares

A propaganda governamental procura apresentar o projeto de anistia do regime como algo pronto e acabado, manifestando, mais uma vez, seu menosprezo pelo Parlamento e opinião pública. No entanto, cabe lembrar, o maior ou menor alcance da conquista a ser obtida no tocante à anistia depende da amplitude da luta que está se travando nos mais variados setores da sociedade. Sabe-se das restrições e pressões que pesam sobre o Legislativo. Porém, nesse momento, voltam-se sobre ele os olhos de milhões de brasileiros – inclusive os daqueles aos quais nem mesmo a anistia será capaz de devolver os entes queridos – esperando dele um ato de Soberania e Justiça.

Soberania não se submetendo às imposições arbitrárias do regime e Justiça no atendimento do anseio popular por uma ANISTIA AMPLA, GERAL E IRRESTRITA, primeiro passo para a redemocratização plena do país.

Soou a hora de o Congresso Nacional dar esse passo!

Enfim, no dia 28 de agosto foi sancionada a Lei da Anistia. Foi uma grande vitória, mas nascia maculada de ambigüidade pesada, que refletia a correlação de forças no momento. Os golpistas que haviam rasgado a constituição, que foram responsáveis pela implantação de uma longa ditadura, que criaram um sistema repressivo onde atuaram torturadores e assassinos em cada recanto deste país, ficavam resguardados. Somente com muita luta e esforço os arquivos ditatoriais foram parcialmente abertos. Com isso o estado, graças a uma política de conciliação enganosa, que sempre favorece as elites, ficou mais uma vez devendo à sociedade civil, a História e às futuras gerações. Embora com muito atraso ainda é tempo para tentar recuperar, mesmo que parcialmente, o conceito de justiça como acontece nos países irmãos como a Argentina e o Chile.

Quando chegou a notícia da votação no parlamento, explodiu a alegria entre os tantos *"que sonhavam com a volta do irmão do Henfil e com tanta gente que partiu num rabo de foguete"*, como tinham dito os poetas João Bosco e Aldir Blanc. Nos aeroportos, cenas de júbilo e prantos com os aviões que traziam de volta os exilados que deixaram a pátria por querê-la demais. As portas das masmorras se escancararam, a luz inundou os antros escuros, e os combatentes tomaram as ruas.

Entre esses estava Zarattini. Quinze anos de conspiração, clandestinidade, cárcere e tanta tortura tinham deixado sinais sobre o seu organismo; como seus companheiros, tinha os cabelos embranquecidos e o rosto marcado de rugas. Encontrou a filha Mônica que então chegava aos 17 anos, que o esperava junto com familiares, amigos e companheiros. Apoiou-se a ela e mancando disse: *"Dói, filha, dói esta perna. Mas vamos lá, ainda há tanto o que fazer!"*.

Arquivo Pessoal

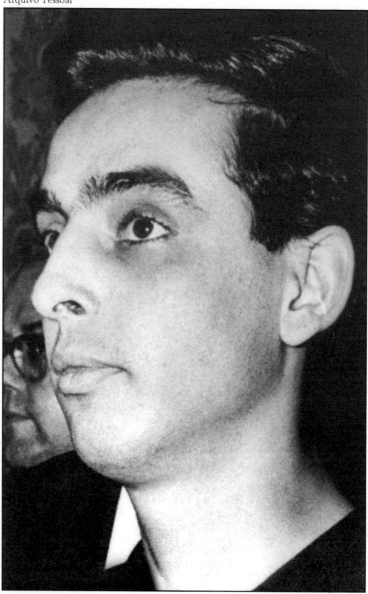

Dario Canale, combatente internacionalista que, segundo Zarattini, "amou o Brasil como poucos".

Pequeno adendo imprescindível

Dario Canale não voltou ao Brasil, pois não foi anistiado. A lei aprovada não contemplava os estrangeiros expulsos. Continuou ainda por alguns meses a ocupar-se dos problemas dos que retornavam e também a colaborar com os exilados de outros países latino-americanos. Recebia uma grande quantidade de pedidos, como este:

"São Paulo, 12 de outubro de 1979

Estimado Dario Canale:

Escrevo-lhe depois de haver conversado com o nosso amigo comum Ricardo Zarattini e haver sabido por ele do esforço que você desenvolveu junto ao Comitato Italiano per l'Amnistia in Brasile para liberá-lo.

Ocorre que trata-se de ajudar a obter a cidadania italiana para o Sr. Ariel Ferrari, que está desaparecido em Buenos Aires e, como Zarattini, é também neto de italianos.

Para que você se informe do caso, envio em anexo um dossiê. O pai de Ariel, Leon Ferrari, está vivendo no Brasil e será ele a pessoa que, doravante, estará em contato com você.

*Agradecendo tudo o que possa fazer por
Ariel, envio-lhe um abraço cordial.*

Fernando Henrique Cardoso

O Partido Comunista Brasileiro, do qual fazia parte, propôs que fosse a Moçambique, onde entre guerras, miséria e subdesenvolvimento deixado pelo colonialismo tentava afirmar-se um governo progressista, e precisava de técnicos e professores que falasse português. Dario viveu quase três anos em Maputo, mas teve que voltar à Europa, pois seu organismo estava devastado. Sofria de úlcera há muitos anos, e a inclemência da vida clandestina, as torturas a que foi submetido, o frenético trabalho em prol da anistia e a rude vida na África tinham piorado a doença.

Deslocou-se para a Alemanha Democrática para tratar-se e aproveitou para fazer o doutorado na Universidade Karl Marx de Leipzig. Sua tese foi sobre a gênese do PCB de 1917 a 1924, uma obra monumental, escrita em alemão e jamais publicada no Brasil. Encontrou uma ótima escritora alemã, Christiane Barckhausen, famosa por sua biografia sobre Tina Modotti, a fotógrafa e revolucionária ítalo-mexicana. Casou-se com ela.

Dario era muito exigente consigo e com os processos históricos, não gostou do que viu na construção do socialismo da Alemanha Democrática e muito menos do futuro que estava por vir. Estava muito decepcionado com o chamado socialismo real.

Achou que seu tempo tinha terminado e nada mais tinha a dar e, seguindo o exemplo da tradição socialista do século XIX, deixou esta terra por suas próprias mãos em 1989, com 46 anos. Como sempre, fez tudo de forma discreta e sem culpar ou dar trabalho a ninguém.

Escreveu ainda um manuscrito, em italiano, muito rico de ilustrações que intitulou *"Sopho Dialogi"*. Complexo, de difícil leitura, trata-se de diálogos filosóficos sobre o presente com o próprio Marx. Tirou apenas três cópias, deixando como seu testamento a sua esposa Christiane, a Ricardo Zarattini e ao autor deste livro.

Nair Benedicto/Agência F4

19. Logo após a sua saída do Presídio Político do Barro Branco, pela anistia aprovada em 29/08/79, Zarattini no apartamento da Rua Avanhadava, tendo a seu lado, da esquerda para a direita, sua mãe, D. Annita, e seus filhos Mônica e Carlos Alberto.

Arquivo Pessoal

20. Zélia Monteiro que conheceu Zarattini quando estava sendo julgado, em 1978, na Auditoria Militar do Recife se tornou o seu amor da maturidade.

Arquivo Pessoal

Arquivo Pessoal

21. Zarattini com Carlos Zara e Eva Vilma após a sua saída da prisão em 30/08/1979.

Arquivo Pessoal

22. Zarattini, em 1981, ao lado de Ulysses Guimarães apresentando reivindicações do movimento sindical.

Arquivo Pessoal

23. Em posição divergente à do PT, Zarattini apoiou Tancredo Neves no Colégio Eleitoral - 1984.

Monica Zarattini

24. Na convenção do PMDB, em 1984, Zarattini ao lado de Teotônio Vilela, o grande líder da luta pela Anistia.

Arquivo Pessoal

25. Zarattini sempre admirou o Engenheiro Leonel de Moura Brizola por suas posições em defesa da soberania nacional. Na foto ao lado, quando trabalhava na Câmara dos Deputados na Assessoria Técnica da Liderança do PDT, em 1994.

Eu sei pra quem dou meu voto,
dispenso que alguém me ensine.
Deputado Federal
É o Ricardo Zaratini.

Pra votar contra a miséria,
contra o sufoco geral,
elejamos Zaratini
Deputado Federal.

Por seu passado de lutas
é o candidato que adoto.
Votando no Zaratini
eu sei pra quem dou meu voto.

O povo sabe das coisas,
pelo certo se define,
por isso seu candidato
é o Ricardo Zaratini.

Não há prisão que o assuste
nem há pressão que o domine.
Meu voto já está escolhido,
dispenso que alguém me ensine.

(MARIO LAGO)

26. Mario Lago, grande ator de teatro, televisão e cinema, que todo o Brasil sempre admirou, autor de "Ai Que Saudade da Amélia". Em 1982 fez o poema acima, apoiando Zarattini para deputado federal.

27. Zarattini ao lado de Bigode (à sua esquerda), seu filho Carlos Zarattini (no centro) e também o então presidente da UNE, hoje presidente da Câmara dos Deputados, Deputado Aldo Rebelo (à direita), numa passeata pelas "Diretas Já" - 1984.

28. Zarattini no ano 2000, em frente ao Congresso Nacional.

Posfácio

O grande mérito desse livro é que o Autor não fez tão somente uma biografia. Mais do que isso, o companheiro José Luiz Del Roio fez uma radiografia de um período (1950-1979) muito importante na história das lutas de nosso povo. Del Roio – militante também da luta contra a ditadura militar – soube captar de forma fidedigna as concepções e os ideais de vários companheiros que dedicaram suas vidas por um Brasil democrático, soberano e socialmente justo. Heróis inesquecíveis, como Carlos Marighella, Câmara Ferreira, Capitão Lamarca, Mário Alves, Apolonio de Carvalho, Onofre Pinto, Antonio Benetazzo, Amaro Luiz de Carvalho, Manoel Lisboa de Moura e tantos outros, mais ou menos conhecidos, com origens sociais e políticas as mais diversas, fazem parte desse relato. Certamente aqui cometo uma injustiça ao não nomear outros companheiros, vivos ou mortos, que também tiveram maior relevância na luta antiditatorial.

De um combatente internacionalista não posso esquecer: Dario Canale. Del Roio disse tudo sobre ele no livro. Dario foi o militante mais completo que conheci. Nele se juntavam o teórico, com imensos conhecimentos de marxismo, com a prática que caracteriza bem os grandes revolucionários: um permanente espírito de luta, uma dedicação total ao povo. Nascido na Itália, Dario amou o Brasil como poucos.

Depois que saí da prisão, em 1979, continuei "obcecado" – como diz o Autor – na luta pela conquista da soberania nacional e do socialismo. E sempre tenho procurado fazê-lo – independente dos instrumentos partidários – apoiado nos ensinamentos de Marx e Lênin e também nas mais importantes experiências revolucionárias de outros povos.

Sempre fui um autodidata e o meu aprendizado teórico foi se dando em meio à luta. Como estudante, nos sindicatos, nos anos de clandestinidade no Nordeste, em Cuba, no Chile e em longas discussões com Dario e outros companheiros após o meu retorno ao Brasil em 1974.

Logo após a anistia em 1979, a "paixão revolucionária" buscou outros caminhos. Ao contrário dos companheiros da TL/ALN que estavam na Europa e do próprio Dario não retornei ao PCB – o Partidão. Iniciei depois de sair da prisão uma série de discussões com os companheiros do MR-8. Para o "oito", diferentemente da visão de ultra-esquerda, majoritária entre os companheiros que participaram da resistência armada à ditadura militar, havia a necessidade da formação de uma ampla frente de forças políticas e sociais para isolar o inimigo principal – o imperialismo e seus aliados internos.

Nessa questão de princípio existia coincidência com a linha política da TL/ALN e com o que sempre defendi e pratiquei desde a campanha de "o petróleo é nosso". Além disso, muitos dos principais militantes do MR-8 tinham uma ativa participação na mobilização popular contra o regime ditatorial. No final da década de 70 as greves que se iniciavam, as lutas estudantis, a batalha pela conquista de uma anistia ampla, geral e irrestrita ilustram bem essa nossa afirmação. O PCB, ao contrário, veio a se tornar um coadjuvante mais ativo na mobilização popular somente quando a ditadura já estava em sua fase terminal.

Nessa luta a participação do "oito" era intensa, particularmente naquela pelos direitos humanos, liderada pelos setores mais avançados das Igrejas e também na luta por melhores salários e condições de trabalho que tinha no movimento operário e sindical do ABC a sua principal referência.

Por isso, nossa opção de militância foi no MR-8, enquanto Dario, Del Roio e outros companheiros que estavam na Europa já tinham se integrado no PCB.

O "oito" também atuava junto com o PMDB pelo fim da ditadura. Em 1982 fui candidato a deputado federal pelo PMDB, na condição de militante e dirigente do MR-8.

Naquela altura, sob a égide de "uma abertura lenta, gradual e segura", estabelecida ainda no período Geisel da ditadura, o PMDB, apoiado em uma ampla aliança de forças políticas, econômicas e sociais, já detinha a hegemonia da luta pelo restabelecimento da democracia no país.

A maioria da direção do "oito", com uma tímida oposição minha e do companheiro Antonio Carlos, vereador pelo PMDB no Rio de Janeiro, aprovou uma política eleitoral desastrosa, particularmente no Estado de São Paulo. A maioria decidiu que havia condições de ter nada menos do que quatro candidatos a deputado federal! Evidentemente o MR-8, como se diz popularmente, não tinha "café no bule" para tanto. Não elegeu nenhum.

A megalomania da maioria da direção não ficou somente na questão eleitoral: abraçou outros projetos que exigiam recursos que a organização não possuía. Montar uma gráfica, editar uma revista e um jornal, ter uma grande sede eram os "sonhos" de uma direção incapaz de fazer autocrítica de seus erros.

As divergências em torno de projetos inviáveis certamente contribuíram para minha saída da organização. Porém, foi uma questão de princípio que determinou a ruptura. Recordo que o exercício da direção coletiva, da democracia interna, como princípio vetor de uma organização política que quer transformações foi crescentemente violado. Decisões políticas importantes, estratégicas, já não eram tomadas pela maioria, mas somente por três ou quatro companheiros, tornando-se manchetes do jornal "Hora do Povo", sem uma discussão dentro da organização.

Foi assim que um pequeno núcleo dirigente, da noite para o dia, estabeleceu uma "revolução à vista" da qual participaria até o Alto Comando Militar da ditadura! Era uma linha política direitista, muito pior do que a do PCB que tanto criticávamos. A violação do princípio da democracia interna fez com que nem mesmo o exame das finanças da organização fosse submetido regularmente à apreciação do coletivo.

A tentação de entrar para o Partido dos Trabalhadores era grande porque o PT se tornava cada vez mais uma referência não só para o movimento operário organizado, mas também para amplos setores dos assalariados, da mesma forma como Getúlio havia sido no passado. As raízes do PT estavam nos combativos metalúrgicos da indústria automobilística do ABC e nas comunidades de base dos

256

setores mais avançados da Igreja. Tinham pouco ou nada a ver com a visão marxista de mundo, e muito menos com os países sob regime do socialismo real, encabeçados pela União Soviética e pela República Popular da China. Tinham sim uma profunda admiração e empatia pela revolução cubana e seus líderes, Fidel Castro e Che Guevara.

Além dessa simpatia por Cuba, O PT não estava ligado, a não ser pelas organizações trotskistas que dele faziam parte, a nenhum sistema internacional de forças políticas que lutava pelo socialismo. No principal problema ainda a ser resolvido no país – a questão nacional, isto é, o Brasil ter não só soberania política como independência econômica –, o PT somente começaria a se posicionar durante os trabalhos da Assembléia Nacional Constituinte. Para o PT a questão ética era a principal. Não faltou razão para Brizola estigmatizá-lo como "a UDN de macacão".

Não só do ponto de vista ideológico havia razões para não ser militante petista. O PT era contra qualquer política de alianças e, a meu juízo, o povo brasileiro só obteve avanços e conquistas quando houve unidade de diversas forças políticas e sociais em torno de determinados objetivos.

Venci a tentação de entrar no PT e voltei ao PCB.

Foi, sem dúvida nenhuma, o meu mais grave erro político. O antigo Partidão da campanha de "o petróleo é nosso" já praticamente não existia. Para uma maioria de seus dirigentes, assim como para a União Soviética de Gorbatchov, os equívocos do sistema do socialismo real deviam ser corrigidos não para a sua manutenção, mas sim para o seu aniquilamento.

Todas essas dificuldades não impediram a intensa participação que tive nas lutas pelo fim da ditadura, particularmente no movimento das Diretas-Já e, após 1985, nos trabalhos da Assembléia Nacional Constituinte não como parlamentar, mas como simples assessor, quando tomei conhecimento da real importância de um Tancredo Neves e um Ulysses Guimarães para o país. Foram figuras decisivas, respectivamente, na luta pelo fim da ditadura e na elaboração de uma Constituição democrática e avançada como é a Carta de 1988. Nesse período aprofundei ainda mais meus conhecimentos sobre a realidade brasileira e sobre a real correlação de forças existente entre as classes dominantes e as classes exploradas do país. Na luta política não bastam os conhecimentos da teoria. Por mais brilhantes que tenham sido as idéias de Marx e Lênin é preciso dominar a realidade do seu próprio país para aplicar bem esses conhecimentos teóricos.

Apesar da tradicional subserviência de amplos setores da burguesia aos interesses antinacionais, a Constituinte aprovou, sob a pressão da mobilização popular forjada na luta contra a ditadura, uma ordem econômica não estatizante, mas profundamente nacionalista.

A mobilização popular durante a Assembléia Nacional Constituinte lembrou o que havia ocorrido por ocasião da campanha de "o petróleo é nosso" na década de 1950. Naquela época se não houvesse a mobilização popular, particularmente dos trabalhadores, estudantes, intelectuais e militares nacionalistas não teria sido possível aprovar no Congresso Nacional a lei que criou a Petrobrás.

Ao se impor uma situação adversa com a dissolução do campo socialista da Europa Oriental, após a queda do Muro de Berlim, a Humanidade passou a viver sob o domínio de uma única potência hegemônica – os Estados Unidos.

Nessa nova ordem internacional, sob a influência do "Consenso de Washington" e do neoliberalismo, Fernando Collor tentou iniciar a destruição de todo o arcabouço nacionalista existente na Constituição de 88, mas foi principalmente Fernando Henrique Cardoso quem obteve êxito nessa obra anti-nacional, promovendo reformas constitucionais no Capítulo da Ordem Econômica que possibilitaram a privatização de vários setores estratégicos da economia.

Na resistência às privatizações há uma longa história a contar sobre o comportamento da burguesia brasileira e seus principais representantes políticos – a maioria deles pertencentes ao PSDB e PFL – na sua submissão aos ditames do "Consenso de Washington".

Trabalhei na Constituinte como assessor e posso testemunhar que o PT, apesar de nela ter privilegiado sua atuação sobre os direitos individuais e sociais, votou favoravelmente a todas as propostas que possibilitaram a construção na Carta de 88 de uma Ordem Econômica nacionalista.

Porém, foi durante os oito anos de FHC que o PT, através de seus parlamentares na Câmara e no Senado, se tornou o centro em torno do qual se formou a resistência contra a política neoliberal de FHC, contra a entrega de um valioso patrimônio nacional, principalmente para as grandes corporações estrangeiras. Enquanto isso o PCB se descaracterizou totalmente, mudou o nome para PPS, e se tornou uma linha auxiliar dos tucanos na medida em que o alvo principal dos ataques do PPS passou a ser o PT!

Após a promulgação da Constituição de 88 voltei para São Paulo, onde, participei da primeira campanha de Lula para a presidência, mesmo sem estar filiado ao PT. Em 1990, ajudei na primeira campanha do companheiro José Dirceu a deputado federal escrevendo para ele artigos em diversos jornais e revistas.

Em 1992 coordenei a primeira campanha de Carlos Zarattini, meu filho, candidato a Câmara de Vereadores da cidade de São Paulo. Por um voto ficou na primeira suplência. Empolguei-me muito nessa campanha por que o candidato do PT a Prefeito era o companheiro Suplicy que, infelizmente, foi derrotado por Paulo Maluf.

Em 1993, a convite do Engº Leonel de Moura Brizola fui trabalhar na Assessoria Técnica da Liderança do PDT. Foi nessa posição que a partir de 1994 iniciamos a luta contra as "reformas" de FHC, sempre com apoio do excelente deputado Miro Teixeira que por diversas vezes foi líder da bancada desse partido. Mesmo trabalhando em Brasília, nos períodos eleitorais apoiei e fiz campanha para os candidatos do PT. Assim foi também quando Lula voltou a se candidatar a presidência e foi derrotado em 1994 e 1998.

No final do ano 2000, exatamente no dia 29 de dezembro, fiz uma cirurgia para extrair um tumor cancerígeno na amídala direita. Foi uma "barra": a cirurgia durou mais de 10 horas, seguida de uma convalescença bastante sofrida, pois o tratamento radioterápico, além de exigir a extração de todos os dentes, "queimou" as glândulas salivares, provocando uma permanente e irreversível falta de saliva. Durante 2001 fiquei no "estaleiro", recebendo sempre telefonemas e mensagens de apoio não só de colegas das assessorias do PDT e PT, mas também de outros partidos.

Na minha luta contra o câncer quero registrar o êxito da cirurgia realizada pelo Professor Lenine Garcia Brandão que, praticamente, me salvou a vida. Também não poderia deixar de registrar que a travessia do ano 2001 só foi possível graças aos cuidados e ao apoio afetivo da minha mulher – Zélia –, sempre presente nos momentos mais difíceis da minha vida, desde que estamos juntos há 25 anos.

Nos oito anos de FHC o país se tornou ainda mais dependente: o Plano Real combateu a inflação com custos sociais e fiscais elevadíssimos, o desemprego passou de 2 milhões para 12 milhões entre 1994 e 2002; no mesmo período a dívida interna se elevou de R$ 64 bilhões para R$ 800 bilhões. Somente para pagar juros dessa dívida são necessários cerca de 140 bilhões de reais por ano, o equivalente à terça parte do total de tributos que a União arrecada!

Esses foram os resultados de uma política monetária e cambial inteiramente submetida a uma ortodoxia, às regras ditadas pelo Fundo Monetário Internacional. Regras que foram ainda mais "aperfeiçoadas" pela tão decantada Lei de Responsabilidade Fiscal que limita gastos em todas as esferas, só não o faz para o pagamento de juros pelo Tesouro. Uma verdadeira lei de irresponsabilidade social que levou bilhões para os bancos e o setor financeiro da economia.

O governo Bush a partir das aventuras bélicas do Afeganistão e do Iraque elevou o déficit fiscal do tesouro norte-americano de US$ 400 bilhões em 2002 para 1,4 trilhão de dólares em 2005. Se essas regras que o Império nos impõe fossem aplicadas ao seu governo de acordo com a nossa Lei de Responsabilidade Fiscal o Sr. Bush já estaria na cadeia!

A reação à política neoliberal praticada nos oito anos de FHC ganhou corações e mentes. A quarta tentativa de Lula se candidatar em 2002 expressava muito essa reação, sintetizava a exigência da Nação por mudanças.

Novamente a "paixão revolucionária" no dizer de Del Roio levou-me, aos 68 anos, a participar das eleições de 2002 como candidato a deputado federal. Somente isso explica o fato de um ano após ter sido acometido de tão terrível moléstia viesse a me propor uma empreitada que muitos companheiros classificaram como mais "uma aventura do Zara".

Não me elegi: Fiquei na quarta suplência com mais de 55.000 mil votos na coligação PT-PC do B. Foi uma votação extraordinária porque todos os eleitos, e inclusive os três suplentes que me antecediam, todos eram portadores de mandatos de vereador, deputado estadual ou mesmo de deputado federal. Essa votação foi obtida não só pelo esforço pessoal meu e de vários companheiros, mas também pelo trabalho feito com as várias "dobradinhas".

Logo após a posse de Lula fui trabalhar na Casa Civil com a missão de acompanhar no Congresso Nacional a tramitação das Medidas Provisórias editadas pelo Presidente. Trabalho difícil porque Lula recebeu de FHC um país praticamente quebrado.

Durante um ano exerci essa função e creio que contribuí, quando da discussão e votação das MPs, na Câmara e no Senado, para que os interesses do povo e da Nação prevalecessem em inúmeras ocasiões.

Em janeiro de 2004, o Presidente Lula criou o Ministério da Coordenação Política e nomeou para seu titular o Líder do Governo na Câmara dos Deputados, o Dep. Aldo Rebelo. Os deputados José Dirceu e Ricardo Berzoini já estavam como ministros, respectivamente na Casa Civil e na Previdência Social, e suas vagas na Câmara tinham sido ocupadas pelos 1º e 2º suplentes da Bancada de deputados federais eleitos pela Coligação PT- PC do B. Com a saída de Aldo Rebelo deveria assumir o 3º Suplente, Jair Meneguelli, que estava exercendo a presidência do SESI. Mas Meneguelli preferiu se manter no cargo, o que possibilitou que eu, como 4º suplente, assumisse a vaga deixada por Aldo em 27 de janeiro de 2004.

Exerci o mandato de deputado federal até o dia 21 de junho de 2005, quando o Ministro José Dirceu deixou a Casa Civil para voltar a Câmara. Foram quase 16 meses em que defendi o Governo Lula com denodo contra uma oposição rancorosa que critica o Governo não por seus erros mas sim pelos seus acertos, pelo que nesses três anos o governo tem feito em favor do povo e do país.

Não posso deixar de avaliar o Governo Lula, seus erros e seus acertos, senão sob a ótica do que defendi durante toda minha vida de militância política. Isto é, que o Brasil sem resolver a questão nacional, sem ser de fato um país soberano e independente, não solucionará os nossos crônicos problemas de ordem social, principalmente o de uma distribuição de renda cruel, responsável por um verdadeiro "apartheid" que divide a Nação entre uma maioria extremamente pobre e uma minoria de milionários.

É necessário, antes de mais nada, compreender o caráter do Governo Lula ou de qualquer outro governo popular que, como ele, tenha surgido não de um processo revolucionário, mas de uma derrota eleitoral imposta a um governo neoliberal, como o de FHC.

Um governo popular, constituído em condições semelhantes ao Governo Lula, é um passo indispensável para a conquista de um regime de transição que livre o país da dependência imperialista, principalmente do imperialismo norte-americano.

263

É deste ponto de vista, de um governo nascido de uma vitória eleitoral contra o neoliberalismo, que quero, ao concluir este Posfácio, fazer algumas observações sobre o Governo e o PT:

1º) A nosso ver, o êxito da luta contra a velha e a nova direita do país e o enfrentamento das regras ditadas pelo capital financeiro e o imperialismo dependem de uma correta política de alianças que possibilite o Governo se tornar o centro de aglutinação de um leque de forças econômicas, sociais e políticas. Sérios erros políticos foram cometidos pelo Governo na formação da base de apoio. O principal deles foi o de não incorporar desde o início o PMDB ou pelo menos a parte dele que apoiou Lula na eleição. Outro equívoco na política de alianças é o de não se ter incorporado, politicamente, ao bloco de forças que luta por um Brasil democrático e soberano os milhões de assalariados rurais que sobrevivem nas fazendas do agro-negócio recebendo salários miseráveis sob infames condições de trabalho. Em minha opinião predomina ainda no PT, no Ministério de Desenvolvimento Agrário e também no próprio Movimento dos Trabalhadores Rurais Sem-Terra (MST) a análise de que o principal problema dos trabalhadores rurais é a propriedade da terra e não o salário. É um grave equívoco que tem deixado milhões de assalariados, principalmente nas fazendas do agro-negócio somente ao alcance dos pelegos dos sindicatos e federações de trabalhadores rurais, sob o guarda-chuva de uma CONTAG omissa, senão conivente;

2º) Quanto ao PT, os princípios da direção coletiva e da democracia interna eram sistematicamente violados pela antiga direção do partido, abrindo o flanco para que uma dissidência da esquerda também não se subordinasse às decisões apoiadas pela maioria. A ausência de uma direção coletiva possibilitou que a política de finanças ficasse nas mãos de um fechado "núcleo dirigente" sem nenhuma periódica prestação de contas ao coletivo partidário, principalmente no que diz respeito ao financiamento dado a partidos aliados da base do Governo. Um governo popular como o Governo Lula sempre sofre uma ofensiva da direita que, em momentos de crise, consegue colocar a seu favor o poder da mídia para, sob o pretexto de combater a corrupção, fazer uma oposição sem limites, não só ao governo como ao partido e à própria democracia. Esse é um fato bem conhecido de nossa história: na luta contra o "mar de lama" do segundo governo de Getúlio, nas denúncias de corrupção contra o governo Juscelino Kubitschek e na luta contra a "subversão e a corrupção" que levou ao golpe militar de 1964 e à deposição de João Goulart, a mídia deu todo apoio à ofensiva conservadora. É claro que essa ofensiva da oposição e da mídia não isenta o PT, nem o Governo, dos graves erros que cometeram no campo da ética. Significativa também é a incapacidade política do Governo Lula para não só manter uma relação amigável com uma mídia naturalmente identificada com a direita, mas até mesmo com os seus profissionais;

3º) Mesmo nestas condições políticas desfavoráveis, o Governo Lula avançou ao definir uma Política Industrial, Tecnológica e de Comércio Exterior contrapondo-se de forma positiva à desindustrialização levada a cabo pelo Governo FHC.

Fui o relator na Câmara dos Deputados da Lei de Inovação Tecnológica proposta pelo Presidente. É um instrumento eficaz para o país sair do subdesenvolvimento, deixar de ser mero exportador de produtos agrícolas, matérias primas e alguns produtos industriais porque necessitamos sim produzir bens e serviços de alta complexidade tecnológica para ingressar definitivamente na sociedade do conhecimento. A nova Política Industrial e a Lei de Inovação são partes importantes do projeto nacional para retomar o desenvolvimento.

O reerguimento de uma indústria de defesa, com o incentivo e a proteção aos bens e serviços produzidos e fornecidos no país, conforme minha proposta aprovada no Congresso Nacional e sancionada pelo Presidente Lula, é imprescindível para um forte desenvolvimento industrial do país. A nosso ver, esta é uma questão não só de soberania, mas também política, porque a ativa participação de militares no arco de forças que luta para libertar o Brasil das garras do imperialismo é estratégica;

4º) Não menos importante tem sido as políticas sociais do Presidente Lula, através do crédito consignado em folha para milhões de trabalhadores, aposentados e pensionistas, a Bolsa-Família atendendo a mais de oito milhões de famílias, o aumento real do salário mínimo, acima da inflação, etc. A direita raivosa que se opõe ao Governo Lula não admite seus êxitos: de uma Petrobrás capaz de dar ao país a auto-suficiência em petróleo, de um BNDES que deixou de financiar as empresas privatizadas para fomentar investimentos na produção, principalmente, para a pequena e média empresa, etc. Por isso, essa oposição expõe abertamente seu ódio de classe quando declara que é preciso "acabar com essa raça por 30 anos", referindo-se ao PT e aos trabalhadores;

5º) Certamente um dos mais graves erros do Governo é ter no Banco Central e na equipe econômica, ocupando importantes posições, pessoas afinadas com as normas financeiras impostas pelo imperialismo norte-americano, que bloqueiam os investimentos produtivos pelas elevadas taxas de juros. Deixam a indústria instalada no país sem proteção com uma taxa de cambio que supervaloriza o real. O Estado não investe porque está debilitado pela sangria do pagamento do serviço da dívida interna. O capital privado nacional ou estrangeiro não vai para a produção. É atraído para a especulação favorecido pela taxa de juros mais alta do mundo. A maciça entrada de dólares para auferir lucros nas Bolsas valoriza ainda mais o real, favorecendo a importação de bens e serviços que já são produzidos no país.

São pessoas que através de artigos e declarações defendem propostas absurdas como a privatização da Petrobrás, a desvinculação do salário mínimo do piso da Previdência, alegando um déficit inexistente no Regime Geral da Previdência Social (RGPS), defendem o fim do crédito direcionado do BNDES (remunerado pela Taxa de Juro a Longo Prazo) e do Banco do Brasil destinados, respectivamente, para o investimento produtivo e o financiamento da safra do agronegócio e da agricultura familiar;

6º) A defesa do meio ambiente e da cultura nacional tem importância transcendental na aglutinação de forças para construir a Nação com a qual sonhamos. O Governo não logrou definir com clareza políticas eficazes nesses campos. As suas iniciativas não tem permitido deter os imensos e irreversíveis danos ao meio ambiente causados por um poder econômico capitalista cujo único objetivo é o lucro. Da mesma forma, a falta de regulamentação deixou livre o cartel das principais emissoras de rádio e televisão para divulgar programas que sufocam a cultura popular.

No entanto, as realizações do atual governo, a retomada da auto-estima nacional, principalmente entre os mais pobres, reforçaram muito a idéia de que é necessário libertar o país das amarras que impedem o seu desenvolvimento.

Pela primeira vez em nossa história, uma crise desencadeada sob a alegação de ruptura de valores éticos, tão caros a nossa classe média e ao próprio PT, não resultou num retrocesso para o projeto de Nação que perseguimos há décadas. O Presidente não se suicidou, a Oposição não conseguiu fabricar um novo "candidato da vassoura", nem se mobilizou a classe média para apoiar outro golpe militar, a pretexto da luta contra a "subversão e corrupção". Ao contrário, há setores, ainda que minoritários, na classe média, para os quais o principal é a retomada do desenvolvimento.

O que realmente vem impedindo um funesto desenlace para a crise política que vivemos – com o impeachment do Presidente e a cassação do registro do PT, conforme o desejo dos setores mais radicais da Oposição – é um crescente aumento da participação dos trabalhadores e dos mais pobres na vida política do país.

Foi exatamente essa emergência dos mais pobres para a política que bloqueou os sinistros intentos da Oposição de dar um fim ao Governo Lula e ao PT. A maioria da classe média, sempre manipulada pelos propósitos antinacionais do grande capital e da mídia, não logrou ser a tão decantada "formadora de opinião" na ofensiva conservadora.

Quero também expressar a esperança de que o livro possa transmitir aos leitores a importância do conhecimento da realidade de nosso próprio país, da correlação de forças e das contradições que existem na nossa sociedade. E sobretudo possa servir de exemplo como é imprescindível para aqueles que realmente querem mudanças o valor da crítica e autocrítica, o reconhecimento cabal de nossos erros.

Creio que o relato da experiência de muitos companheiros que tinham suas ações inspiradas nos escritos de Marx e Lênin possa contribuir para que os revolucionários de hoje propiciem um verdadeiro "renascimento" do marxismo, cuidando de não aplicá-lo dogmaticamente. Isso seria muito importante num momento em que o imperialismo norte-americano e seus ideólogos, através do neoliberalismo, propagam para o mundo o "fim da história" e a falência do marxismo com o fracasso do socialismo real.

Muitas são as reflexões que gostaria de fazer neste Posfácio, como por exemplo, o novo momento que vive a América do Sul com a eleição de líderes que se opõem ao neoliberalismo e também fazer uma análise dos êxitos de uma nova política externa inaugurada pelo atual governo.

Isso seria me alongar demais. Quero mais uma vez agradecer ao Autor, o companheiro Del Roio, a oportunidade de "complementar" a sua magnífica radiografia do período 1950-1979 com esses esclarecimentos sobre minha trajetória política de 79 até o presente.

São Paulo, fevereiro de 2006.

ANEXOS

Durante o período da ditadura militar, proliferou uma enorme literatura política tanto na clandestinidade no Brasil, quanto no exílio. A própria fragmentação dos opositores em muitos agrupamentos condicionava esta produção. Cada organização sentia a necessidade de expor seus pontos de vista que quase sempre despertavam em outras o desejo de revidar e reafirmar suas posições. Acrescentavam-se a este caudal os militantes que individualmente desejavam apresentar seus pareceres nos debates e que produziam artigos em série. Era premente também produzir materiais de denúncias contra a repressão e análises da conjuntura política e econômica. E devemos ainda recordar a correspondência pessoal que milhares de militantes trocaram entre si e que representam um riquíssimo afresco de uma fase e de uma situação.

Aqui são apresentados apenas quatro documentos, uma gota no mar em relação a todo o acervo escrito na época, porém são fundamentais para uma melhor compreensão política deste livro. Sobre eles realizou-se correção mínima, deixando intacto o espírito de então. Foram escritos em momentos difíceis, às pressas e com péssimas condições de infra-estrutura. Pouco se preocupavam com a questão de estilo ou repetições de palavras. O importante era transmitir um conceito. Destas linhas emana todo ardor dos que não se deixavam alquebrar e vislumbravam um futuro, que poderia não pertencer a eles, mas que um dia seria atingido pelo seu povo.

Documento 1

Foi redigido por Ricardo Zarattini e Amaro Luís de Carvalho (Capivara), logo depois que este voltou de um curso militar na República Popular da China, em 1966. Discutiram com vários elementos do PCdoB e do PCB, encontrando pouco apoio para as suas teses. O núcleo do pensamento está na necessidade da guerra popular para derrotar a ditadura e o domínio do imperialismo norte-americano. Determina que o fulcro da contradição principal se localiza no Nordeste brasileiro e que o movimento armado deve ter sua origem nos camponeses daquela área. Este texto é a base da formação do Partido Comunista Revolucionário que surgiria em 1967 e manteve uma atuação constante contra a ditadura.

Carta de 12 pontos
aos comunistas revolucionários

1 – A contradição principal que se manifesta em nossa pátria é aquela entre o imperialismo norte-americano e nosso povo. A natureza agressiva do imperialismo exige uma constante aplicação de sua política de dominação e exploração. Em virtude desse fato, o imperialismo ianque dirigiu e executou por intermédio dos militares reacionários, os "gorilas", o golpe de 1º de abril de 1964. Estabeleceu uma ditadura militar apoiada internamente na alta burguesia nacional e nos latifundiários. A burguesia nacional, constituída em sua maioria de pequenos e médios industriais e comerciantes, por temor ao proletariado e ao movimento de massas, se alia ao imperialismo ianque, como ocorreu no período que aconteceu ao golpe. Porém, passa a hostilizar o imperialismo e seus agentes internos, quando estes praticam uma política que lhes é prejudicial, como ocorre atualmente. Contudo, ainda mesmo os seus elementos mais progressistas não conseguem formular e levar à prática uma luta conseqüente contra o imperialismo e o latifúndio, que se constituem em obstáculos a sua expansão como classe. A burguesia nacional em nossa pátria, como as burguesias nacionais do mundo subdesenvolvido, é incapaz de dirigir e realizar a luta contra o imperialismo e o latifúndio e capitula diante dessas forças.

2 – A classe operária, os camponeses, os estudantes e intelectuais revolucionários constituem as massas fundamentais para a revolução, isto é, aquelas que exigem de fato a derrubada da ditadura militar, a expulsão do imperialismo norte-americano e a eliminação como classe da alta burguesia nacional e do latifúndio. O dever dos marxistas-leninistas e revolucionários está em despertar as massas fundamentais para a luta contra a ditadura militar, mobilizá-las e guiá-las de forma conseqüente. Isto somente será possível através de um genuíno partido do proletariado, produto da luta de classes e identificado com as lutas libertárias de nosso povo. Um partido com a firme determinação de conduzir as lutas do povo brasileiro até o fim quando for extirpada definitivamente do seio da sociedade brasileira a exploração do homem pelo homem.

3 – Sobre o partido proletariado recai a responsabilidade de uma correta análise da classes sociais em nosso país, de definir qual a contradição

275

principal de nossa sociedade e de precisar onde ela se manifesta de maneira mais aguda. A partir daí, deve elaborar a estratégia revolucionária, definir claramente quais os amigos e quais os inimigos e também os métodos de lutas adequadas à estratégia.

4 – Onde se manifesta de modo mais agudo a contradição entre o imperialismo norte-americano e nosso povo? Nossa resposta é o Nordeste. Região com mais de 20 milhões de habitantes, tem sido fonte de matérias-primas e produtos agrícolas para o sul do país e para o exterior. Em compensação quase todos os produtos manufaturados que consome e importa do sul do país, onde se encontram de fato os grandes grupos econômicos, notadamente os da alta burguesia nacional e do imperialismo norte-americano. Nessas condições o Nordeste é a região mais explorada do país e o seu desenvolvimento teria como conseqüência a perda de um mercado e de uma fonte de matérias-primas para os referidos grupos econômicos. Além disso uma classe dominante de latifundiários e usineiros controla a principal atividade econômica do Nordeste, a deficitária indústria do açúcar, cujos prejuízos descarregam sobre a imensa massa de assalariados agrícolas que exploram.

5 – Por isso o partido da classe operária deve elaborar sua estratégia e aplicá-la onde se reflete de modo mais agudo a contradição principal. Aí desenvolver, com profundidade, a aliança operário-camponesa, através do deslocamento para o campo dos elementos mais avançados da classe operária, dos intelectuais e estudantes com ideologia do proletariado para criar as bases de apoio rurais. O cerne da estratégia do proletariado e de seu partido é o desenvolvimento da guerra popular através da guerra de guerrilhas. A guerra de guerrilhas, através das formas mais primitivas e rudimentares de combate, proporcionam às massas organizadas na base de apoio um adequado método de luta, e possibilita que cada elemento de massa se converta num soldado da guerra popular. Além disso, a história de nossas lutas libertárias demonstra cabalmente que a guerra de guerrilhas foi o método de luta que nosso povo sempre utilizou para derrotar os opressores. Dessa forma é o próprio desenvolvimento da guerra, que é forma superior de expressão da luta de classes, que dará origem a outras bases de apoio rurais, que fará crescer as forças armadas populares e inclusive, também, o próprio partido proletariado. Assim, surgirão bases de apoio em todo o Nordeste como também em todos os

pontos do interior de nossa pátria onde as condições sejam favoráveis. Nas cidades e particularmente nas grandes capitais, não só do Nordeste, como de todo país, organismos do partido proletariado deverão ser criados.

6 – Do ponto de vista tático, o campo é mais importante que a cidade para os revolucionários, porque o aparelho de repressão do inimigo é débil nas áreas rurais e tem dificuldades de nela penetrar. Nessas condições, observando o princípio da superioridade relativa de concentrar contra o inimigo forças duas ou três vezes maiores em todas as ações concretas, é possível através da guerra popular derrotar por partes os "gorilas". Por isso a guerra popular também é prolongada. Prolongada porque no início da luta o inimigo é taticamente forte e as forças populares são débeis. Somente é a guerra que pode inverter os papéis, tornando o inimigo débil e as forças armadas populares fortes. Essa mudança acarreta o controle de amplas zonas rurais pelas forças armadas populares, dando em conseqüência o "cerco da cidade pelo campo", compreendendo-se "cidade" onde o inimigo é taticamente forte, pois aí localizam-se seus quartéis e bases. Nas atuais circunstâncias, dentro de um ponto de vista regional, as grandes cidades e capitais do Nordeste são "cidade", enquanto que o restante é "campo". De um ponto de vista nacional, a área industrial de São Paulo, compreendendo as cidades satélites do ABC, Santos e Rio de Janeiro formam o conjunto que podemos chamar "cidade", sendo o restante do país "campo".

7 – O caráter prolongado da guerra popular e a aliança operário-camponesa, imprescindível para o seu desenvolvimento, constituem a garantia de que a hegemonia do processo revolucionário permaneça nas mãos do proletariado e seu partido. Esse é o grande significado político da guerra popular.

8 – Sobre um segundo tipo de aliança, ou mais precisamente a frente única com a burguesia nacional, autenticamente nacional, submetida também ao imperialismo ianque, a condição básica para sua efetivação é a formação das forças armadas populares através do próprio desenvolvimento da guerra popular. Seria erro grave e ilusão de classe supor que a aliança se faça antes do início da insurreição armada, à base de conservações ou trocas de pontos de vista. Nessa questão, o fundamental é o proletariado realizar a frente única quando tiver suas próprias forças armadas, independentes e dirigidas pelo seu partido, garantia de que a luta contra o imperialismo e o latifundiário irá até o fim, isenta de vacilações ou capitulações próprias da burguesia nacional.

9 – Nesse ponto cabe assinalar a maneira contra-revolucionária de compreender a frente única que os revisionistas modernos aplicam em nosso país. Vista a questão em profundidade negam ao proletariado e seu partido a capacidade de derrotar o imperialismo e seus lacaios e colocam nas mãos da burguesia nacional essa tarefa. Por isso, se colocam a reboque da burguesia nacional e adotam a luta eleitoral como principal e única. Quando esta é negada totalmente, passam a aconselhar o proletariado que nada há por fazer, que é necessário esperar etc. É claro que, na situação de ditadura militar vigente em nossa pátria, os que usam o nome de comunistas marxistas-leninistas para seguir a política da contra-revolução a reboque da burguesia nacional, para infundir o medo no espírito das massas, desarmá-las ideologicamente, prestando assim o melhor dos serviços ao imperialismo ianque, não passam de vis traidores da pátria é do povo.

10 – Além do oportunismo de direita, o proletariado e seu partido devem dar combate, sem tréguas, ao oportunismo de "esquerda", que isola os revolucionários, levando-os a ações aventureiras. Em realidade, os oportunistas de "esquerda", ao fazer propostas impossíveis de serem concretizadas, temem a revolução e, tanto quanto os revisionistas, também não a desejam. Não conseguem compreender o duplo caráter da burguesia nacional e a questão de isolar os inimigos principais, aniquilando-os sempre por partes. Ao contrário, se isolam e se lançam a ações aventureiras porque desprezam taticamente o inimigo e pretendem derrotá-lo de uma só vez.

11 – Os revolucionários e marxistas-leninistas têm como ponto de honra para suas atividades se apoiarem nos seus próprios esforços. Em nossa pátria, o desenvolvimento de uma autêntica revolução exige que ela surja como exigência nas forças internas do país. Revolução não se importa e nem se exporta. O auxílio que os países que já se libertaram do imperialismo ianque possa nos dar deve ter um caráter essencialmente político. O principal, o mais importante, é que a revolução se desenvolva a partir das próprias forças internas. Aliás, a aplicação desse princípio é o requisito básico para que a guerra popular venha se processar.

12 – A maior prova de que o marxista-leninista e revolucionário pode dar de internacionalismo proletário é fazer a revolução em seu país. Desenvolver a guerra popular, derrubar a ditadura, expulsar o imperialismo ianque e eliminar

a alta burguesia nacional e latifúndio como classes são objetivos de um verdadeiro internacionalista proletário em nossa pátria, que, conquistando o poder, estabelecendo um governo revolucionário dará uma importante contribuição revolucionária aos povos. De um ponto de vista internacional, a contradição principal do mundo contemporâneo é a mesma que se verifica em nossa pátria, isto é, aquela que se manifesta entre os povos da Ásia, África e América Latina e o imperialismo ianque. Isso acontece devido à natureza agressiva do imperialismo norte-americano, que se manifesta de diversas formas, desde os "inocentes" acordos culturais, os leoninos acordos econômicos e os *dumpings*, as intervenções diplomáticas, a preparação e execução de golpes de Estado, até a sua forma superior de exteriorização que é a intervenção armada e a guerra. Atualmente, o imperialismo ianque leva à prática a mais cruel guerra de agressão que a humanidade já teve conhecimento no Vietnã, sendo o Sudeste Asiático o centro de gravidade de sua estratégia contra-revolucionária. Tendo em vista essa sua política, imposta por sua natureza agressiva, o imperialismo "limpa terreno" na Ásia, África e América Latina e substitui, através de intervenções armadas e golpes de Estado, os governos dos políticos progressistas das respectivas burguesias nacionais por militares títeres do Pentágono e que apóiam as aventuras guerreiras do imperialismo e lhe dão cobertura com recursos materiais de toda espécie e tropas, como faz, por exemplo, a ditadura militar dos "gorilas" chefiada por Castello Branco ao enviar tropas e recursos materiais para São Domingos. Isto, no entanto, demonstra que o imperialismo é estrategicamente débil, que historicamente está derrotado e que os povos do mundo irão vencê-lo. Nosso povo não será exceção a essa regra e um dia através da guerra popular e prolongada alcançará a vitória final sobre o imperialismo ianque e seus lacaios.

Documento 2

Após os terríveis golpes sofridos entre 1969 e 1970, inclusive com a morte de Carlos Marighella e Joaquim Câmara Ferreira, cresceram as vozes críticas no interior da Ação Libertadora Nacional. Muitos exigiam uma radical mudança de rumos políticos, entre eles Ricardo Zarattini. A Coordenação Nacional da ALN, composta de alguns sobreviventes e sobretudo de cooptados que pertenciam ao "2° exército" que voltavam de Cuba, fizeram um esforço para focalizar os erros cometidos. Este documento foi escrito e discutido entre Rio de Janeiro e São Paulo, nas primeiras semanas de 1971. Para os militantes que se opunham à concepção militarista, a autocrítica apresentada foi considerada altamente insuficiente e pelo contrário, levava os restos da organização ao desastre final.

Balanço dos três anos

1 – Aspectos do desencadeamento da luta armada

Uma interpretação decisiva para as nossas forças, um ataque frontal aos problemas, um debate intenso para superarmos os nossos erros.

O grande ensinamento positivo desses anos foi compreender que é possível lutar, reavaliar corretamente o potencial psicológico de vanguarda e das massas, fazer avançar as tendências à esquerda pela negação do estilo direitista em nosso método de trabalho.

Esta lição se produziu na prática da ação revolucionária. Estamos aprendendo a metodologia da guerra no curso próprio da guerra. Com isso, vamos ultrapassando a fase romântica e produzindo uma esquerda de tipo novo.

É certo que os erros foram numerosos. É certo que inúmeros companheiros, honrados combatentes, deram a vida pela causa de libertação. Compreender esse fato e assimilar tais experiências significa respirar o ar da peculiaridade de nossos dias.

O conceito ideológico de que é necessário manter a iniciativa mostrou-se correto pela própria vida. Corresponde à essência da atividade revolucionária e, como tal, teve que impor-se no bojo de uma luta, contra os velhos métodos de caráter reformista, pelos novos métodos do trabalho revolucionário. Nem sempre fomos capazes de fazer nascer o novo. Muitas vezes não percebemos o novo.

Os reformistas de todos os matizes, os repetidores de velhos e ineficazes exorcismos, recusam-se a admitir o traço novo fundamental desta fase revolucionária: a ação armada.

A ação armada está criando um novo tipo de organização, uma nova metodologia de ação e um novo pensamento político.

Evidentemente, tais coisas se passam na realidade objetiva. Estão cheias de contradições e é preciso olhar para dentro delas. A luta armada não se desenvolve no reino das idéias. Ela está fazendo parte do mundo real, ela está modificando nosso dia-a-dia. A luta armada nega todo o processo linear. Com seus altos e baixos, seus recuos e avanços, a luta armada engendra suas peculiaridades e nos está ensinando o modo brasileiro de fazer a guerra.

Na luta pela transformação da prática de vanguarda, na luta pela criação do novo método, cometemos sérios erros que já podem ser balanceados e assimilados. Tais erros têm uma fonte ideológica nos vícios do direitismo, em toda uma fase histórica de incerteza reformista, que vai nos deixando em função da nova prática.

A deformação de algumas idéias centrais em nossa política, quando encaradas ao nível de organização, provocou desastres.

Os quadros intermediários mostraram pouca flexibilidade ao assimilar a nova política, resultando inevitável desigualdade entre os escalões.

Foi particularmente nociva a concepção confusa de "ofensiva", a qual substituiu o conceito correto de "iniciativa", obscurecendo o caráter de nossa tática.

O princípio de ação continuada, a concepção de que é preciso mover-se constantemente, significa estabelecer e manter a iniciativa, traço característico de uma direção revolucionária.

O obscurecimento dessa questão aliou-se a outros fenômenos no trabalho.

Iniciamos a nossa ação com um nível técnico rudimentar quanto ao contato entre as redes e as normas de segurança. Essa questão foi agravada por métodos artesanais de trabalho, tais como a centralização excessiva dos níveis de decisão, independência tática ilimitada para a frente do trabalho armado e liberalismo das formas de organização. Tudo isso se refletia como um planejamento espontaneísta de um trabalho de tipo novo.

Fracassou, em decorrência, o primeiro plano da política de concentração. A direção, em virtude de seu estilo artesanal e espontaneísta, não conseguiu superar o problema, perdendo, na prática, o controle dos acontecimentos.

A partir daí, ocorrendo uma sucessão de quedas que abalaram a Organização, entramos em um círculo vicioso, sem compreender a necessidade de mudar de tática.

Somente mudando a tática para a sua expressão verdadeira, a defesa ativa, podemos acumular forças.

Somente mudando a tática podemos iniciar uma reformulação de conjunto para eliminar os traços direitistas de nossa metodologia de guerra.

No plano da política de organização, a forma principal por que se manifestou nossa debilidade teórica foi a política de quadros. Os critérios de seleção, formação e distribuição de quadros foram simplistas, sem unidade interna e subjetivistas. Como tal, acarretaram, em breve tempo, perdas sérias e a ausência de elementos intermediários. Disso resultou a instabilidade dos três escalões, fracassando o trabalho em profundidade, com a conseqüente perda de iniciativa.

2 – A estratégia da luta armada é correta

A prática desenvolvida pelo setor revolucionário conseqüente, apesar do panorama pouco animador da situação atual, confirma a correção da estratégia de luta armada como forma principal da ação popular.

O primeiro traço positivo foi a ruptura prática com o reformismo. Colocamos a alternativa, a discussão de um método revolucionário para a prática das esquerdas. Hoje, o tipo de práticas necessárias, as tarefas que podem e devem se desenvolver, as qualidades subjetivas que amadurecem para a guerra revolucionária, tudo isso está na ordem do dia da esquerda conseqüente. Superamos o burocratismo: a organização tornou-se um instrumento de tática, em oposição à concepção reformista que vê a organização como um fim em si mesmo. Conseguimos introduzir o nosso estilo de trabalho e ação e a concepção metodológica de guerra revolucionária. Se preconizamos a violência armada das massas para destruir a ditadura e seus fundamentos, empregamos a violência de modo a construir as condições subjetivas adequadas à transformação do movimento de massas.

Enfim, nossa prática refletiu a tese de que para construir um exército é necessário fazer a guerra, nós a estamos fazendo.

O segundo ponto positivo foi a demonstração concreta de que a ditadura pode ser enfrentada e derrotada, desde que apliquemos o princípio correto da concentração de forças na direção principal. Dirigir o golpe no plano da ação direta, produzir a ação revolucionária, transformou a esquerda armada na única alternativa real de oposição à ditadura oligárquica-militar. Em virtude das debilidades referidas na metodologia de trabalho e das duras perdas conseqüentes, capitalizamos mal nossas ações, o que em absoluto significa a perda da continuidade na luta revolucionária.

Em verdade, a guerrilha urbana cresce nos centros urbanos como uma perspectiva a luta das massas exploradas. Tal potencial psicológico tornar-se-á realidade cedo ou tarde, dependendo de nossa capacidade de acertar ou errar no trabalho de massas.

O terceiro aspecto positivo de nossa prática foi a caracterização da essência militar da ditadura brasileira. O inimigo faz a guerra aberta às forças populares, eliminando a farsa democratizante. Isso é produto e eficiência de nossa ação, como mostra Che em seu livro "Guerra de Guerrilhas".

O aparecimento de uma alternativa prática demonstrada de enfrentar a ditadura, pôr a nu sua essência militar, são aspectos altamente positivos para o desenvolvimento da guerra revolucionária. Isso confirma a estratégia da luta armada.

3 – É necessário aprender a fazer a guerra. Eis a principal lição de nossos erros.

Sintetizemos os principais erros que nos levaram a situação atual de passividade.

O primeiro deles, que salta à nossa vista com o simples relato da prática cotidiana é o espontaneísmo no trabalho de organização. Na luta em que superamos o burocratismo, caímos no espontaneismo ao praticarmos formas de trabalho que supunham criar-se de modo mais ou menos mecânico a organização necessária como produto de ação. Abandonamos repetidas vezes a planificação da infra-estrutura em função de fatores imediatos. O trabalho excessivamente centralizado nas mãos dos principais dirigentes gerou deficiência política na formação de quadros intermediários. A centralização deformada gerou uma estanquização precária entre os escalões e as frentes, bem como a indefinição dos critérios de recrutamento. Como resultado a política de formação de quadros tomou o curso espontâneo. Nossa infra-estrutura desarticulou-se, deformou-se ao extremo. Tais são os traços principais de nossa capacidade organizativa e de nossa visão obrerista.

Outro desvio político da ALN foi subordinarmos a essência do nosso planejamento político ao aspecto militar. Isso caracterizou o desvio militarista. Mistificamos o aspecto militar em todos os níveis. Ao nível do trabalho de organização o militarismo se caracteriza de todos os outros setores ao GTA

286

(grupos táticos armados). O trabalho de massas e a infra-estrutura eram simples apêndices do órgão militar. Ao nível pessoal ocorreu o "culto ao guerrilheiro", exaltado e respeitado, com uma deformação mística por toda a organização. O trabalho de massas foi encarado como "heresia" durante muito tempo e o único fator que fez com que se mantivessem as ligações com os companheiros dirigentes da frente de massas era o fato que ela fornecia suprimento de novos quadros e a maior parte da infra-estrutura da Organização.

O praticismo, isto é, a prática sem teoria, também foi um dos erros importantes da organização, conduzindo-nos, em certos momentos, a uma tática de mera sobrevivência. A ação pela ação, contrapondo-se à ação como um produto do plano tático, nos dominou por largo tempo.

O resultado de nossa concepção espontaneísta foi o fracasso do objetivo principal, que era o desencadeamento da guerra do campo. Isso implicou um estrangulamento de nossa estratégia que foi se atomizando no obreirismo.

Quais as causas que determinaram tal desvio em nossa prática?

Existem dois motivos principais intimamente ligados. Primeiramente a nossa origem no partido reformista viciou a prática de muitos quadros que de lá vieram. Demonstrativo dos métodos oportunistas, dos velhos vícios é a "briga dos fuzis", a astúcia aplicada à política com os aliados, etc. Em segundo lugar, porém sem ser menos importante, a essência do oportunismo manifestou-se na procura de uma estratégia de uma decisão rápida, na dificuldade de interiorizar o princípio da guerra prolongada. A confusão entre ofensiva e iniciativa revelam a forma principal de nosso oportunismo. Implicava uma guerra de curta duração. É claro que uma guerra prolongada significa fases alternativas na correlação de forças. A obsessão pela ofensiva foi basicamente oportunista. Hoje lutamos para recuperar a iniciativa, para selecionar os meios de ataque e defesa. Lutamos por fazer a guerra assimilando as leis próprias da guerra.

4 – Conclusão

É necessário elaborar um plano tático de defesa ativa onde estabeleçamos nossa política de concentração no principal, uma reavaliação do papel da cidade na luta e a clarificação da metodologia da guerra. É necessário estabelecer novos métodos de trabalho e ação.

Documento 3

Representa o resultado de um longo amadurecimento e discussões realizadas entre vários componentes da ALN que se encontravam em Cuba. Depois de sua viagem por diversos países socialistas, Zarattini encontrou na Itália, alguns militantes da organização e decidiram tornar públicas suas posições divergentes, com uma longa declaração. Escrito, fundamentalmente, por Zarattini na cidade de Milão, em agosto de 1971, obteve uma divulgação bastante ampla, sendo traduzido para o espanhol, italiano e francês. Trata-se de uma crítica impiedosa da atuação da ALN, propondo recomeçar a batalha a partir das posições do agrupamento comunista de São Paulo de 1967. Apresentou-se como um grande esforço para realizar uma análise marxista do quadro internacional, brasileiro e da situação na qual se encontrava a oposição armada naquele momento e serviu de base para a formação da Tendência Leninista da Ação de Libertação Nacional.

Uma autocrítica necessária
(para discussão)

Uma observação ainda que superficial da atual situação política do movimento revolucionário brasileiro evidencia de um modo gritante o total desligamento das massas dos diversos grupos armados que atuam no país. Para enfrentar essa situação desenvolvemos dentro da Ação Libertadora Nacional (ALN) uma luta interna cujo centro é a proposta para que a organização faça autocrítica profunda da sua política, da sua estrutura e dos seus métodos. Desde há muito tempo preconizamos essa autocrítica. No entanto, por falta de clareza, conciliamos em diversas oportunidades na luta interna. A própria necessidade de combater as idéias pacifistas e o impacto de uma série de ações armadas realizadas com sucesso, o que nos empolgava, contribuíram em muito para não se ter uma visão correta da verdadeira natureza dos nossos erros.

Uma análise mais profunda da história e do desenvolvimento da ALN nos revela que os sérios golpes que recebemos não são somente devidos a um brutal sistema repressivo que a ditadura militar, assessorada e orientada pelo imperialismo norte-americano, pôs em prática. Nesse sentido poderíamos dizer que as revoluções mais importantes de nossa época foram conduzidas sob uma repressão policial igual ou maior do que a vigente no Brasil e nem por isso deixaram de ser vitoriosas. A própria luta contra o nazi-fascismo é uma demonstração cabal de que a mais bestial repressão que a história conhece, repetida hoje em dia pelos norte-americanos no Vietnã, não conseguiu destruir a luta dos movimentos clandestinos.

A luta armada foi iniciada em 1968 no ascenso do movimento de massas. As primeiras ações armadas nas grandes cidades ocorreram num período em que eram desencadeadas greves camponesas no Nordeste, greves operárias nos principais centros metalúrgicos de São Paulo e Minas Gerais e também quando eram realizadas as formidáveis manifestações do protesto do movimento estudantil por todo país.

Cremos também que está fora de cogitações o raciocínio simplista de que o surto de desenvolvimento econômico alcançado nos centros industriais do país no biênio de 69/70 seja o responsável pelo progressivo afastamento do povo do movimento de luta armada. Em nossa opinião o que a ditadura militar, em sua ofensiva propagandística no interior e no exterior do país, chama de o "milagre brasileiro" – o elevado crescimento do produto nacional bruto no biênio 69/70 – ainda que tenha melhorado a situação de setores da classe média urbana e da reduzida faixa de operários altamente qualificados nos grandes centros industriais, como evidencia o aumento do salário médio real nos últimos anos, a verdade é que a classe operária e as grandes massas se pauperizaram cada vez mais, pois o salário mínimo real não tem deixado de cair desde o golpe de 1964 e o fez de um modo mais acentuado no biênio de 69/70, correspondente ao que os economistas burgueses chamam de "boom" da economia brasileira.

Resulta pois claro que o desenvolvimento em curso significa, nas condições de país neocolonizado que é o Brasil, um brutal aumento da exploração das massas através da manutenção de uma política de "arrocho salarial" e de intervenção e controle das organizações de massa, principalmente dos sindicatos, somente possível nos quadros de uma ditadura militar fascista.

É importante também observar que esse desenvolvimento ocorre numa época em que o capital financeiro, através do controle do mercado de capitais, aprofunda o processo de fusão das empresas, particularmente as da burguesia monopolista, com os grandes monopólios internacionais. Como a maioria da burguesia brasileira tem em suas mãos grandes propriedades rurais, o fenômeno da associação com monopólios estrangeiros não se verifica somente no setor industrial, mas se estende também à agricultura. Por outro lado, é importante assinalar que as maiores propriedades rurais em nosso país pertencem a empresas estrangeiras, inclusive há algumas delas que detém o monopólio da comercialização de diversos produtos agrícolas.

Nessa situação, esse desenvolvimento engendra e aprofunda um complexo de contradições entre as quais podemos citar:

a) obstaculiza uma reforma agrária que possibilitaria a criação de um mercado interno maior ou senão põe em marcha uma reforma agrária prussiana, em que a penetração capitalista no campo, a base de uma tecnologia avançada, leva a um regime de assalariado agrícola ou de desemprego a um contingente significativo das massas camponesas, empobrecendo-as ainda mais;

b) por outro lado, o atual surto desenvolvimentista aumenta as disparidades regionais entre o centro-sul, onde de fato ele ocorre, com outras regiões empobrecidas do país, especialmente o Nordeste;

c) um significativo número de médias e pequenas empresas que não exercem monopólio em suas atividades são marginalizadas pela política econômica da ditadura, voltada para os interesses dos monopólios imperialistas e da burguesia a eles associada;

d) finalmente, não há que esquecer que a persistência de uma estrutura agrária arcaica, impossibilitando uma significativa ampliação do mercado interno, impõe a necessidade de uma agressiva política de exportações que, por sua vez, determina uma política expansionista para o país.

Também não se deve deixar de se observar que o processo de melhoria do salário médio real de setores da classe média urbana é, nas condições brasileiras, transitório e de curta duração, dada a dependência e a instabilidade de uma economia com base nas inversões dos grandes grupos monopolistas, principalmente do imperialismo norte-americano.

Ora, a verdade é que nem a repressão brutal, nem o surto desenvolvimentista podem ser responsabilizados pelo nosso desligamento das massas. Como vimos, no Brasil, o desenvolvimento econômico significa sempre um aumento das contradições econômicas e sócio-políticas e em conseqüência uma aguçamento da luta de classes. O terror desencadeado pela ditadura militar ao prender, espancar, torturar e assassinar milhares de patriotas e revolucionários, se por um lado atemoriza as massas, por outro produz um sentimento de revolta contra essas ações criminosas dando como conseqüência um acúmulo de ódio bastante explosivo contra a ditadura.

Por isso é que devemos buscar as causas de nossos fracassos em nossos erros, fundamentalmente em uma concepção errônea de como levar à frente nossa revolução e de uma organização completamente inadequada às tarefas que se propôs a desenvolver.

É em virtude desse modo de ver as coisas que propomos aos companheiros da organização um profundo processo autocrítico para responder o porquê estamos isolados das massas, o porquê não se desencadeou a guerrilha rural em 1969, como se havia anunciado, o porquê sofremos perdas tão importantes como a de Marighella, Câmara Ferreira e outros heróicos combatentes, o porquê temos hoje em dia nas prisões centenas de militantes e milhares de aliados, o porquê há um processo em curso não somente na ALN mas em todas as organizações de uma crescente atomização em grupos e subgrupos em permanente luta, etc.

293

Em nossa opinião a ALN necessita retomar, no fundamental, a linha política aprovada pelos comunistas de São Paulo, em sua conferência de abril de 1967, quando foi eleito para direção do movimento o companheiro Carlos Marighella. Nessa oportunidade, os comunistas de São Paulo aprovaram a concepção marxista-leninista da revolução como obra das massas, deixando claro que a violência das classes dominantes expressa na ditadura militar fascista determina a via armada para tomada do poder político. Na resolução da conferência se enfatizava o trabalho político com as massas, em especial com a classe operária das grandes empresas industriais, onde se deveria construir partido, sem o qual as tarefas da revolução não poderiam ser levadas adiante.

A conferência dos companheiros comunistas de São Paulo, ao esmagar as teses reformistas baseadas na ilusão de classe da conquista pacífica do poder político a reboque dos políticos progressistas da burguesia, propiciou uma importante vitória na luta ideológica para o estabelecimento de uma correta linha política para a revolução. A conferência acentuou o caráter nacional libertador do processo revolucionário em curso, preconizando a conquista do poder político utilizando a luta armada como forma principal de luta. A conferência também preconizou a liquidação do atual aparelho burocrático-militar da ditadura e a formação de um governo popular com a participação de todas as classes e camadas interessadas no processo nacional-libertador, como fase de transição para construção do socialismo.

A razão básica de nossos erros residiu fundamentalmente no desvio da linha aprovada nessa conferência. Cremos que isto ocorreu devido principalmente a dois fatores:

a) o enorme afluxo de elementos da pequena burguesia radical, notadamente de estudantes, para a organização;

b) a intensa penetração ideológica das teses sistematizadas pelo intelectual francês Regis Debray, principalmente entre os elementos oriundos da pequena burguesia radical. Nessas condições foi possível introduzir na organização o que denominamos o contrabando ideológico do debraysmo.

É importante hoje em dia criticar a teoria debraysta porque apesar dos enormes prejuízos que causou ao processo da nossa revolução, contra ela são levantadas pelas organizações revolucionárias apenas críticas "técnicas" quanto à viabilidade prática ou não do foco guerrilheiro.

Nenhuma crítica do movimento de luta armada é radical no sentido de rejeitar o cerne da teoria debraysta que consiste na revisão do leninismo sobre a questão da necessidade do destacamento de vanguarda da classe operária – de um partido de novo tipo – para dirigir a revolução. Partindo, em nossa opinião, de uma errônea interpretação da revolução cubana, o intelectual francês nega a necessidade do partido leninista para levar a cabo a revolução, nas condições da América Latina, propondo a sua substituição pela "coluna móvel estratégica" que seria a direção político- militar para a qual convergiria a atenção das grandes massas, a partir dos enfrentamentos iniciais do foco guerrilheiro. Apesar das críticas como dissemos "técnicas" ao foco guerrilheiro, feitas por nossa organização, chegando inclusive a se declarar "antifoquista", o principal objetivo estratégico é ainda o estabelecimento no interior do país da "coluna móvel", o que significa na prática adotar a mais importante tese debraysta.

Nas condições brasileiras, a adoção das teses debraystas equivale – como de fato se deu na prática das organizações revolucionárias – a dar as costas a um proletariado de aproximadamente 20 milhões, abdicando de sua mobilização e organização a partir de suas reivindicações mais elementares, "simplificando" o processo revolucionário ao estabelecer que um conjunto de combatentes, em sua maioria de extração estudantil, bem treinados e equipados – a coluna móvel estratégica – de fora da classe operária, seria um poderoso estímulo para sua mobilização e aglutinação. Evidentemente, a questão de fundo está na disputa da hegemonia da revolução, que a pequena burguesia radical há sempre de lutar para reter em suas mãos, procurando resolver o problema do poder pela fórmula paternalista da "coluna móvel" em que meia dúzia de iluminados faria a revolução para as massas. Apesar de, em palavras, os defensores da linha militarista apregoarem, mecanicamente, a necessidade de uma revolução a longo prazo, isto é, com a participação das massas, toda a sua prática demonstra o contrário, isto é, ter as massas como massa de manobra, limitar sua intervenção no processo, buscando uma solução a curto prazo para preservar a hegemonia da pequena burguesia radical na revolução.

Esta falsa concepção de revolução e ainda a adesão incondicional ao esquema artificial da OLAS deu como conseqüência uma prática revolucionária que consistia em desenvolver ações nas cidades visando a obter recursos materiais – dinheiro, armas e explosivos – para lançar a guerrilha rural, através de uma coluna, cujo núcleo mais importante houvesse sido treinado militarmente no exterior. Nessas condições, a expropriação de bancos foi erigida como critério de uma política de quadros: o "vestibular" que credenciava um quadro era se havia participado ou não de uma ação expropriatória. A necessidade de auto-afirmação pequeno-burguesa de muitos se ajustava ao "critério" seletivo. Progressivamente, o justo critério leninista, que no fundamental avalia o quadro pela sua capacidade de organizar as forças motrizes da revolução – os operários, os camponeses, a pequena burguesia, especialmente os estudantes e os intelectuais revolucionários – foi abandonado.

Em conseqüência, o trabalho político foi deixado de lado, pois as ações expropriatórias eram de caráter estritamente militar, sem nenhuma relação com qualquer problema das massas e obviamente, sem a sua participação.

Esse era o "caminho" a seguir pois o que se objetivava era o acúmulo de recursos materiais para o lançamento da coluna guerrilheira, que seria o centro aglutinador e mobilizador das massas, o instrumento de todo o trabalho político.

Nessas condições foi desenvolvido o culto ao guerrilheiro urbano – no restrito e limitado sentido daqueles elementos que eram capazes de participar de uma ação expropriatória – chegando-se a ponto de se considerar "heresia" o trabalho político com as massas. Refletindo a ideologia da pequena burguesia radical, refratária à disciplina proletária, foi criado o conceito de "liberdade tática" ou "autonomismo" para os grupos que realizavam ações armadas. Chegou-se a escrever que se a coordenação era um entrave à realização de uma ação, porque quisesse discutir politicamente, então que não se levasse em conta a coordenação e se fizesse a ação.

É claro que em nosso movimento de luta armada havia uma reação imensa contra a passividade das velhas direções esclerosadas no trabalho rotineiro de uma linha política pacifista e reboquista que as imobilizava. Marighella expressa essa reação justa e necessária e não se pode esquecer de salientar, nessa autocrítica, a decisiva contribuição do nosso movimento revolucionário no sentido de mostrar que é possível a luta armada em nosso país, contra a passividade das correntes burocráticas de todos os matizes, inclusive aquelas que falam de luta armada que jamais praticaram. O movimento de luta armada teve o mérito de derrotar o pensamento pacifista resultado da influência ideológica da burguesia. Hoje a linha militarista – o desvio de "esquerda" – revela o seu total conteúdo direitista ao objetivamente dar à corrente pacifista burguesa os "argumentos" para negar a luta armada, para não falarmos no trabalho político contra-revolucionário que a ditadura militar fascista, em sua ofensiva propagandista, tem feito baseada nos erros que cometemos.

Por isso, a autocrítica que apresentamos não deve ser confundida com uma visão pessimista da revolução. Pelo contrário, somente ela permitirá a elaboração de uma linha política correta e a estruturação de uma organização leninista capaz de pô-la em prática de modo conseqüente.

A nossa luta ideológica visa, basicamente, derrotar as duas tendências:

— a pacifista, de fundo burguês que procura lançar ao descrédito a via armada da revolução;

— a militarista, também burguesa, pois isolando as organizações revolucionárias das massas, pelo desvio "esquerdista" também leva à desmoralização da luta armada.

São duas tendências que, na realidade, são faces opostas de uma moeda, duas manifestações, uma de direita e outra de "esquerda" da mesma ideologia burguesa que penetrou intensamente na esquerda brasileira.

No encaminhamento da luta interna que desenvolvemos dentro da ALN em torno do ponto de vista autocrítico acima, estamos propondo aos companheiros o debate das seguinte cinco questões que reputamos fundamentais:

I – A QUESTÃO DA ESTRATÉGIA NACIONAL-LIBERTADORA E DEMOCRÁTICA E O PROGRAMA DA REVOLUÇÃO.

Partindo do fato de que os inimigos principais de nosso povo são o imperialismo norte-americano, a burguesia monopolista a ele associada e os grandes proprietários de terra e que somente podem manter a sua denominação e exploração através de uma ditadura militar fascista, preconizamos para a revolução uma estratégia nacional-libertadora e democrática em que as forças básicas – a classe operária, os assalariados agrícolas e camponeses, os estudantes e intelectuais, os militares democratas, especialmente soldados, marinheiros, cabos e sargentos, – reúnam à base de um programa amplo todas as classes e camadas sociais interessadas na derrubada da ditadura militar fascista, a fim de expulsar o imperialismo norte-americano, eliminando como classe a burguesia monopolista associada e os latifundiários. Cremos ser necessário fazer os seguintes esclarecimentos:

a) em nossa opinião, nas condições brasileiras, somente a classe operária tem capacidade de dirigir e levar até o fim a luta pela derrubada da ditadura a fim de estabelecer um regime político que realize as tarefas de um programa nacional-libertador e democrático;

b) com isso queremos dizer que os representantes políticos da burguesia que não exerce monopólio em suas atividades e da pequena-burguesia não tem condições de dirigir o processo nacional-libertador e democrático. Cremos ser ilusão de classe pensar que os políticos progressistas da burguesia possam dirigir com conseqüência a luta pela derrubada da ditadura. Essa constatação não deve levar à conclusão "esquerdista" de que esses elementos não participam da frente única antiditatorial;

c) a atual ditadura militar brasileira não tem as características das ditaduras tipo Batista, Somoza, Perez Jimenez, etc., tão comuns na história da América Latina. Em nosso país, a ditadura não é exercida em termos pessoais. A figura de ditador, seja ele Castello Branco, Costa e Silva, Garrastazu Médici ou outro gorila qualquer, nada significa diante do Conselho de Segurança Nacional, do Estado-Maior das Forças Armadas, da Escola Superior de Guerra, que são os organismos que, de fato, elaboram e põem em prática a política ditatorial;

d) nessas condições as tarefas de um programa nacional-libertador e democrático somente poderão ser postas em prática se for destruído o aparato militar que exerce a ditadura. Nessa questão discordamos daqueles que pensam que é possível uma redemocratização, mantido o atual aparato burocrático-militar, como também discrepamos daqueles que argumentam se a via é armada ou pacífica é o acúmulo de forças revolucionárias que vai decidir. Ao contrário, nossa opinião é de que as classes dominantes, por intermédio da ditadura militar exercem a violência armada contra as massas, determinando assim, ao proletariado e às forças progressistas, como saída revolucionária, a via armada;

e) isto não quer dizer que a luta armada é a única forma de luta. Os marxistas-leninistas tem o dever de utilizar todas as formas de luta que possibilitem seu contato com as massas, visando a despertá-las, mobilizá-las e organizá-las para a revolução. A luta armada é a forma principal de

298

luta e devemos utilizar todas as outras formas, inclusive a luta eleitoral, quando se propicia uma brecha para um contato, ainda que ultralimitado, com as massas. O importante é não ter ilusões numa saída eleitoral, mas utilizar as eleições para denunciar e desmoralizar ainda mais a ditadura;

f) o regime que pretendemos estabelecer é uma democracia avançada, que seja uma ditadura de todas as classes e camadas sociais que participam do processo nacional-libertador e democrático com os seguintes objetivos:

1. derrubar a ditadura e destruir o seu aparato militar;

2. eliminar a dominação do imperialismo norte-americano;

3. eliminar, como classe, a burguesia monopolista associada e os latifundiários;

g) nessas condições será permitido o funcionamento em regime pluripartidário de todas as organizações políticas que não contrariem os objetivos do programa nacional-libertador e democrático. Deve-se entender que esse regime pluripartidário será constituído de organizações que não tenham tido qualquer tipo de colaboração com a ditadura. Por outro lado, fica claro que não estamos de acordo com aqueles que, partindo de um ponto de vista "esquerdista", não admitem um programa nacional-libertador e democrático, exigindo a instalação imediata da ditadura do proletariado, não considerando o processo revolucionário como resultante de contradições sócio-políticas, para se fixar unilateralmente na contradição econômica fundamental – burguesia x proletariado – que ao caracterizar nosso país como capitalista leva à conclusão da necessidade de um programa socialista para a revolução;

h) por outro lado, a formulação de um regime de democracia avançada deve ser compreendida como parte de um mesmo processo de revolução permanente em direção ao socialismo. É claro que isso depende de existir uma vanguarda proletária que detenha a hegemonia de todo o processo através de uma intensa luta ideológica, com a mais ampla participação das massas, contra todas as tendências que buscam estagnar a revolução ou burocratizá-la.

É importante ressaltar o caráter democrático do programa de nossa revolução, tendo em vista a sistemática repressão que a ditadura militar exerce não somente sobre as forças motrizes da revolução, mas também sobre os políticos da burguesia que levantam teses progressistas, sobre os setores intelectualizados da classe média urbana e também sobre os setores avançados da Igreja Católica. De um ponto de vista econômico, são camadas vinculadas à burguesia que não exerce monopólio em suas atividades econômicas.

Nessas condições é necessário, sem nenhum temor "esquerdista", como tem acontecido até agora, apresentar um elenco de reivindicações democráticas que possibilite a participação política desses setores no processo de luta nacional-libertador e democrático inclusive no futuro governo de todas aquelas personalidades políticas que não se tenham comprometido com a ditadura militar.

Por isso cremos que a limitada luta em torno das reivindicações democráticas, que a esses setores podem desenvolver, deve ser por nós apoiada e aprofundada em termos de luta das massas. Por outro lado, em nenhum momento devemos conciliar com as tendências pacifistas no sentido de abdicar da via armada para a tomada do poder político. Temos a opinião de que, não se isolando do movimento unitário em torno das reivindicações democráticas, trabalhando para que as massas participem ativamente dele, não se descuidando em nenhum momento da luta ideológica, se estabelecem as condições para que os elementos progressistas da burguesia não conciliem com a ditadura, ao contrário, aprofundem suas contradições com ela.

Ao tratar do problema agrário, no programa, que propomos a seguir, apresentamos três formas de propriedade da terra:

a) a propriedade privada para os arrendatários e posseiros, que serão transformados em pequenos proprietários pela aplicação da consigna "a terra a quem trabalha";

b) a propriedade de cooperativa para os pequenos e médios proprietários;

c) a propriedade estatal, resultado da expropriação dos latifúndios, em particular daqueles onde existe a chamada agricultura de exportação – cacau, açúcar, café, etc. –, nos quais predominam trabalho assalariado.

Nesse sentido, tendo em conta a estratégia nacional-libertadora e democrática de nossa revolução, apresentamos o seguinte programa unitário:

1.Denúncia de todos os acordos de caráter político, econômico, cultural ou militar prejudiciais ao nosso povo e contrários à soberania nacional, firmados pela ditadura militar.

2. Confiscação de todos os grupos monopolistas do imperialismo norte-americano, garantindo-se entretanto as propriedades dos portadores de ações individuais, que corresponda a uma poupança popular.

3. Será estabelecido nas empresas estatais e nas empresas confiscadas o controle dos trabalhadores.

4. Somente serão expropriadas as empresas do capitalismo privado nacional que comprovadamente colaborarem com a ditadura militar durante o processo revolucionário.

5. Serão expropriadas as grandes propriedades de terra, estabelecendo-se a coletivização onde predomine o trabalho assalariado e a divisão em pequenas e médias propriedades, de preferência reunidas sob forma de cooperativas, onde o arrendamento for a forma de exploração da terra.

6. O atual sistema de cooperativas será mantido, promovendo-se sua democratização e ampliação. Será dada ajuda técnica e financeira aos pequenos e médios proprietários rurais através das cooperativas.

7. Serão tomadas medidas especiais para as áreas menos desenvolvidas do país, visando eliminar as disparidades regionais.

8. Serão restabelecidos e ampliados os direitos democráticos, abolida a pena de morte e prisão perpétua, abolida a censura, libertados todos os presos políticos e anulados todos os processos políticos estabelecidos pela ditadura.

9. Serão rigorosamente punidos, por meio de tribunais revolucionários, todos os militares e civis comprometidos com os crimes da ditadura, especialmente com as torturas e assassinatos de patriotas, democráticos e revolucionários.

10. Serão permitidas a funcionar livremente todas as organizações políticas que participaram do processo revolucionário e que não contrariem o presente programa nacional-libertador e democrático.

11. Serão convocadas as eleições gerais para uma Assembléia Constituinte e institucionalização do novo regime.

12. Serão respeitados todos os cultos religiosos.

13. Será estabelecido um sistema educacional gratuito para todo o povo, em todos os níveis, tendo como orientação básica a promoção da cultura nacional.

14. Será radicalmente transformado o atual sistema de benefícios sociais de modo que todo o povo tenha acesso à casa própria, à assistência médico-hospitalar e à recreação.

15. Será desenvolvida uma política exterior independente e soberana de relações com todos os povos e países que não contrariem os anseios de progresso e paz da humanidade.

16. Serão apoiados não só política, mas também materialmente, todos os movimentos revolucionários antiimperialistas e populares, especialmente aqueles dos povos irmãos da América Latina.

II – A QUESTÃO DA FRENTE ÚNICA.

A necessidade de se formar um segundo tipo de aliança – a frente única de todas as classes e camadas interessadas na revolução – em torno da aliança fundamental – a aliança operária camponesa – é uma questão cuja formulação geral não apresenta quase divergências.

No entanto, a sua aplicação prática é ainda um problema não solucionado em nossa revolução, o que equivale a dizer que ainda não temos um instrumento capaz de ser a expressão política da unidade de todas as forças contra o imperialismo e a ditadura. Cremos que um grande obstáculo é o exclusivismo das organizações, que anula os esforços em prol da unidade. Esse exclusivismo geralmente se manifesta em torno do método de luta empregado, buscando cada organização que seu método de luta seja o aceito pelas demais forças.

Ora, do ponto de vista leninista, o importante é o acordo em torno de um programa unitário, pois essa é uma questão de conteúdo, enquanto que o método de luta é uma questão de forma.

Nesse sentido a chamada frente das cinco organizações de luta armada é bastante limitada. Não atende à necessidade revolucionária de se formar uma frente mais ampla possível. Dentro desse mesmo enfoque é bastante criticável também o ponto de vista de algumas organizações que não praticam a luta armada, argumentando que um trabalho unitário somente seria possível com as organizações que não desenvolvam ações armadas.

Em nosso entender há necessidade de se forjar, à base de um espírito amplo, liberto de sectarismo e exclusivismo, um organismo político de frente com representação de organizações de luta armada, políticas e de massas, com a participação de personalidades, etc.

Dentro da ALN nossa proposta é de que a nossa organização faça um apelo para que seja formada inicialmente uma comissão consultiva de elementos representativos de organizações que estejam ou não na luta armada, com representantes de sindicatos, de organizações religiosas, com intelectuais e personalidades políticas que se destacam na luta contra a ditadura. É claro que no quadro representativo imposto pela ditadura, essa mesma condição consultiva deveria ser formada pouco a pouco através de ações unitárias concretas, atendendo sempre à clandestinidade exigida pela situação.

Essa comissão consultiva discutiria um programa unitário, formas de cooperação no campo das denúncias políticas, etc., buscando dar corpo a um organismo político de frente.

Esse é um trabalho difícil, que exige persistência e para o qual oportunidades excepcionais de ascenso do movimento revolucionário não foram aproveitadas. Apesar da atual situação não ser a mais favorável, somos de opinião de que a ALN deve desenvolver os maiores esforços para formar a comissão consultiva e também propor um programa unitário para discussão.

III – A QUESTÃO DO PARTIDO MARXISTA REVOLUCIONÁRIO.

A experiência dos povos que fizeram a revolução ou a estão desenvolvendo evidencia a verdade universal do socialismo científico de que sem o partido leninista de tipo novo não há condições de conduzir o processo revolucionário. Nas condições brasileiras a experiência dos últimos três anos mostra que não há possibilidade de levar adiante a expressão mais elevada da luta de classes – a luta armada – sem um partido. Esse é o ponto mais fraco do nosso movimento de luta armada.

O espontaneísmo, o anarquismo, a negação do centralismo democrático, a permanente violação das regras de clandestinidade, o liberalismo em questões operativas e a compartimentação de questões políticas, buscando métodos administrativos para impedir sua discussão, a utilização de métodos burocráticos como o de reter nas mãos o monopólio das informações e da comunicação para se tornar direção de fato, a rejeição da disciplina proletária com base na "liberdade tática" e no "autonomismo", o "amiguismo" entre determinados companheiros, o critério subjetivista e arbitrário de julgamento de companheiros, são as manifestações mais importantes da estrutura não-leninista da nossa organização e o que determina o seu caráter essencialmente pequeno-burguês. A correção desses erros e do correto encaminhamento da luta armada em nosso país será possível somente com a organização do partido marxista revolucionário, com o partido leninista de novo tipo. Tendo em conta a importante contribuição do atual processo de luta armada que pôs a nu a natureza burocrática e esclerosada de alguns "partidos" que somente falavam da luta armada, deixamos claro que não pretendemos construir "o partido" no sentido de tê-lo prontinho numa prateleira para que em determinado momento possa ser ele utilizado para dirigir a luta armada. Não, esse é um ponto de vista que rejeitamos. O que buscamos é a introdução de normas e métodos leninistas de novo tipo. Como, em nossa opinião, esse não é um processo espontâneo, propomos algumas medidas que são:

1 – a realização, onde for conveniente do ponto de vista de segurança, de um congresso da ALN para discutir e decidir não só a sua estrutura, mas também sua linha política. É claro que uma comissão de organização do congresso deve cooptar os seus participantes com base nas respectivas biografias revolucionárias para que seja evitado qualquer tipo de infiltração.

2 – o estabelecimento de uma escola de quadros políticos e militares em nossa organização. Partindo sempre de uma situação concreta, da realidade que a grande maioria dos nossos militantes são de extração da pequena burguesia radical, preconizamos a via de proletarização desses militantes. A via de proletarização pressupõe a preparação dos militantes para viver com as massas. Para isto é decisiva uma escola de quadros políticos, com o estudo do marxismo-leninismo de um modo aberto e não dogmático. Ao mesmo tempo, cremos imprescindível a formação de quadros militares não no sentido tático ou técnico de companheiros que saibam organizar uma emboscada, fazer bombas, atirar bem, etc., mas sim na formação de quadros que saibam sintetizar as experiências de luta de nosso povo, em especial as de luta armada, visando elaborar uma teoria da insurreição e da guerra popular específica para a realidade brasileira. Dentro desse espírito amplo, completamente livre de esquemas e concepções aprioristicas, nossos quadros políticos e militares devem estar imbuídos do mais alto espírito de

internacionalismo proletário, visando absorver todas as experiências da revolução mundial, em particular das revoluções russa, chinesa, cubana e vietnamita, sempre no sentido de tê-las para consulta e não para cópia. Em nosso entender a formação do partido marxista revolucionário não é uma tarefa exclusiva dos militantes de nossa organização, mas sim uma tarefa de todos os marxistas-leninistas.

IV – A QUESTÃO DO EXÉRCITO REVOLUCIONÁRIO DO POVO.

Partindo da concepção de que a revolução é obra das massas e que a questão da tomada do poder político implica na destruição do aparato burocrático da ditadura, em especial a sua coluna vertebral – as forças armadas reacionárias – lutamos para criar e desenvolver o exército revolucionário do povo brasileiro baseado na aliança fundamental da revolução e sem a qual ela não se dará – a aliança operário-camponesa.

Cremos que a formulação acima deve ser aplicada criadoramente à realidade brasileira, isto é, não devemos ter esquemas prefixados para a formação do exército revolucionário do nosso povo.

Rejeitamos não só as formulações apriorísticas como a da formação do exército revolucionário por meio da instalação de um foco guerrilheiro através de uma coluna móvel, como também não aceitamos a fixação de esquemas para o desenvolvimento da guerra tais como o do "cerco da cidade pelo campo" ou o de "uma insurreição generalizada nos grandes centros urbanos".

Preferimos, ao contrário, fazer a síntese de nossa experiência recente em que foram realizadas ações armadas a partir de pequenos grupos de fogo – os grupos táticos armados urbanos – propondo, pela correção de erros, elevar o nível dessa experiência, à base dos destacamentos de propaganda armada, como principal instrumento de um trabalho político nas cidades e nos campos, devendo sempre partir nesse trabalho político das reivindicações mais elementares das massas. Ao contrário dos grupos táticos armados que atuavam com a chamada "liberdade tática", praticamente autônomos, os destacamentos de propaganda armada devem ser dirigidos através de uma chefia que deve ser um quadro político e militar da organização. É claro que a ALN deverá estar com a estrutura e métodos leninistas a fim de que possa ser exercida a direção política sobre os destacamentos de propaganda armada. Nem todos os membros do destacamento

305

de propaganda armada necessitam ser quadros marxistas-leninistas. Ao contrário, os destacamentos devem se desenvolver no sentido de deles participarem cada vez mais elementos de massas, sob a única condição de estarem de acordo com o programa nacional-libertador e democrático.

É evidente que o trabalho político dos destacamentos de propaganda armada somente pode ser capitalizado com a existência de um movimento clandestino de quadros políticos da organização atuando junto às massas, dando conseqüência orgânica – no sentido de organizar as massas e recrutar os seus elementos mais avançados – ao trabalho político dos destacamentos armados. Ao movimento clandestino cabe também desenvolver as formas secundárias de luta, inclusive dirigir as formas de lutas legais, combinando a luta política com a luta armada, visando acumular forças.

Nessas condições, o movimento clandestino é o principal setor da organização porque a ele compete dirigir politicamente o trabalho em torno das diferentes formas de luta, inclusive a da luta armada. O movimento clandestino, ao dirigir o trabalho político dos destacamentos de propaganda armada, deve ter sempre em conta que luta armada deve ser uma manifestação da aguçamento da luta de classes. Rejeitamos como anti-leninista o ponto de vista, comum nas organizações revolucionárias, do efeito "mágico" da luta armada como meio de mobilização política. O que põe em movimento as massas é o trabalho político para cuja realização, nas condições de ilegalidade, impostas pela ditadura militar fascista, é muitas vezes necessária uma garantia armada.

É o acúmulo de forças, através do trabalho político junto às massas, que vai decidir se os contingentes principais do exército revolucionário do povo terão origem em insurreições parciais do movimento operário nos grandes centros ou se serão o resultado de lutas camponesas seja através do levantamento de posseiros ou de insurreições parciais de assalariados agrícolas, dando-se a formação de colunas guerrilheiras. Nesse acúmulo de forças para a formação do exército revolucionário do nosso povo é muito importante o trabalho político nas forças armadas da ditadura, principalmente entre os soldados, marinheiros e sargentos. A síntese histórica recente das lutas de nosso povo ensina ser esse um setor de extração popular, que sofre os mesmos problemas das grandes massas e que por isso sempre se rebela.

306

V – A QUESTÃO DA POLÍTICA EXTERIOR DA ORGANIZAÇÃO.

Como propomos que a ALN tenha uma estrutura leninista, seja de fato um partido de novo tipo, e ainda que dentro de um mesmo processo de revolução permanente passaremos de uma fase nacional-libertadora e democrática ao socialismo, devemos, desde já, colocar na ordem do dia o problema do relacionamento com o sistema socialista.

Temos desenvolvido uma política de omissão em relação ao sistema socialista e por isso mesmo bastante negativa. Uma concepção da revolução baseada exclusivamente nas errôneas interpretações da experiência da revolução cubana nos tem limitado a um relacionamento quase exclusivo com Cuba.

Propomos o relacionamento com todos os países socialistas e a omissão da organização em relação à questão sino-soviética, que possibilita o liberalismo entre os militantes ao opinar sobre ela, deve ser substituída pela atitude positiva de lutar pela unidade do mundo socialista em torno dos princípios do marxismo-leninismo e através de uma luta ideológica permanente e de alto nível. Cremos que essa é a posição justa para todos aqueles que, apesar de reconhecer os erros e as deformações que existem no sistema socialista, reconhecem a sua superioridade frente ao sistema capitalista. Essa posição não deve excluir as opiniões e as discussões de caráter interno, que inclusive a organização deve estimular.

Quando fazemos esta proposta estamos conscientes de que alguns partidos do mundo socialista podem não desejar o relacionamento conosco. Isso todavia é um problema de exclusiva responsabilidade do partido que tomar essa atitude frente à revolução brasileira e à revolução mundial.

Outra questão é o estabelecimento de relações mais amplas com o movimento operário, os partidos comunistas e as organizações progressistas e revolucionárias do mundo capitalista desenvolvido. Esse é um importante trabalho que todavia não conseguimos desenvolver à altura das necessidades e da importância de nossa revolução.

Além disso, o pouco trabalho que temos feito, refletindo todas as falhas da organização no interior do país, está cheio de erros, principalmente porque não temos um trabalho coletivo e disciplinado e por não haver quase nenhuma separação entre trabalho clandestino e o trabalho legal de propaganda.

Finalmente, nessa política exterior preconizamos um relacionamento muito mais profundo com as organizações revolucionárias da América Latina, principalmente com aquelas dos países vizinhos. Essa aproximação se torna muito mais necessária agora, quando a tendência expansionista da ditadura militar brasileira ameaça invadir países irmãos que adotam uma política de independência em relação ao imperialismo norte-americano e buscam sua libertação nacional.

O relacionamento com os movimentos e organizações revolucionárias na América Latina deve ser o ponto principal da política exterior da organização. Isto porque vemos a revolução brasileira não somente como parte da revolução mundial, mas também integrante de um processo de revolução continental específico da América Latina.

O importante é que a política exterior da organização se baseie no princípio do internacionalismo proletário de colaboração e ajuda mútua entre organizações irmãs sem interferência nos assuntos internos de cada uma.

Em nossa opinião, as cinco questões acima apresentadas sintetizam os principais problemas de nosso movimento de luta armada e em particular os principais problemas de nossa organização.

Para nós o principal no atual momento é aprofundar a discussão dentro da ALN, visando à realização do congresso. Não temos nenhuma intenção fracionista, pois não pretendemos sair da ALN.

O que desejamos, sim, é o restabelecimento, em nível mais elevado, da linha política elaborada por Carlos Marighella e os comunistas de São Paulo, ao iniciar a luta armada em nosso país.

pela TENDÊNCIA LENINISTA dentro da ALN

(a) José dos Santos

Documento 4

Apresentado em Santiago do Chile como editorial da revista Unidade e Luta, números 5 e 6, janeiro/abril de 1973. Interessante estudo sumário sobre a esquerda brasileira no momento de sua máxima fragmentação. Segue o primeiro organograma realizado sobre as organizações existentes e suas origens. Muitas daquelas agrupações viriam a influenciar as formações partidárias que iriam nascer nos anos 80 e ajuda a elucidar posições que foram tomadas posteriormente. Direi que seu conhecimento é indispensável para a história recente dos partidos de esquerda no Brasil. Trabalho do coletivo da Tendência Leninista em Santiago, porém decisiva foi tanto na concepção como na escritura a ação de Ricardo Zarattini.

O citado Jamil teórico da Vanguarda Popular Revolucionária, com o qual o documento polemiza, é o economista e professor universitário, autor de dezenas de livros, Ladislau Dowbor.

As bases para a reunificação
dos marxistas-leninistas brasileiros

O estudo dos partidos, organizações e grupos de esquerda, do ponto de vista do marxismo, tem que necessariamente ser levado a cabo a partir de uma análise das classes e camadas sociais que dão suporte a tais organizações. E o marxismo-leninismo nessa questão – unindo dialeticamente esse critério universal com o particular de uma dada sociedade, numa época determinada – não pode, de modo nenhum, dispensar um estudo histórico-crítico dos atuais partidos, organizações e grupos de nossa esquerda. E esse é o primeiro passo para o estabelecimento das condições que permitam a reunificação dos marxistas-leninistas brasileiros em um poderoso, coeso e combativo Partido Comunista, num autêntico partido do proletariado revolucionário.

A nossa esquerda: suas origens

De acordo com o estudo que apresentamos a seguir – "Sobre os atuais partidos, organizações e grupos de esquerda" até 1971 –, consideramos que o atual leque de organizações é o resultado do fracionamento das seguintes formações iniciais:

1) o Partido Comunista, fundado em 1922;
2) a Ação Popular, organizada em 1962;
3) o Movimento Nacionalista Revolucionário, organizado em 1965;
4) a Política Operária, fundada em 1961.

Nessas correntes se diferenciavam, do ponto de vista de extração de classe, dois tipos de organização:

1) a proletária, nucleada no Partido Comunista Brasileiro, pois indiscutivelmente o partido era a única organização política da classe operária, com bases operárias e com uma importante influência no movimento sindical, no movimento camponês e também entre os estudantes e militares. Pode-se afirmar que era a única organização nacional, abrangendo todos os estados da federação. Apesar de uma composição maioritariamente operária, o PCB tinha em sua direção central e intermediária inúmeros quadros de extração da pequena burguesia urbana.

311

2) a pequeno burguesa, predominante nas outras "fontes" isto é na AP, na POLOP e no MNR com origem no brizolismo. A AP se distinguia por uma composição marcadamente do setor intelectual-universitário, com uma imensa maioria de quadros que viviam na atmosfera pequeno-burguesa dos profissionais liberais, da intelectualidade e do movimento universitário. Diferenciava-se bastante das bases "populares" do MNR, apesar dos esforços que desde o seu início fez no sentido de "descer ao povo", por meio de "movimentos de conscientização", geralmente levados a cabo através de campanhas de alfabetização de adultos patrocinadas pelo governo ou pela Igreja Católica, como por exemplo o MEB (Movimento de Educação de Base). A composição social da POLOP não se distanciava muito dessa da AP. No entanto, como se dedicavam ao estudo da teoria marxista "desciam ao povo" na direção bem definida do operariado dos grandes centros industriais (São Paulo e Minas Gerais principalmente) e sem nenhum tipo de campanha ligada aos meios governamentais ou eclesiásticos. O brizolismo como expressão do nacionalismo radical incorporou através da prática dos "grupos dos onze" muitos elementos do proletariado.

Os próprios militantes pequeno-burgueses que compunham o movimento brizolista eram bastante próximos ao proletariado, notadamente entre os sargentos e marinheiros, com uma extração nitidamente "popular", muitos mesmo com origem no "Lumpenproletariat".

Dentro desse mesmo tipo de organização pequeno-burguesa, é importante considerar no início da década de 60, apesar de não ter sido "fonte" do ponto de vista orgânico, as Ligas Camponesas em cujo Conselho de Direção, por paradoxal que possa parecer, predominavam intelectuais e estudantes oriundos da pequena burguesia urbana.

O movimento operário e a influência ideológica da pequena burguesia

O marxismo é uma doutrina radical no sentido de que ao examinar os problemas não permanece na superfície, mas busca sempre ir às suas raízes. Somente partindo desse ponto de vista, que é eminentemente classista, o proletariado revolucionário terá condições de compreender as razões de como foi possível das origens acima assinaladas se chegar, através de tão fértil "reprodução", aos inúmeros partidos, organizações e grupos que hoje conhecemos.

O movimento operário em nosso país, apesar das muitas lutas que travou, revelando não poucas vezes um excepcional espírito de

312

combatividade, de audácia e heroísmo de classe, sempre teve contra si determinados fatores objetivos adversos à sua coesão, unidade e independência classista.

Um proletariado que no processo de sua formação é o herdeiro de um regime escravagista que até pelo menos 1930 ainda tinha traços marcantes no campo brasileiro, apesar da sua formal extinção em 1888, época em que já havia se iniciado no Sul do país a penetração do capitalismo no campo.

Não menos importante foi a influência anarquista que predominou até a década dos 20 em nosso movimento operário, em virtude de fortes contingentes de imigração européia educados nessa corrente política. No início do século, os anarquistas eram maioria nos centros industriais do Rio e de S. Paulo e seus programas de lutas – cópia fiel daqueles propostos para a realidade européia. Ignoravam o aliado natural da classe operária, o camponês.

Outro fator que deve ser levado em conta é a violenta repressão que sistematicamente a burguesia exerceu sobre o movimento operário em todas as suas lutas, buscando a partir da legislação fascista elaborada no período do Estado Novo controlar o movimento sindical. Nesse particular, é importante lembrar que não só através de uma legislação inspirada no fascismo italiano, mas através de inúmeras medidas arbitrárias e repressivas, os setores mais retrógrados da burguesia conseguiram impedir a constituição de um organismo unitário e classista dos trabalhadores, uma Central Única Sindical. Os duros golpes sofridos pelo nosso proletariado foram assim um fator de obstáculo e formação de um movimento operário com elevado espírito classista e independente.

Também não poderíamos deixar de citar na formação da classe operária a crescente influência do movimento camponês e da sua ideologia, quando se inicia o grande surto de industrialização, a partir da década de 50.

Porém, somos dos que pensam que todos os fatores acima assinalados, determinando a inexistência de um movimento operário com um nível de organização e consciência semelhante aos de alguns países europeus e mesmo alguns da América Latina, não é suficiente para explicar o fato de que um partido, como o PCB tenha sofrido, nas últimas décadas, várias cisões, não só em suas bases, como também ao nível da sua direção, do seu Comitê Central e da própria Comissão Executiva do Comitê Central. Particularmente, no limiar dos seus cinqüenta anos de existência (67/68), sofre sua mais importante cisão.

Em 1967 diversas bases universitárias estudantis do partido cindem para formar as chamadas "dissidências". Com a radicalização da pequena burguesia urbana, da qual os setores estudantis eram os mais representativos, somaram-se como fatores externos a pressão de teorias como a do "cerco da cidade pelo campo" e principalmente a do "foco insurrecional".

Para se ter uma idéia das "teorias" que exerceram sua influência na pequena-burguesia urbana e na formação das dissidências é importante citar a sistematização feita pelo "teórico" Jamil da VPR. Segundo ele "a conferência de OLAS, a guerrilha do Che e os trabalhos de Regis Debray (principalmente Revolução na Revolução) foram os "fatores que deram grande impulso à luta interna da esquerda e precipitaram as cisões" (l).

Refletindo todo o aventureirismo pequeno-burguês que impulsionou as cisões, Jamil expõe com uma clareza meridiana o ponto de vista antimarxista da "esquerda armada" de que apesar da falta de "uma estratégia que definisse as forças fundamentais, os aliados, os inimigos a combater e a isolar em cada etapa" os grupos resultantes das cisões "definiram uma tarefa imediata" – a guerrilha rural – e se lançaram à sua "preparação" – obtenção de armamento e dinheiro (2). A "esquerda armada" foi assim levada paradoxalmente a executar "tarefas" sem antes definir claramente uma estratégia e tática revolucionária!

Pretendia-se surgir como "alternativa revolucionária" a partir da luta armada no campo. A mentalidade vigente era a da necessidade de "ir ao campo" tendo se estabelecido junto à pequena burguesia radical das áreas urbanas, principalmente entre os estudantes uma verdadeira "mentalidade camponesista". Era a mesma linha histórica, o mesmo "fio da meada" das idéias básicas que em 1962 eram levantadas pelas Ligas Camponesas e pelo PCdoB, que foram os precursores, do ponto de vista ideológico, da tendência "camponesista" em nosso movimento revolucionário, através da qual inúmeras organizações definiram a chamada "principalidade do campo", "a guerrilha-rural como estratégia". No entanto, é importante deixar claro que a teoria do "cerco da cidade pelo campo" defendida pelo PCdoB e suas cisões é o resultado da correta aplicação dos princípios universais do marxismo-leninismo a um país agrário, semicolonial e semifeudal como era a China, enquanto que a teoria do "foco insurrecional" era tão-somente produto de uma incorreta sistematização da experiência da revolução cubana. Em nossa opinião, não levando em conta as diferenças de ordem econômica, política e histórica que nos distingue dos países asiáticos – notadamente na organização e expressão política do movimento cam- ponês – o fenômeno de uma urbanização crescente por si só torna inaplicável ao nosso país a teoria do "cerco da cidade pelo campo", baseada numa guerra popular em que as massas camponesas são o suporte do exército revolucionário na luta pela conquista do poder.

A Luta interna no PCB

Após o golpe, se generaliza nas bases do partido uma opinião contrária à linha reboquista até então seguida, com repercussões inclusive no próprio Comitê Central. Na primeira reunião plenária do Comitê Central (treze meses depois do golpe) em meados de 65, são feitas as primeiras autocríticas num sentido positivo, buscando encontrar as razões dos seus desvios.

É importante assinalar que a luta ideológica se desenvolvia nas condições de um partido que em toda a sua história viveu, pela repressão das classes dominantes, praticamente na clandestinidade. Ainda mais: o partido sofria ainda a "carga histórica" de todo um período em que o chamado "núcleo dirigente" exercia uma direção caracterizada por métodos administrativos e burocráticos.

Mesmo assim, uma vez lançado o documento de maio de 65 (3) os setores autocríticos e renovadores ampliam sua força e começam a ganhar direções intermediárias em todo o país, principalmente nos maiores centros operários. Apesar de que as posições de tais setores ainda eram confusas havia em comum o seguinte:

1) a necessidade de se estruturar o partido nas grandes empresas, particularmente em S. Paulo. O partido aí havia sido praticamente destruído por uma direção que, subserviente à ideologia burguesa, pregava a "teoria" da "conquista do poder local" prevendo a dissolução da organização por fábricas e substituindo-a pela organização nos bairros.

2) a necessidade da violência revolucionária das massas para destruir o regime nascido com o golpe e a conseqüente preparação para a luta armada.

3) modificações na estrutura orgânica ao partido, adaptando-o para lutar contra o regime na situação repressiva criada no país após o golpe.

4) exigência da mudança da maioria das direções existentes na época do golpe.

No início de 1966 o movimento transformou-se numa "corrente" nacional com a vitória – ainda que parcial – das novas posições em organismos importantes como o Comitê Estadual e Municipal de S. Paulo, o C.M. de Belo Horizonte e o C.E. do Estado do Rio, etc. O ressurgimento, ainda que tímido, do movimento de massas – algumas greves, vitórias em algumas eleições sindicais, agitação no movimento estudantil culminando com a "setembrada" de 66, etc. – evidentemente influía no partido, acirrando a luta ideológica.

Em meados de 1967, o Comitê Central do PCB, diante do fato de que um grande número de bases e organismos intermediários vinham sendo ganhos para as novas posições, inicia a aplicação de uma série de medidas administrativas, discriminatórias e burocráticas, que iam desde o recolhimento de materiais de discussão, criação de direções paralelas às recém-eleitas até a de expulsões arbitrárias.

A luta interna não havia chegado ao seu término e no seu desenlace lógico, através do Congresso, se anteviam duas soluções; ou a vitória – difícil pelas manobras e medidas burocráticas realizadas pelo Comitê Central – ou, obviamente, a afirmação de uma posição "minoritária", mas com profundas raízes nos principais núcleos comunistas do país. Com efeito, os setores em oposição ao Comitê Central, com bases nos maiores centros operários do país, deveriam eleger seus delegados, ao Congresso, com uma votação muitas vezes superior àquela exigida para as unidades da federação onde o partido possuía uma significação numérica reduzida. Além do mais, a extração de classe do partido nesses estados e territórios era predominantemente não-proletária, sendo que como regra os delegados dessas áreas formavam ao lado do Comitê Central.

Abria-se assim a oportunidade histórica de se consolidar dentro do partido uma forte tendência de caráter eminentemente proletária e revolucionária. A oportunidade da formação de um núcleo que seria a continuidade histórica das lutas do proletariado revolucionário, com as condições de realizar a mais ampla e profunda unidade de todos os comunistas brasileiros, através de uma correta aplicação dos princípios universais do marxismo-leninismo à realidade de nosso país.

Mas a verdade é que a direção do processo de luta interna no PCB, contrariando posições tomadas em diversas conferências intermediárias, cai na "ilegalidade" dando os primeiros passos no plano inclinado do desvio "esquerdista" que deveria daí em diante marcar sua orientação posterior. É o próprio companheiro Carlos Marighella quem afirma: "Além de renunciar publicamente à Comissão Executiva, mediante carta, aceitei o convite da OLAS e vim a Cuba sem permissão da direção. (4) (o grifo é nosso).

316

O setor direitista da direção tomando como pretexto esse fato inicia uma série de expulsões ilegais a começar por membros pertencentes ao Comitê Central e delegados já eleitos ao Congresso pelas bases, numa flagrante violação dos mais elementares princípios do leninismo. A partir desse momento a situação se precipita e começa a saída em massa dos militantes do partido. Isso somente veio a favorecer o setor direitista, pois seu único objetivo naquele momento era obter a maioria no Congresso, ainda que isso importasse virtual destruição do partido.

As "dissidências" universitárias, penetradas até a medula pela concepção debraysta da negação do partido, exerciam uma forte pressão para um rápido desenlace da luta interna, para uma ruptura pura e simples com o partido, tendo dirigido inclusive duras críticas às "vacilações" do companheiro Marighella e de outros dirigentes. Na medida em que erros eram cometidos na direção da luta interna, as "dissidências" se fortaleciam, fazendo com que ainda mais aumentasse a referida pressão.

Com o afastamento dos elementos mais combativos e que na prática dirigiam o processo de luta ideológica amplos setores das bases, muitas delas operárias, se mostraram perplexas e abandonaram o partido, sem ter uma perspectiva clara de como construir o destacamento de vanguarda da classe.

Foi dessa forma que se definiu no final de 1967 o Agrupamento Comunista de São Paulo e em 1968 o PCBR dando-se a ruptura entre os que se opunham ao Comitê Central. A partir desse momento, dialeticamente, os desvios de direita e de "esquerda" se complementam para impulsionar ainda mais a penetração da ideologia burguesa em nosso movimento revolucionário.

A insuficiente formação ideológica do PCB

Como marxistas-leninistas rejeitamos o ponto de vista que busca "explicar" as razões pelas quais um partido sofre um processo de fracionamento, como o que ocorreu com o PCB no período de 67/68, tão-somente em função de um conjunto de fatores que determinam a debilidade do movimento operário. Como dissemos, devemos nessa questão ser radicais, ir às causas mais profundas, para constatarmos que a formação ideológica do PCB, como um partido do proletariado revolucionário, não conseguiu reunir as condições, para resistir no período da 67/68 à investida da pequena burguesia radical. Na verdade, a influência ideológica da pequena burguesia já estava presente no PCB, só que em épocas anteriores ela se expressava de outra forma. No último decênio, por exemplo, a concepção nacionalista de que o desenvolvimento econômico só era possível ser realizado pela burguesia nacional, levou a um reboquismo que impedia inclusive de se examinar o que concretamente se passava, isto é, um desenvolvimento capitalista impulsionado pela associação dos setores monopolistas da burguesia com os grupos imperialistas! No "putsch" de 1935 foi o desvio de "esquerda", o aventureirismo a forma como se exprimiu a capitulação à ideologia da pequena burguesia.

Em nossa opinião o partido por insuficiente formação ideológica não adquiriu um caráter proletário, apesar de ter tido sempre raízes nas massas, tendo sido mesmo no período da redemocratização do país (45/47) um partido de massas. A questão da insuficiente formação ideológica do PCB se prende umbilicalmente a não ter existido no PCB um núcleo estável de dirigentes marxistas-leninistas que fizesse uma correta caracterização da sociedade brasileira, que não se prendesse à sistemática pequena-burguesa do servilismo em importar modelos acabados e perfeitos de como "fazer a revolução" e que tivesse um nível político e ideológico capaz de dar à ação política do dia a dia uma direção hábil e firme.

E no final das contas o próprio PCB assinala o fenômeno ao afirmar que "graves erros e desvios surgem em nossa política" (...) "em virtude de nossas limitações e do domínio insuficiente da realidade do país" (5), sem contudo extrair nenhuma conseqüência, pois até hoje nenhum dirigente faz qualquer autocrítica pública.

Reformismo e "esquerdismo"

Em nosso entender o aspecto político mais importante dessa errônea concepção, no início da década de 60 estava na crença de uma mudança pacífica do regime então vigente. Essa idéia era muito apregoada naquela época, tendo Giocondo Dias afirmado: "Acreditamos que, atualmente, na luta pelas reformas de estrutura, a tarefa mais importante das forças de vanguarda consiste em dar uma amplitude e um vigor sempre crescente à pressão das correntes nacionais e democráticas. Nesse sentido é como concebemos a possibilidade do caminho pacífico da revolução brasileira" (6).

Posteriormente, a mesma posição pacifista foi na prática mantida. Luís Carlos Prestes escreveu: "A ditadura como diz a Resolução do VI Congresso de nosso Partido, poderá impor ao povo o caminho da insurreição armada ou da guerra civil" (7).

318

Em "Uma Autocrítica Necessária", rejeitando essas falsas concepções escrevemos que "as tarefas de um programa nacional-libertador e democrático somente poderão ser postas em prática se for destruído o aparato militar que exerce a ditadura. Nessa questão discordamos daqueles que pensam que é possível uma redemocratização, mantido o atual aparato burocrático militar como também discrepamos daqueles que argumentam que se a via é armada ou pacífica é o acúmulo de forças revolucionárias que vai decidir. Ao contrário, nossa opinião é de que as classes dominantes, por intermédio da ditadura militar, exercem a violência armada contra as massas determinando, assim, ao proletariado e às forças progressistas como saída revolucionária a via armada".

Em "UNIDADE e LUTA" n° l aprofundamos a questão da via armada da revolução, ao aplicar a nossa realidade de critérios enunciados por Lênin no seu artigo "Infantilismo de esquerda e a mentalidade pequeno-burguesa" (8).

E é no quadro de mais de um decênio de política reboquista e insistentemente pacifista do PCB que a POLOP encontra as condições propícias para a luta contra o "reformismo" como se a luta por reformas fosse um crime para um Partido Comunista. O ensinamento leninista acerca dessa questão é bastante claro: "Os marxistas, diferentemente dos anarquistas, admitem a luta pelas reformas, isto é, por medidas que melhorem a situação dos trabalhadores sem destruir o poder da classe dominante. Mas os marxistas sustentam a luta mais decidida contra os reformistas, os quais, direta ou indiretamente, limitam os objetivos e as atividades da classe operária à conquista de reformas" (9).

Não foi portanto um erro do PCB ter lutado pelas reformas de base e por medidas parciais, como afirmou e afirma a POLOP no seu combate ao "reformismo". Em nosso país os reformistas foram sempre os políticos progressistas da burguesia – impropriamente chamados de "populistas" – e que de fato nunca tiveram outro objetivo senão o de "conceder reformas com uma mão e com a outra as tirar, as reduzir a nada, as utilizar para escravizar os operários, para dividi-los em grupos e perpetuar a escravidão assalariada" (10).

Trata-se pois de criticar o PCB em outro aspecto: o processo de luta pelas reformas de base, sob o governo Goulart, foi conduzido sempre através de acordos de cúpula, dos conchavos dos gabinetes ministeriais que, inevitavelmente, levavam a uma subordinação do proletariado aos setores reformistas da burguesia. Por isso afirmava Lênin: "... nenhuma reforma pode ser durável, verdadeira e séria se não é apoiada pelos métodos revolucionários da luta de massas" (11).

Mas é precisamente nessa questão – a da utilização dos "métodos revolucionários da luta de massas" – que a nossa "ultraesquerda" revela toda a sua essência aventureira.

Na sua "contribuição à autocrítica", publicada em julho de 72, um articulista da POLOP, depois de acentuar que "no nosso trabalho militar expressou-se um desvio de tipo burocrático", afirma textualmente: "Em 64 a PO viu com justeza as possibilidades que teria um foco guerrilheiro como catalisador de uma situação pré-revolucionária" (12).

Parece incrível que os que têm a todo instante as "massas" na sua inconseqüente verborragia, ainda venham a colocar em discussão, em julho de 1972 (!!) a viabilidade de um foco guerrilheiro na situação de quebra das organizações de massa, de refluxo e de desorganização que se seguiu logo após o golpe militar.

É sem duvida interessante e necessário registrar aqui toda a "justificativa" da nossa "ultraesquerda" em sua "autocrítica": "O ponto mais fraco era uma organização partidária e por isso a PO buscou aproveitar a energia de luta dos sargentos, fuzileiros e marujos atraídos para a sua linha. Houve então erros de imediatismo e outros, mas a concepção geral era justa. Mas a partir de 65 continuamos na mesma concepção e dependência de quadros que não permitiam a execução segura do trabalho por estarem sob constante influência do brizolismo que opunha ao foco constantes planos aventureiros de levantes militares" (!!!) (13). Sem comentário.

Hoje, alguns dirigentes do PCB, como Luis Carlos Prestes no artigo já citado, identificam a todos os grupos divergentes do partido no Brasil como de "ultraesquerda" à semelhança do fenômeno como ele se apresenta na Europa.

Discordamos dessa forma simplista e mecânica de ver as coisas. Na América Latina, o fenômeno do "esquerdismo" teve como forma mais comum de expressão as ações diretas das chamadas guerrilhas urbanas ou os focos, as chamadas guerrilhas rurais. Expressou-se muito mais na forma militarista do que através da fraseologia revolucionária e desvairada da "ultraesquerda" propriamente dita. Nos países europeus a "ultra" jamais causou danos sérios às estruturas dos PCs. Os exemplos do PCI e do PCF são bastante elucidativos. O mesmo não ocorreu com o militarismo na América Latina, que foi o produto de profundas cisões nos partidos comunistas. O caso do PCB é um dos exemplos mais acabados desse fenômeno.

Devemos pois, adotando o critério leninista, diferenciar entre os que ficam na fraseologia revolucionária e os que vão para a ação. Os segundos,

320

apesar de estarem equivocados profundamente, são dignos de respeito. Por isso é que não podemos confundir as organizações militaristas, surgidas depois de 1967 no Brasil, com o que se denomina de "ultraesquerda" na Europa.

Seria preferível que os que fazem de uma forma cômoda e fácil tal identificação, escamoteando o problema de fundo do porquê o PCB sofreu tantas cisões, inclusive em sua própria direção, fizessem uma autocrítica radical das razões desse fato. Uma autocrítica de fato e não tentar explicar "os erros, a falta de firmeza e flexibilidade de uma direção como sendo o resultado da juventude" e da "imaturidade" do nosso proletariado. Felizmente o proletariado vietnamita e seu partido aí estão para destruir essa interpretação que nada tem a ver com o marxismo. O que é necessário é seguir os ensinamentos de Lênin que, sobre a autocrítica nos partidos proletários, escreveu:

"A atitude de um partido político diante dos seus erros é um dos critérios mais importantes e mais seguros para julgar a seriedade desse partido e do cumprimento efetivo dos seus deveres para com sua classe e para com as massas trabalhadoras reconhecendo abertamente seus erros, expor claramente suas causas, analisar a situação que deu origem a elas e discutir atentamente os meios de corrigi-los isso é o que caracteriza a um partido sério; nisso consiste o cumprimento de seus deveres; leso é educar e instruir a classe e depois as massas" (14).

A TL/ALN e as bases para a reunificação dos marxistas-leninistas brasileiros

A partir das posições defendidas em "Uma Autocrítica Necessária" (agosto/71)- a TL/ALN tem desenvolvido uma difícil luta interna na ALN, cuja estrutura militarista oferece exíguos canais de discussão política, constituindo-se em um permanente obstáculo. Iniciada essa luta numa época em que o militarismo se encontrava "eufórico", as teses do ACN foram confirmadas uma a uma em quase dois anos de decomposição das organizações armadas.

Hoje, as propostas básicas do ACN ultrapassaram os limites da discussão interna à ALN. Ao caracterizar o regime de terror instalado em nosso país como uma ditadura militar fascista se apresentou uma alternativa não só ao militarismo, como também ao pacifismo.

No ACN afirmamos que a nossa luta ideológica visa derrotar as duas tendências – o pacifismo e o militarismo. Que ambas são de natureza burguesa e levam ao descrédito a luta armada. São em nosso entender duas manifestações "da mesma ideologia burguesa que penetrou intensamente na esquerda brasileira" (15).

O presente editorial é parte do trabalho que vem desenvolvendo "UNIDADE e LUTA" no sentido de aprofundar as propostas do ACN. Partindo da análise feita é que apresentamos a seguir o nosso ponto de vista sobre o denominador comum para a reunificação dos marxistas-leninistas brasileiros. Julgamos que esse reagrupamento será o resultado de um prolongado e complexo processo, em que é decisiva a formação de um núcleo de marxistas-leninistas capaz de caracterizar corretamente a nossa sociedade, de elaborar um programa revolucionário, de mobilizar, organizar e dirigir conseqüentemente as massas na luta antifascista e anti-imperialista.

A nosso ver, um trabalho militante e revolucionário pela reunificação dos comunistas brasileiros deve ter como base as seguintes questões:

I – Caracterizar o atual regime de terror vigente em nosso país com uma ditadura militar fascista. O fascismo militar brasileiro está a serviço dos grandes monopólios nacionais e estrangeiros, particularmente os do imperialismo norte-americano, inimigo n° 1 do nosso povo. A caracterização do regime instalado após o golpe como fascista é muito importante, pois implica reconhecer que a ditadura mais aberta e terrorista da burguesia, a serviço dos monopólios, oprime não só a classe operária e as massas em geral, mas também as camadas não-proletárias de nossa sociedade e inclusive setores da própria burguesia.

II – Caracterizar a sociedade brasileira como emergente de um capitalismo monopolista de estado, resultado de um desenvolvimento desigual das forças produtivas nos diversos ramos da produção e nas distintas regiões do país. Um capitalismo monopolista de estado dependente dos grupos imperialistas, em especial do imperialismo ianque e que não tem um grau de maturidade igual aos dos países capitalistas avançados. A conseqüência mais importante desse fenômeno é um elevado índice de urbanização que não permite caracterizar o Brasil como um "país agrário", não sendo válida, em nossa opinião, a aplicação de esquemas de guerra revolucionária ou popular partindo dessa constatação. A nossa oposição à tendência "camponesista" não deve levar à conclusão de que subestimamos o problema da aliança operário-camponesa, sem a qual é impossível desenvolver a revolução em nosso país.

III – O reconhecimento de que em nosso país o capitalismo monopolista buscou o caminho da militarização e da fascistização, recorrendo à violência mais brutal contra o nosso povo e que, portanto, a violência revolucionária é o único caminho para derrubar o regime, é hoje condição essencial para o reagrupamento dos marxistas-leninistas num sólido e coeso Partido Comunista. Sem aceitar "formulações aprioristicas" (16) para a formação do exército revolucionário de nosso povo, sem elaborar rígidos esquemas acerca da expressão concreta que venha a assumir a violência revolucionária em um determinado momento, a resistência armada das massas, tendo por base destacamentos armados de operários e camponeses e como resultado da combinação da luta política com a luta armada é, em nosso entender, o primeiro passo para a aplicação da violência revolucionária tendo em vista a derrubada do regime de terror instalado em nosso país.

IV – Sem a mobilização e organização do movimento operário, tendo por centro as grandes empresas, sem a sua unidade de ação é impossível desenvolver um conseqüente trabalho de massas, arregimentando todo o povo trabalhador, os assalariados agrícolas e os camponeses, enfim concretizar a aliança-operário-camponesa, indispensável à formação da frente única antiditatorial e antiimperialista. Neste sentido, o trabalho de organização da classe operária, partindo das grandes empresas, conforme preconizavam os comunistas de S. Paulo em sua conferência de abril de 1967, é uma condição decisiva para a reunificação dos comunistas em nosso país.

V – Como tarefa imediata e primeiro passo para a reunificação dos comunistas brasileiros se encontra na ordem do dia a luta conseqüente pela democracia, a luta antifascista. Em nossa opinião, os comunistas devem ser os campeões da luta democrática e na denúncia dos crimes da ditadura. Somos também partidários que, paralelamente a uma intensa agitação antiditatorial e antiimperialista, façamos a propaganda das idéias do socialismo a fim de que o proletariado revolucionário mantenha posição classista e independente. Como já afirmamos anteriormente. "Não são nem o reboquismo que oculta nossa condição de comunistas, confundindo-nos com a oposição nacionalista e democrática, nem tampouco o esquerdismo infantil que rejeita toda política de alianças em nome de um pseudo purismo revolucionário na luta contra o regime. Não, estas são duas atitudes que concretamente levam a uma submissão do proletariado, a uma negação de seu papel de vanguarda no processo revolucionário" (17).

323

É dentro desse ponto de vista que rejeitamos a luta pela revolução socialista imediata e reafirmamos, como o fizemos no ACN, nossa luta conseqüente por "um regime de democracia avançada que deve ser compreendido como parte de um mesmo processo da revolução permanente em direção ao socialismo" (18).

SOBRE OS ATUAIS PARTIDOS, ORGANIZAÇÕES E GRUPOS DE ESQUERDA

O quadro síntese, que apresentamos em anexo, da nossa esquerda até 1971, com inúmeros partidos, os grupos, dissidências, etc., pode ser melhor compreendido, tendo-se em conta que as atuais organizações resultaram inicialmente das seguintes:

1. Partido Comunista Brasileiro – PCB, fundado em 1922 com o nome de Partido Comunista do Brasil, sob a influência da revolução de outubro começam a surgir os primeiros grupos comunistas do movimento operário, até então égide do anarco-sindicalismo e do socialismo utópico. Nos dias 25, 26 e 27 de março de 1922 realiza-se o congresso de unificação destes grupos, participando dele 9 delegados que representavam 73 militantes. Funda-se assim o Partido Comunista do Brasil. Adotou o nome atual face as exigências da legislação atual que só admitia o registro de partidos "nacionais", quando de sua tentativa de legalização no início da década de 1960. Em 1962, em função de uma luta interna que se desenvolve pela denúncia do chamado "culto à personalidade" no XX Congresso do PCUS (realizado em 1956), o chamado núcleo "conservador-stalinista" do Partido reorganizou-se sob a histórica denominação de Partido Comunista do Brasil – PCdoB. É importante salientar que o PCdoB, apesar de ter estabelecido nos anos que se seguiram estreitas relações com o Partido Comunista da China, não teve origem como "dissidência pró-chinesa". Sua plataforma-programa de 1962 colocava a URSS como principal força dirigente do campo socialista, tendo sido a primeira organização a editar em nosso país o livro do Che "Guerra de Guerrilhas".

   Em 1945 o PCB organizou as Ligas Camponesas, participando inicialmente delas os camponeses do agreste nordestino. Posteriormente as Ligas se desenvolvem atingindo o movimento camponês da zona canavieira. A partir de 1954 o movimento das Ligas passa a ter a direção pessoal do Deputado Francisco Julião alcançando seu apogeu em 1960 pela repercussão que teve junto aos camponeses mais avançados a Revolução Cubana. A partir dessa época com a aprovação do Estatuto do Trabalhador Rural, proporcionando condições efetivas à sindicalização rural, e a ascensão de Miguel Arraes ao governo do Estado de Pernambuco que manteve um regime de liberdades democráticas, possibilitando assim a mobilização e organização dos camponeses em torno de seus mais elementares direitos nos sindicatos, que eram reconhecidos pela legislação oficial, as Ligas entraram em decadência, e já no final do ano de 1962 estavam bastante enfraquecidas.

2. Ação Popular – AP, teve sua origem principalmente nos militantes das várias juventudes católicas, especialmente a JUC – Juventude Universitária Católica. No seu início a AP se caracterizava como uma organização de cristãos de esquerda. Posteriormente evoluiu para posições marxistas, tendo sofrido em 1968 a cisão do Partido Revolucionário dos Trabalhadores – PRT, com influência localizada quase tão-somente no Estado de Goiás e dedicado à organização e mobilização do movimento camponês da região. Sob a influência das posições do PCdoB se desenvolvia em 1971 dentro da AP uma numerosa corrente denominada marxista-leninista. O importante é assinalar que esta corrente engrossou a chamada tendência "camponesista", do PCdoB ao dar uma prioridade ao trabalho político entre as massas camponesas.

3. Movimento Nacionalista Revolucionário – MNR, surgiu depois do golpe militar sob a direção de Brizola, agrupando ex-militares, principalmente suboficiais (cabos, sargentos, etc.) da Marinha e do Exército. A idéia da necessidade da luta armada já fazia parte das concepções brizolistas antes mesmo do golpe de 64, pois no comício de 13 de março desse ano Brizola declarava que "o nosso caminho é pacífico, mas saberemos responder a violência com violência". Após o golpe, Brizola prepara no exterior vários planos "putchistas" – todos fracassados – para finalmente através de companheiros revolucionários, que haviam sido expurgados pelos Atos Institucionais das Forças Armadas, tentar o foco de Caparaó, que também não teve êxito. O MNR foi o "herdeiro" de todas essas concepções, sendo importante observar o constante contato que o brizolismo e o movimento de cabos e sargentos mantinham com a POLOP e o POR (posadista).

4. Política Operária – POLOP, fundada em 1961, nasceu sob o impacto da radicalização de setores da pequena burguesia urbana sob a influência

doutrinária dos escritos de Trotski, Rosa Luxemburgo, etc., apesar de nunca se ter denominado um agrupamento trotskista.

5. Partido Operário Revolucionário – POR, organizado desde 1952, se distinguiu por ter sido sempre um minúsculo grupo de estudantes e alguns operários, totalmente desligados das massas. Praticamente o POR não veio a exercer nenhuma influência nos grupos e organizações que se formaram a partir de 67/68.

Em 1967 diversas bases universitárias e estudantis do PCB cindem para formar as chamadas "dissidências": dissidência da Guanabara (Ds.GB), dissidência de Niterói (Ds.Nit), dissidência de São Paulo (Ds.SP), dissidência do Rio Grande do Sul (Ds.RGS) para citar as mais importantes.

Também em finais de 67 se dá a cisão dentro do PCB ao nível de sua Comissão Executiva e do seu Comitê Central. Surge o Agrupamento Comunista de São Paulo e a Corrente formados nos estados do Rio, Minas Gerais, Guanabara e Brasília.

O Agrupamento Comunista de São Paulo sob a direção de Carlos Marighella vai dar origem com setores da Corrente (principalmente de Minas Gerais) e com elementos das dissidências universitárias de São Paulo e da Guanabara à Ação Libertadora Nacional – ALN. Da Corrente, onde militavam dirigentes do PCB bastante conhecidos, como Mário Alves e Apolônio de Carvalho, surge em 1968 o Partido Comunista Brasileiro Revolucionário – PCBR.

A dissidência de Niterói forma o antigo Movimento Revolucionário 8 de Outubro – MR-8, que com os golpes da ditadura vem a desaparecer em 68. A dissidência da Guanabara, em 69, adota o nome de Movimento Revolucionário 8 de Outubro.

A passagem para o militarismo das duas cisões da POLOP, a cisão da Guanabara (cisão GB) e a cisão de Minas Gerais (cisão MG) deu como resultado a formação a partir delas dos Comandos de Libertação Nacional – COLINA. Somente uma fração da POLOP permanece na "ultraesquerda" propriamente dita tendo se unido a dissidência universitária do PCB do RGS para formar o Partido Operário Comunista – POC.

Um novo processo de reagrupamento e divisão se abre em 1969, quando a VPR e a COLINA se unem para formar a Vanguarda Armada Revolucionária – Palmares – VAR-Palmares-DVP. Tanto a VAR-Palmares como a DVP vieram a sofrer um complexo processo de divisão em várias frações conhecidas como as dissidências da VAR-Palmares (Ds. VP). Da VPR se desliga um pequeno grupo, a Resistência Democrática – REDE, chefiado pelo heróico combatente Eduardo Leite (Bacuri), cujo assassinato pela ditadura levou à dispersão do grupo. O POC em 1970 sofre uma cisão. Um grupo restaura a antiga POLOP e o outro forma o POC-Combate, ligado ao trotskismo por intermédio do grupo Mandel da IV Internacional.

O trotskismo posadista sofre em 1968 uma cisão que dá origem a três frações: a chamada Fração Bolchevique, o grupo 1º de maio e o POR (posadista) propriamente dito.

O PCdoB sofre em 1967 duas cisões: uma que se constitui em termos regionais do Nordeste, o Partido Comunista Revolucionário – PCR e outra chamada Ala Vermelha do PCdoB – Ala. Por sua vez em 1968 a Ala sofre duas cisões, uma a Ala Vermelha propriamente dita (ortodoxa) e outro grupo que vem a se denominar Movimento Revolucionário de Tiradentes – MRT, tendo surgido como "braço armado" da Ala. É importante observar que tanto o PCR como a Ala Ortodoxa não encampam todas as teses do militarismo e sua principal divergência com o PCdoB se deu em função da passividade desse último. Já o MRT se lançou em cheio nas ações armadas, tendo sido duramente golpeado pela reação, o que levou ao seu esaparecimento em 1970.

O Movimento de Ação Revolucionária – MAR surgiu do MNR e logo se dissolveu por não ter nenhuma consistência política e não ter resistido aos primeiros golpes sofridos.

Então resta fazer referência à Frente de Libertação Nacional – FLN que tem uma origem totalmente desconhecida.

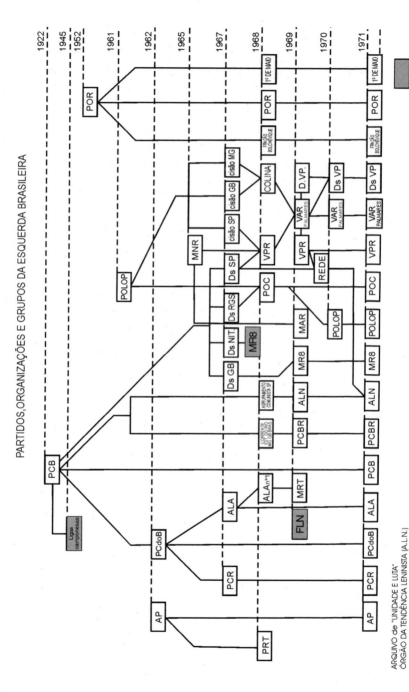

NOTAS

(1) Jamil, *Os caminhos da vanguarda*, 1970, p. II.

(2) Jamil, obra citada, p. III.

(3) Resolução Política do Comitê Central do Partido Comunista Brasileiro, maio de 1965.

(4) Carlos Marighella, *Respuestas al Cuestionário de Pensamento Crítico in Escritos de Carlos Marighella*. Ediciones Prensa Latinoamericana S.A., p. 92.

(5) Resolução Política do VI Congresso do PCB, dezembro de 1967, p. 70.

(6) Giocondo Dias, *Algunos problemas de la lucha de classes en Brasil*, Revista Internacional, enero 64, p. 30.

(7) Luís Carlos Prestes, *La lucha revolucionária de los comunistas brasileños*, Revista Internacional, febrero 72, p. 16.

(8) José dos Santos, *Como criticam os militaristas*, UNIDADE e LUTA n° 1, maio-junho 72, p. 5.

(9) V. I. Lênin, *Marxismo y reformismo*, Obras Completas, tomo XX, Editorial Cartago, p. 123.

(10) V. I. Lênin, obra citada, p. 123.

(11) V. I. Lênin, *Ao secretário da Liga para a propaganda socialista da América do Norte*, Obras Completas, tomo XXIII. Editorial Cartago.

(12) R. Villa, *Contribuição à autocrítica*, in *Tesis Proletárias*, n° 2, Julio 72, p. 6.

(13) R. Villa, obra citada, p. 6.

(14) V. I. Lênin, in *Los Fundamentos del Leninismo*, J. Stalin. Ediciones Lenguas Extrangeras, Pekin 68, pp. 19 e 20.

(15) *Uma autocrítica Necessária*, agosto 71, p. 7.

(16) *Uma autocrítica Necessária*, agosto 71, p. 14.

(17) *O trabalho no movimento operário*, UNIDADE e LUTA n° 2, p. 22.

(18) *Uma Autocrítica Necessária*, agosto 71, p. 9.

Bibliografia

Antunes, Ricardo. *A rebeldia do trabalho*. Editora Ensaio; Editora da Unicamp. São Paulo, 1988.

Bimbi, *Linda a cura di*. Tribunale Russel II. Brasile, violazione dei diritti dell'uomo. Editora Feltrinelli, Milano, 1973.

Bezerra, Gregório. *Memórias*; segunda parte: 1946-1969. Editora Civilização Brasileira, Rio de Janeiro, 1980.

Canabrava Filho, Paulo. *No olho do furacão*. Editora Cortez, São Paulo, 2004.

Cavalcanti, Paulo. *A luta clandestina*. Editora Guararapes. Recife, 1985.

Cavalcanti, Paulo. *Da coluna Prestes à queda de Arraes*. Editora Alfa-Omega, São Paulo, 1978.

Colleoni, Angelo. *Breve storie delle aggressioni americane*. Bertani Editore,Verona, Itália, 1976.

Documentos. *PCB: vinte anos de política*, 1958-1979. Editora Ciências Humanas, São Paulo, 1980.

Evaristo Arns, Dom Paulo, Cardeal. *Prefácio. Brasil nunca mais*. Vozes, Petrópolis, 1985.

Fundação Getúlio Vargas (coordenação Israel Beloch e Alzira Alvas de Abreu). *Dicionário Histórico-Biográfico Brasileiro*, 1930-1983 (4 volumes). Editora Forense-Universitária Ltda., Rio de Janeiro, 1984.

Gaspari, Elio. *A ditadura escancarada*. Companhia das Letras, São Paulo, 2002.

Gaspari, Elio. *A ditadura derrotada.* Companhia das Letras, São Paulo, 2003.

Gorender, Jacob. *Combate nas trevas.* Editora Ática, São Paulo, 1987.

Il nuovo Canzoniere, n° 9-10. Edizione del Gallo, Milano, 1968.

Martinelli, Renato. *Um grito de coragem. Memórias da luta armada.* No prelo.

Mir, Luís. *A revolução impossível.* Editora Best Seller, São Paulo, 1994.

Miranda Nilmário e Tibúrcio, Carlos. *Dos filhos deste solo.* Boitempo Editorial e Edição Fundação Perseu Abramo, São Paulo, 1999.

Moreira Alves, Maria Helena. *Estado e oposição no Brasil.* 2° edição, Editora Vozes, Petrópolis, 1984.

Perrone, Fernando. *Relato de guerras.* Editora Busca Vida LTDA, São Paulo, 1988.

Nogueira, Marco Aurélio; Capistrano Filho, David; Guedes Cláudio. *O PCB em São Paulo: documentos (1974-1981).* Livraria Editora Ciências Humanas, São Paulo, 1981.

Reis Filho, Daniel Aarão. *A revolução faltou ao encontro.* Editora Brasiliense, São Paulo, 1990.

Reis Filho, Daniel Aarão. Ferreira de Sá, Jair. *Imagens da Revolução.* Documentos políticos das organizações clandestinas de esquerda dos anos 1961/1971. Editora Marco Zero, Rio de Janeiro, 1985.

Ribeiro, Darcy. *Aos trancos e barrancos.* Editora Guanabara, Rio de Janeiro, 1985.

Teles, Janaína. *Mortos e desaparecidos políticos: Reparação ou Impunidade?* Editora Humanitas – FFCH/USP, São Paulo, 2000.

Thomas, Hugh. *Storia di Cuba. 1762-1970.* Giulio Einaudi editore, Torino, Itália, 1973.

Revistas e jornais:

Época n° 302, 1 de março de 2004.

L'Unitá, 1 dezembro 2004.

Nossa História. N° 13, novembro de 2004.

Site consultados:

www.desaparecidospoliticos.org.br

www.torturanuncamais-rj.org.br

www.resgatehistorico.com.br
www.radiobras.gov.br

Arquivos consultados:
Centro de Documentação e Memória da Unesp/Arquivo Histórico do Movimento Operário Brasileiro.
Arquivo pessoal de Ricardo Zarattini Filho.
Arquivo pessoal de José Luiz Del Roio.

Entrevistas realizadas
Abelardo Blanco Falgeras
Alceste Rolim de Moura
Carlos Alberto Zarattini
Francisco Whitaker
Maria Lúcia Alves Ferreira
Mônica Zarattini
Nilda Bouzo
Renato Martinelli
Ricardo Zarattini Filho
Sérgio Gomes
Zélia Monteiro

Agradecimentos

A todos aqueles, principalmente ao Zarattini, que pacientemente se submeteram aos meus interrogatórios. À Mônica, grande fotógrafa, que teve que realizar alguns milagres técnicos. À magnífica equipe do CEDEM, com a qual trabalho junto há vários anos. Abelardo Blanco, Roseli Sartori, Odete Piccoli e Ana Luisa Zanibone que se dispuseram com competência a dar palpites no manuscrito. Não poderia deixar de agradecer à Meliane Moraes pela enorme paciência em digitar centenas de modificações no texto.

Apesar do esforço de todos, uma parte do livro é baseada em recordações pessoais do autor e como se sabe a memória pode ser traiçoeira e as eventuais imprecisões somente a ele se deve.

Este livro foi impresso na
Del Rey Indústria Gráfica
Rua Geraldo Antônio de Oliveira, 88
Inconfidentes - Contagem - MG
CEP. 32260-200 - Fone: **(31) 3369-9400**